汽车法律法规

（第4版）

主　　编	高腾玲	张文霞	王翼飞	
副 主 编	薛　鹏	宋　微	张晓艳	王大伟
参　　编	刘丽华	杨秀丽	安宁航	
企业参编	张志军			

北京理工大学出版社
BEIJING INSTITUTE OF TECHNOLOGY PRESS

内容简介

本书以《国家职业教育改革实施方案》为引领，按新形态高等职业教育教材要求编写，教材以汽车专业学生工作过程为主线，按照工作过程的特点设计典型学习任务，教学内容对接国家政策、行业标准、企业规范，深化校企"双元"合作，围绕汽车技术服务与营销从业人员的工作内容，从汽车行业政策和发展趋势认知、汽车设计制造技术标准认知、汽车销售法律法规认知、汽车消费信贷和保险法律法规认知、汽车税费管理法律法规认知、汽车售后服务法律法规认知、二手车交易法律法规认知几个方面，构建7个项目，22个任务，以学生能够掌握汽车相关法律法规分析作为知识目标；以树立高尚的职业道德，提供优质规范的服务作为素质目标；以具备法律意识、法律分析能力，更加符合企业汽车销售及售后服务岗位实践要求作为能力目标。以汽车销售、售后企业真实案例为依托，通过学习目标的建立，将教材知识点与学生能力发展和职业规划相融合，并通过学习成果的提交，突出对学生创新思维和社会能力的培养。

全书将项目分解为若干任务，每个任务由任务描述、学习目标、任务分析、完成任务、知识链接、拓展阅读六个部分组成。每个任务配套相关知识点短视频，学生扫码即可观看学习，并配套在线开放课程支持学生自主学习，辅助开展课堂活动，提升学习效果。

本书既有较强的理论性、实践性，又有较强的综合性，可作为高等院校、高职院校汽车服务工程技术、汽车检测与维修技术、汽车技术服务与营销专业等相近专业的通用教材，亦可作为汽车制造、汽车维修、汽车营销等企业的培训教材或参考书。

版权专有　侵权必究

图书在版编目（CIP）数据

汽车法律法规／高腾玲，张文霞，王翼飞主编．
4版．－－北京：北京理工大学出版社，2025.1.
ISBN 978-7-5763-4678-7

Ⅰ．D922.292；D922.14

中国国家版本馆 CIP 数据核字第 2025KC0277 号

责任编辑：李慧智	文案编辑：李慧智
责任校对：周瑞红	责任印制：李志强

出版发行 ／ 北京理工大学出版社有限责任公司
社　　址 ／ 北京市丰台区四合庄路6号
邮　　编 ／ 100070
电　　话 ／ （010）68914026（教材售后服务热线）
　　　　　　（010）63726648（课件资源服务热线）
网　　址 ／ http://www.bitpress.com.cn
版 印 次 ／ 2025年1月第4版第1次印刷
印　　刷 ／ 涿州市新华印刷有限公司
开　　本 ／ 787 mm×1092 mm　1/16
印　　张 ／ 17
字　　数 ／ 396千字
定　　价 ／ 84.00元

图书出现印装质量问题，请拨打售后服务热线，负责调换

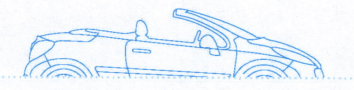 

序言 PREFACE

随着国外先进经验的引进、国内自主创新能力的提升、法规政策的调整及互联网技术的广泛应用,当今中国汽车市场发展呈现出新的时代特征:市场的供给增多,同质化竞争日益激烈,全球化市场特征增强,区域化市场特征减弱,用户导向型企业增多,互联网应用迅猛发展,网络化经营不断扩大。中国汽车产业正经历着发展的黄金期,也取得了举世瞩目的成就,成为国家支柱产业之一。一系列政策法规相继颁布、施行,对规范汽车行业秩序,优化汽车产业结构,化解汽车产业纠纷,促进其持续、健康发展起到了举足轻重的作用。

本教材着眼于汽车行业整体发展现状,汇编了汽车产业相关法律法规,具备系统全面、高效实用、科学规范的显著特征,体系上紧密围绕汽车产品开发、上市销售和使用,涵盖汽车行业政策、设计制造、销售、金融、售后服务、二手车交易等诸多层面,同时将汽车产业所涉及的重要主体,即政府部门、企业单位、消费者个人紧密相连。

本教材出版以来已经过3次修订,其中第2版为全国高等学校汽车类专业规划教材,并于"十二五"期间被教育部立项为"面向21世纪课程教材",第3版为高等职业教育"新形态"教材。第4版紧跟国家政策和最新标准,针对信息化环境中教与学的新需求,以提高教学和学习效果,发展学生核心素养为目标,融合教材、数字资源、学习任务于一体。

党的二十大报告提出:"育人的根本在于立德。全面贯彻党的教育方针,落实立德树人根本任务,培养德智体美劳全面发展的社会主义建设者和接班人。"为了体现与时俱进的培养理念,本教材将思政内容引入学习任务,增强了对学生的思想教育力度。

本教材项目一、项目二由高腾玲、张文霞老师编写,项目三由宋微、王翼飞老师编写,项目四由张晓艳、张志军老师编写,项目五由安宇航、王大伟老师编写,项目六由薛鹏老师编写,项目七由刘丽华、杨秀丽老师编写,最后由高腾玲、张文霞和一汽奥迪销售有限公司高级工程师张志军进行统稿。

由于作者水平所限,书中难免存在一些不妥之处,敬请各位读者不吝指正。

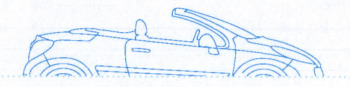

项目一　汽车行业政策和发展趋势认知 ·· 001

　　任务一　汽车行业政策趋势分析 ·· 001
　　任务二　新能源汽车政策认知 ·· 005
　　任务三　自动驾驶汽车政策认知 ·· 018

项目二　汽车设计制造法律法规认知 ·· 025

　　任务一　汽车设计技术标准认知 ·· 025
　　任务二　汽车制造认证法规认知 ·· 045

项目三　汽车销售法律法规认知 ·· 056

　　任务一　汽车销售管理办法认知 ·· 056
　　任务二　合同认知 ·· 063
　　任务三　汽车销售合同认知与应用 ·· 081
　　任务四　汽车直播销售法律认知 ·· 087

项目四　汽车消费信贷和保险法律法规认知 ···························· 096

　　任务一　汽车消费信贷法律法规认知与应用 ························ 096
　　任务二　保险法律法规认知 ·· 103
　　任务三　机动车交通事故责任强制保险认知 ························ 109
　　任务四　机动车商业险认知 ·· 118

项目五　汽车税费管理法律法规认知 ·· 139

　　任务一　税收法律法规认知 ·· 139
　　任务二　汽车税收法律法规认知 ·· 155

项目六　汽车售后服务法律法规认知 ·· 170

　　任务一　产品质量法认知 ·· 170
　　任务二　汽车召回制度认知 ·· 184
　　任务三　汽车三包规定认知与应用 ·· 194
　　任务四　汽车维修管理法规认知 ·· 201

项目七　二手车交易法律法规认知 ……………………………………… 218
任务一　二手车流通管理办法认知 …………………………………… 218
任务二　二手车评估标准认知 ………………………………………… 230
任务三　报废车回收管理法规认知 …………………………………… 246

参考文献 ……………………………………………………………………… 264

项目一
汽车行业政策和发展趋势认知

我国汽车产业正在向高端化、智能化、绿色化方向发展,实现从汽车大国向汽车强国的转变。近年来,我国在新技术、新市场和新生态方面取得了历史性突破,新能源汽车产业在全球的地位进一步提升。汽车行业的发展受到国家政策的积极影响,国家政策为汽车行业的增长及转型升级提供了持续的动能。

筑梦者成就汽车梦——"中国汽车之父"饶斌

❋ 任务一 汽车行业政策趋势分析

近年来,随着汽车"新四化"大潮袭来,中国汽车业正在经历百年未有的变局,电动机被广泛应用,传统内燃机逐渐被淘汰;5G技术逐步落地商用,自动驾驶技术快速发展,这些让汽车行业正在进行一场变革。什么是汽车"新四化"?国家对汽车工业的发展有哪些相关的政策法规呢?汽车行业发展呈现什么趋势?

素质目标

1. 树立对我国汽车行业的自信心;

2. 认同国家汽车行业政策。

知识目标

1. 了解汽车行业发展趋势；
2. 了解我国汽车行业国家政策。

技能目标

1. 能够分析汽车行业发展趋势；
2. 能够分析国家政策对汽车行业发展的影响。

根据任务背景，通过互联网和资料查找汽车"新四化"的概念和国家对汽车工业发展的相关政策法规，再总结国家政策法规对行业的影响。

学习领域	汽车发展"新四化"趋势和政策分析	
学习情境	不了解汽车发展"新四化"趋势和政策	学习时间
工作任务	能够理解汽车发展"新四化"和趋势，并了解汽车产业的政策，能分析政策对汽车产业发展的影响	学习地点
课前预习	了解汽车发展"新四化"的趋势和政策	
知识准备	(1) 什么是汽车"新四化"？ (2) 国家对汽车工业发展的相关政策法规有哪些？ 完成任务 汽车行业发展呈现出什么趋势？	
学习笔记	中国的汽车政策是顺应时势潮流，所以能像强大的引擎一样，推动汽车行业高质量快速发展。请从这一视角谈谈，国家政策对产业发展的影响。	
成绩		

任务评价表

指标	评价内容	分值
任务完成度（5分）	能够充分利用教材和网络资源准确完成任务单的知识准备和任务，做到充分了解汽车行业发展趋势，了解我国汽车行业国家政策；同时能够分析汽车行业发展趋势，能够分析国家政策对汽车行业发展的影响	
素质养成度（5分）	在知识学习和任务完成过程中，理解并认同国家汽车行业政策，能够树立我国汽车业必定会由大到强的信心	

中国改革开放40多年来，坚持引进、消化、吸收、创新的汽车工业发展思路，现在，已成为世界汽车制造大国，重塑了全球汽车产业新格局。中国汽车工业用70年赢得了三个"全球第一"。2023年，我国汽车产、销分别完成3016.1万辆和3009.4万辆，全年实现小幅增长。中国已连续15年成为全球第一汽车产销国。值得一提的是，新能源汽车持续快速发展。2023年，我国新能源汽车产、销分别达到958.7万辆和949.5万辆，同比增长35.8%和37.9%，市场占有率达到31.6%，新能源汽车逐步进入全面市场化拓展期，连续9年稳居全球新能源汽车产销规模第一，保有量达2041万辆，全球一半以上的新能源汽车行驶在中国。

中国汽车制造业有效发展受益于政府的多项政策支持。政府已经实施了多项行业政策，支持汽车制造企业的财务投资，促进汽车制造企业的可持续发展。政府还为汽车制造企业提供了财政补贴、贷款资助、税收减免等优惠政策，有效促进企业发展。中国政府制定了一系列的政策和规划，以支持汽车产业的发展，例如鼓励新能源汽车、推动智能网联汽车、建设汽车产业园区等。这些措施为汽车企业提供了良好的发展环境和机遇，激发了它们的创造力和活力。

一、我国汽车行业国家政策

从国家层面的政策来看，或因汽车产业在质量、品控等使用安全相关方面更为重要，故汽车产业规范类政策偏多，不仅如此，继新能源汽车"骗补门"之后，国家也相继发布了更严格、严谨的新能源汽车补贴规范性政策；而因国家层面的汽车产业政策绝大多数均偏向于中长期的规划，故规划类的政策相对较少，而国家汽车产业支持类政策较多，通过补贴、专项资金、税收减免等方式鼓励居民的汽车消费、企业对新能源和智能汽车等战略性新兴产业的研发以及汽车产业在产业链上的补足、增强等行为。

自"八五"规划以来，中国汽车产业政策一直处于国家产业支柱型的国家战略层面，"八五"计划主要从推动部分重点企业开始，"九五"计划重点在龙头企业引领下加大加快全国汽车产业，"十五"计划重点在于关键零部件的制造水平并开始关注节能低排的混合动力系统，"十一五"规划和"十二五"计划则将重点放至汽车（包含新能源汽车）的国产化并加速新能源汽车的技术研发，"十三五"规划已然开展与国际产能和装备制造的合作活动,而目前"十四五"规划对汽车产业的目标主要为发展新能源和智能汽车产业,并结合新一代信息技术、集成电路等高技术行业发展车联网技术。

"八五"规划到"九五"规划期间主要是以发展汽车整车制造业(商用、乘用)为主,且借助外资力量成立合资企业以尽快吸收国外较高的生产技术水平;"十五"规划到"十一五"规划期间,汽车制造业正蓬勃发展,国家将汽车零部件、汽车电子作为汽车产业主要发展方向,同时,推进龙头企业培育节能低排放车用发动机和混合动力系统技术;"十二五"规划期间,中国汽车产业政策出现较大的变化,关键词变为纯电动汽车及零部件自主化、国产化,表明我国汽车产业已具雏形,准备在冲击全球汽车生产大国的基础上,继续钻研纯电动汽车制造技术;从"十三五"规划开始,中国汽车产业政策从纯电动汽车转为氢燃料电池汽车和智能汽车,可以视为中国的新能源汽车已达一定成就;"十四五"规划期间着力于攻克氢燃料电池汽车和智能汽车。从汽车产业关键词可以看出,中国汽车产业政策从借助外力,到国产化,再到高端化的走势。

从整个汽车产业政策走向来看,中国汽车产业政策紧紧贴合国情发展,并较早开展新能源和智能汽车的研发活动,两者的起步时间在国际上较为领先。

二、汽车发展趋势

汽车行业的"新四化"是指:电动化、网联化、智能化、共享化。电动化指的是新能源动力系统领域;智能化指的是无人驾驶或者驾驶辅助系统;网联化指的是车联网布局;共享化指的是汽车共享与移动出行。在"新四化"当中,以"电动化"为基础,以"互联化"为纽带实现大数据的收集,逐渐达到"智能化"出行,或许将成为汽车实现自动驾驶终极目标的可行途径。

汽车行业政策趋势分析

电动化——汽车驱动从燃油转变为电动是不可逆转的趋势,所以电动化在"新四化"中处于主流地位,特斯拉的诞生开启了全球纯电动汽车的潮流,随着智能电动化时代的来临,以"三电系统"(驱动电机、动力电池、电控系统)为中心的电动化核心技术开始为中国自主品牌所掌握,让中国企业从后台走到舞台的中央。比亚迪、广汽埃安、长城欧拉、上汽通用五菱等品牌,在电动车市场占据优势。特斯拉国产后引发"鲶鱼效应",以"蔚小理"为代表的中国新势力,仅用几年就成长为中高端电动车市场的主力军。

网联化——4G通信技术给移动通信终端、互联网零售等行业带来一场革命,其实,车辆互联的发展也因4G通信技术的出现而快速成长,当下车辆中控屏幕越来越大,娱乐功能增多也与4G通信的发展有较大联系。车辆互联将实现汽车与生活的衔接,如过路费、加油等场景可自动扣费,并可实时同步车主订票信息,临近时车辆会提前规划导航。

智能化——智能化当下分为两个方面,第一方面为自动驾驶,第二方面为车辆功能智能化。目前,多家车企都有初级自动驾驶车型量产,但仅能作为驾驶辅助使用,仍然需要人为介入。当下离L3级别自动驾驶并无难度,较多车企都有L3级别自动驾驶技术,因国内政策法规原因,暂无量产车型出现,如奥迪A8海外版本可搭载L3级别自动驾驶,而国内则取消了此功能。待相关政策规定出炉,将会有更多的L3级别自动驾驶功能实现,但更高级别的自动驾驶功能则需要5G通信技术的大规模普及。

虽然国内车企已有相应产品面市，能提供基本的服务，但是车联网领域目前仍缺乏明确的商业模式、行业标准与制度，厂商尚处于摸索阶段；汽车的智能化和网联化是汽车行业的发展趋势，有政府的大力支持，且坐拥产销第一大市场的优势，这对于我国发展智能化汽车，实现汽车行业弯道超车，在全球汽车产业市场有更大作为是有利的。

共享化——汽车共享化的背后，带来的是出行服务的变革。作为车企，丰田公司2018年就曾宣布，要从一家传统汽车公司转变成出行公司，其竞争对手不再是通用汽车，而是谷歌、苹果甚至是脸书这样的公司。真正的共享化离我们还很遥远，目前仅在各大车展中出现了概念车。因为共享化首先需要互联化、智能化两方面都有较大的突破才能得以实现。

而当下最接近共享化概念的是消费者所熟知的网约车，只是网约车用人力代替自动驾驶、用在线消息或电话代替车与人之间的互联。目前，许多车企也开始布局网约车市场，如吉利的曹操出行，凭借新能源车型高品质服务快速成长，大众与滴滴宣布合作布局网约车市场。

任务二　新能源汽车政策认知

全球新能源汽车发展已进入不可逆的快车道，汽车未来发展的方向是新能源化，或者说是电动化，已经成为全球各国和各大汽车企业的共识。2023年，中国的新能源汽车渗透率已超过30%，即汽车增量中电动化的比例超过30%，预计到2025年会突破50%。美国、欧洲等的渗透率也在增长，特别是北欧，挪威电动汽车的新车销售占比已接近100%。我国为推动新能源汽车的发展有哪些相关的政策法规呢？

素质目标

1. 树立对我国新能源汽车行业的自信心；
2. 认同国家新能源汽车政策；
3. 树立美丽中国建设是每个公民的责任和使命的意识。

知识目标

1. 了解新能源汽车发展趋势；
2. 了解我国新能源汽车相关政策。

技能目标

1. 能够分析新能源汽车发展趋势；
2. 能够分析国家政策对新能源汽车发展的影响。

根据任务背景，通过互联网和教材资料查找国家对新能源汽车发展的相关政策法规。

学习领域	国家新能源汽车政策认知		
学习情境	不了解国家对新能源汽车的发展有哪些相关的政策法规	学习时间	
工作任务	了解国家新能源汽车政策，能分析政策对汽车产业发展的影响	学习地点	
课前预习	了解《新能源汽车产业发展规划（2021—2035年）》		
知识准备 (1)《新能源汽车产业发展规划（2021—2035年）》的目标有哪些？ (2) 申请新能源汽车生产企业准入的，应当符合哪些条件？ 完成任务 国家为推动新能源汽车的发展有哪些相关的政策法规？ 			
学习笔记	大自然是人类赖以生存发展的基本条件。尊重自然、顺应自然、保护自然，是全面建设社会主义现代化国家的内在要求。习近平总书记在党的二十大报告中指出，我们要推进美丽中国建设。新能源汽车作为助力美丽中国建设的重要力量，在环保、资源保护、经济发展等诸多方面具有重要作用。请从"助力美丽中国建设"的视角，谈一谈我们每个人要如何做。		
成绩			

任务评价表

指标	评价内容	分值
任务完成度 （5分）	能够充分利用教材和网络资源准确完成任务单的知识准备和任务，了解新能源汽车的发展趋势，了解我国新能源汽车国家政策，能够分析新能源汽车的发展趋势，能够分析政策对新能源汽车发展的影响	
素质养成度 （5分）	在知识学习和任务完成过程中，理解并认同国家新能源汽车政策，能够形成美丽中国建设是每个公民的责任和使命的意识	

一、新能源汽车产业发展规划

发展新能源汽车是我国从汽车大国迈向汽车强国的必由之路，是应对气候变化、推动绿色发展的战略举措。2012年国务院发布《节能与新能源汽车产业发展规划（2012—2020年）》以来，我国坚持纯电驱动战略取向，新能源汽车产业发展取得了巨大成就，成为世界汽车产业发展转型的重要力量之一。与此同时，我国新能源汽车发展也面临核心技术创新能力不强、质量保障体系有待完善、基础设施建设仍显滞后、产业生态尚不健全、市场竞争日益加剧等问题。为推动新能源汽车产业高质量发展，加快建设汽车强国，制定了《新能源汽车产业发展规划（2021—2035年）》（以下简称《规划》）。

（一）《新能源汽车产业发展规划（2021—2035年)》原文

第一章 发展趋势

第一节 新能源汽车为世界经济发展注入新动能

当前，全球新一轮科技革命和产业变革蓬勃发展，汽车与能源、交通、信息通信等领域有关技术加速融合，电动化、网联化、智能化成为汽车产业的发展潮流和趋势。新能源汽车融汇新能源、新材料和互联网、大数据、人工智能等多种变革性技术，推动汽车从单纯交通工具向移动智能终端、储能单元和数字空间转变，带动能源、交通、信息通信基础设施改造升级，促进能源消费结构优化、交通体系和城市运行智能化水平提升，对建设清洁美丽世界、构建人类命运共同体具有重要意义。近年来，世界主要汽车大国纷纷加强战略谋划、强化政策支持，跨国汽车企业加大研发投入、完善产业布局，新能源汽车已成为全球汽车产业转型发展的主要方向和促进世界经济持续增长的重要引擎。

第二节 我国新能源汽车进入加速发展新阶段

汽车产品形态、交通出行模式、能源消费结构和社会运行方式正在发生深刻变革，为新能源汽车产业提供了前所未有的发展机遇。经过多年持续努力，我国新能源汽车产业技术水平显著提升、产业体系日趋完善、企业竞争力大幅增强，2015年以来产销量、保有量连续五年居世界首位，产业进入叠加交汇、融合发展新阶段。必须抢抓战略机遇，巩固良好势头，充分发挥基础设施、信息通信等领域优势，不断提升产业核心竞争力，推动新能源汽车产业高质量可持续发展。

第三节 融合开放成为新能源汽车发展的新特征

随着汽车动力来源、生产运行方式、消费使用模式全面变革，新能源汽车产业生态正由零部件、整车研发生产及营销服务企业之间的"链式关系"，逐步演变成汽车、能源、交通、信息通信等多领域多主体参与的"网状生态"。相互赋能、协同发展成为各类市场主体发展壮大的内在需求，跨行业、跨领域融合创新和更加开放包容的国际合作成为新能源汽车产业发展的时代特征，极大地增强了产业发展动力，激发了市场活力，推动形成互融共生、合作共赢的产业发展新格局。

第二章 总体部署
第一节 总体思路

以习近平新时代中国特色社会主义思想为指引,坚持创新、协调、绿色、开放、共享的发展理念,以深化供给侧结构性改革为主线,坚持电动化、网联化、智能化发展方向,深入实施发展新能源汽车国家战略,以融合创新为重点,突破关键核心技术,提升产业基础能力,构建新型产业生态,完善基础设施体系,优化产业发展环境,推动我国新能源汽车产业高质量可持续发展,加快建设汽车强国。

第二节 基本原则

市场主导。充分发挥市场在资源配置中的决定性作用,强化企业在技术路线选择、生产服务体系建设等方面的主体地位;更好发挥政府在战略规划引导、标准法规制定、质量安全监管、市场秩序维护、绿色消费引导等方面作用,为产业发展营造良好环境。

创新驱动。深入实施创新驱动发展战略,建立以企业为主体、市场为导向、产学研用协同的技术创新体系,完善激励和保护创新的制度环境,鼓励多种技术路线并行发展,支持各类主体合力攻克关键核心技术,加大商业模式创新力度,形成新型产业创新生态。

协调推进。完善横向协同、纵向贯通的协调推进机制,促进新能源汽车与能源、交通、信息通信深度融合,统筹推进技术研发、标准制定、推广应用和基础设施建设,把超大规模市场优势转化为产业优势。

开放发展。践行开放融通、互利共赢的合作观,扩大高水平对外开放,以开放促改革、促发展、促创新;坚持"引进来"与"走出去"相结合,加强国际合作,积极参与国际竞争,培育新能源汽车产业新优势,深度融入全球产业链和价值链体系。

第三节 发展愿景

到2025年,我国新能源汽车市场竞争力明显增强,动力电池、驱动电机、车用操作系统等关键技术取得重大突破,安全水平全面提升。纯电动乘用车新车平均电耗降至12.0千瓦时/百公里,新能源汽车新车销售量达到汽车新车销售总量的20%左右,高度自动驾驶汽车实现限定区域和特定场景商业化应用,充换电服务便利性显著提高。

力争经过15年的持续努力,我国新能源汽车核心技术达到国际先进水平,质量品牌具备较强国际竞争力。纯电动汽车成为新销售车辆的主流,公共领域用车全面电动化,燃料电池汽车实现商业化应用,高度自动驾驶汽车实现规模化应用,充换电服务网络便捷高效,氢燃料供给体系建设稳步推进,有效促进节能减排水平和社会运行效率的提升。

第三章 提高技术创新能力
第一节 深化"三纵三横"研发布局

强化整车集成技术创新。以纯电动汽车、插电式混合动力(含增程式)汽车、燃料电池汽车为"三纵",布局整车技术创新链。研发新一代模块化高性能整车平台,攻关纯电动汽车底盘一体化设计、多能源动力系统集成技术,突破整车智能能量管理控制、轻量化、低摩阻等共性节能技术,提升电池管理、充电连接、结构设计等安全技术水平,提高新能源汽车整车综合性能。

提升产业基础能力。以动力电池与管理系统、驱动电机与电力电子、网联化与智能化技术为"三横",构建关键零部件技术供给体系。开展先进模块化动力电池与燃料电池系统技术攻关，探索新一代车用电机驱动系统解决方案，加强智能网联汽车关键零部件及系统开发，突破计算和控制基础平台技术、氢燃料电池汽车应用支撑技术等瓶颈，提升基础关键技术、先进基础工艺、基础核心零部件、关键基础材料等研发能力。

专栏 1　新能源汽车核心技术攻关工程

实施电池技术突破行动。开展正负极材料、电解液、隔膜、膜电极等关键核心技术研究，加强高强度、轻量化、高安全、低成本、长寿命的动力电池和燃料电池系统短板技术攻关，加快固态动力电池技术研发及产业化。

实施智能网联技术创新工程。以新能源汽车为智能网联技术率先应用的载体，支持企业跨界协同，研发复杂环境融合感知、智能网联决策与控制、信息物理系统架构设计等关键技术，突破车载智能计算平台、高精度地图与定位、车辆与车外其他设备间的无线通信（V2X）、线控执行系统等核心技术和产品。

实施新能源汽车基础技术提升工程。突破车规级芯片、车用操作系统、新型电子电气架构、高效高密度驱动电机系统等关键技术和产品，攻克氢能储运、加氢站、车载储氢等氢燃料电池汽车应用支撑技术。支持基础元器件、关键生产装备、高端试验仪器、开发工具、高性能自动检测设备等基础共性技术研发创新，攻关新能源汽车智能制造海量异构数据组织分析、可重构柔性制造系统集成控制等关键技术，开展高性能铝镁合金、纤维增强复合材料、低成本稀土永磁材料等关键材料产业化应用。

第二节　加快建设共性技术创新平台

建立健全龙头企业、国家重点实验室、国家制造业创新中心联合研发攻关机制，聚焦核心工艺、专用材料、关键零部件、制造装备等短板弱项，从不同技术路径积极探索，提高关键共性技术供给能力。引导汽车、能源、交通、信息通信等跨领域合作，建立面向未来出行的新能源汽车与智慧能源、智能交通融合创新平台，联合攻关基础交叉关键技术，提升新能源汽车及关联产业融合创新能力。

第三节　提升行业公共服务能力

依托行业协会、创新中心等机构统筹推进各类创新服务平台共建共享，提高技术转移、信息服务、人才培训、项目融资、国际交流等公共服务支撑能力。应用虚拟现实、大数据、人工智能等技术，建立汽车电动化、网联化、智能化虚拟仿真和测试验证平台，提升整车、关键零部件的计量测试、性能评价与检测认证能力。

第四章　构建新型产业生态

第一节　支持生态主导型企业发展

鼓励新能源汽车、能源、交通、信息通信等领域企业跨界协同，围绕多元化生产与多样化应用需求，通过开放合作和利益共享，打造涵盖解决方案、研发生产、使用保障、运营服务等产业链关键环节的生态主导型企业。在产业基础好、创新要素集聚的地区，发挥龙头企业带动作用，培育若干上下游协同创新、大中小企业融通发展、具有国际影响力和竞争力的新能源汽车产业集群，提升产业链现代化水平。

第二节　促进关键系统创新应用

加快车用操作系统开发应用。以整车企业需求为牵引，发挥龙头企业、国家制造业创新中心等创新平台作用,坚持软硬协同攻关,集中开发车用操作系统。围绕车用操作系统,构建整车、关键零部件、基础数据与软件等领域市场主体深度合作的开发与应用生态。通过产品快速迭代,扩大用户规模,加快车用操作系统产业化应用。

> **专栏2　车用操作系统生态建设行动**
>
> 　　适应新能源汽车智能化应用需求,鼓励整车及零部件、互联网、电子信息、通信等领域企业组成联盟,以车用操作系统开发与应用为核心,通过迭代升级,提升操作系统与应用程序的安全性、可靠性、便利性,扩大应用规模,形成开放共享、协同演进的良好生态。

推动动力电池全价值链发展。鼓励企业提高锂、镍、钴、铂等关键资源保障能力。建立健全动力电池项目化标准体系,加快突破关键制造装备,提高工艺水平和生产效率。完善动力电池回收、梯级利用和再资源化的循环利用体系,鼓励共建共用回收渠道。建立健全动力电池运输仓储、维修保养、安全检测、退役退出、回收利用等环节管理制度,加强全生命周期监管。

> **专栏3　建设动力电池高效循环利用体系**
>
> 　　立足新能源汽车可持续发展,落实生产者责任延伸制度,加强新能源汽车动力电池溯源管理平台建设,实现动力电池全生命周期可追溯。支持动力电池梯次产品在储能、备能、充换电等领域创新应用,加强余能检测、残值评估、重组利用、安全管理等技术研发。优化再生利用产业布局,推动报废动力电池有价元素高效提取,促进产业资源化、高值化、绿色化发展。

第三节　提升智能制造水平

推进智能化技术在新能源汽车研发设计、生产制造、仓储物流、经营管理、售后服务等关键环节的深度应用。加快新能源汽车智能制造仿真、管理、控制等核心工业软件开发和集成,开展智能工厂、数字化车间应用示范。加快产品全生命周期协同管理系统推广应用,支持设计、制造、服务一体化示范平台建设,提升新能源汽车全产业链智能化水平。

第四节　强化质量安全保障

推进质量品牌建设。开展新能源汽车产品质量提升行动,引导企业加强设计、制造、测试验证等全过程可靠性技术开发应用,充分利用互联网、大数据、区块链等先进技术,健全产品全生命周期质量控制和追溯机制。引导企业强化品牌发展战略,以提升质量和服务水平为重点加强品牌建设。

健全安全保障体系。落实企业负责、政府监管、行业自律、社会监督相结合的安全生产机制。强化企业对产品安全的主体责任,落实生产者责任延伸制度,加强对整车及动力电池、电控等关键系统的质量安全管理、安全状态监测和维修保养检测。健全新能源汽车整车、零部件以及维修保养检测、充换电等安全标准和法规制度,加强安全生产监督管理和新能源汽车安全召回管理。鼓励行业组织加强技术交流，梳理总结经验，指导企业不断提升安全水平。

第五章 推动产业融合发展

第一节 推动新能源汽车与能源融合发展

加强新能源汽车与电网（V2G）能量互动。加强高循环寿命动力电池技术攻关，推动小功率直流化技术应用。鼓励地方开展V2G示范应用，统筹新能源汽车充放电、电力调度需求，综合运用峰谷电价、新能源汽车充电优惠等政策，实现新能源汽车与电网能量高效互动，降低新能源汽车用电成本，提高电网调峰调频、安全应急等响应能力。

促进新能源汽车与可再生能源高效协同。推动新能源汽车与气象、可再生能源电力预测预报系统信息共享与融合，统筹新能源汽车能源利用与风力发电、光伏发电协同调度，提升可再生能源应用比例。鼓励"光储充放"（分布式光伏发电—储能系统—充放电）多功能综合一体站建设。支持有条件的地区开展燃料电池汽车商业化示范运行。

第二节 推动新能源汽车与交通融合发展

发展一体化智慧出行服务。加快建设涵盖前端信息采集、边缘分布式计算、云端协同控制的新型智能交通管控系统。加快新能源汽车在分时租赁、城市公交、出租汽车、场地用车等领域的应用，优化公共服务领域新能源汽车使用环境。引导汽车生产企业和出行服务企业共建"一站式"服务平台，推进自动代客泊车技术发展及应用。

构建智能绿色物流运输体系。推动新能源汽车在城市配送、港口作业等领域应用，为新能源货车通行提供便利。发展"互联网+"高效物流，创新智慧物流营运模式，推广网络货运、挂车共享等新模式应用，打造安全高效的物流运输服务新业态。

第三节 推动新能源汽车与信息通信融合发展

推进以数据为纽带的"人—车—路—云"高效协同。基于汽车感知、交通管控、城市管理等信息，构建"人—车—路—云"多层数据融合与计算处理平台，开展特定场景、区域及道路的示范应用，促进新能源汽车与信息通信融合应用服务创新。

打造网络安全保障体系。健全新能源汽车网络安全管理制度，构建统一的汽车身份认证和安全信任体系，推动密码技术深入应用，加强车载信息系统、服务平台及关键电子零部件安全检测，强化新能源汽车数据分级分类和合规应用管理，完善风险评估、预警监测、应急响应机制，保障"车端—传输管网—云端"各环节信息安全。

第四节 加强标准对接与数据共享

建立新能源汽车与相关产业融合发展的综合标准体系，明确车用操作系统、车用基础地图、车桩信息共享、云控基础平台等技术接口标准。建立跨行业、跨领域的综合大数据平台，促进各类数据共建共享与互联互通。

专栏4　智慧城市新能源汽车应用示范行动

开展智能有序充电、新能源汽车与可再生能源融合发展、城市基础设施与城际智能交通、异构多模式通信网络融合等综合示范，支持以智能网联汽车为载体的城市无人驾驶物流配送、市政环卫、快速公交系统（BRT）、自动代客泊车和特定场景示范应用。

第六章　完善基础设施体系

第一节　大力推动充换电网络建设

加快充换电基础设施建设。科学布局充换电基础设施，加强与城乡建设规划、电网规划及物业管理、城市停车等的统筹协调。依托"互联网+"智慧能源，提升智能化水平，积极推广智能有序慢充为主、应急快充为辅的居民区充电服务模式，加快形成适度超前、快充为主、慢充为辅的高速公路和城乡公共充电网络，鼓励开展换电模式应用，加强智能有序充电、大功率充电、无线充电等新型充电技术研发，提高充电便利性和产品可靠性。

提升充电基础设施服务水平。引导企业联合建立充电设施运营服务平台，实现互联互通、信息共享与统一结算。加强充电设备与配电系统安全监测预警等技术研发，规范无线充电设施电磁频谱使用，提高充电设施安全性、一致性、可靠性，提升服务保障水平。

鼓励商业模式创新。结合老旧小区改造、城市更新等工作，引导多方联合开展充电设施建设运营，支持居民区多车一桩、临近车位共享等合作模式发展。鼓励充电场站与商业地产相结合，建设停车充电一体化服务设施，提升公共场所充电服务能力，拓展增值服务。完善充电设施保险制度，降低企业运营和用户使用风险。

第二节　协调推动智能路网设施建设

推进新一代无线通信网络建设，加快基于蜂窝通信技术的车辆与车外其他设备间的无线通信（C—V2X）标准制定和技术升级。推进交通标志标识等道路基础设施数字化改造升级，加强交通信号灯、交通标志标线、通信设施、智能路侧设备、车载终端之间的智能互联，推进城市道路基础设施智能化建设改造相关标准制定和管理平台建设。加快差分基站建设，推动北斗等卫星导航系统在高精度定位领域应用。

第三节　有序推进氢燃料供给体系建设

提高氢燃料制储运经济性。因地制宜开展工业副产氢及可再生能源制氢技术应用，加快推进先进适用储氢材料产业化。开展高压气态、深冷气态、低温液态及固态等多种形式储运技术示范应用，探索建设氢燃料运输管道，逐步降低氢燃料储运成本。健全氢燃料制储运、加注等标准体系。加强氢燃料安全研究，强化全链条安全监管。

推进加氢基础设施建设。建立完善加氢基础设施的管理规范。引导企业根据氢燃料供给、消费需求等合理布局加氢基础设施，提升安全运行水平。支持利用现有场地和设施，开展油、气、氢、电综合供给服务。

> **专栏5　建设智能基础设施服务平台**
>
> 　　统筹充换电技术和接口、加氢技术和接口、车用储氢装置、车用通信协议、智能化道路建设、数据传输与结算等标准的制修订，构建基础设施互联互通标准体系。引导企业建设智能基础设施、高精度动态地图、云控基础数据等服务平台，开展充换电、加氢、智能交通等综合服务试点示范，实现基础设施的互联互通和智能管理。

第七章　深化开放合作

第一节　扩大开放和交流合作

加强与国际通行经贸规则对接，全面实行准入前国民待遇加负面清单管理制度，对新能源市场主体一视同仁，建设市场化、法治化、国际化营商环境。发挥多双边合作机制、高层对话机制作用，支持国内外企业、科研院所、行业机构开展研发设计、贸易投资、基础设施、技术标准、人才培训等领域的交流合作。积极参与国际规则和标准制定，促进形成开放、透明、包容的新能源汽车国际化市场环境，打造国际合作新平台，增添共同发展新动力。

第二节　加快融入全球价值链

引导企业制定国际化发展战略，不断提高国际竞争能力，加大国际市场开拓力度，推动产业合作由生产制造环节向技术研发、市场营销等全链条延伸。鼓励企业充分利用境内外资金，建立国际化消费信贷体系。支持企业建立国际营销服务网络，在重点市场共建海外仓储和售后服务中心等服务平台。健全法律咨询、检测认证、人才培训等服务保障体系，引导企业规范海外经营行为，提升合规管理水平。

第八章　保障措施

第一节　深化行业管理改革

深入推进"放管服"改革，进一步放宽市场准入，实施包容审慎监管，促进新业态、新模式健康有序发展。完善企业平均燃料消耗量与新能源汽车积分并行管理办法，有效承接财政补贴政策，研究建立与碳交易市场衔接机制。加强事中事后监管，夯实地方主体责任，遏制盲目上马新能源汽车整车制造项目等乱象。推动完善道路机动车辆生产管理相关法规，建立健全僵尸企业退出机制，加强企业准入条件保持情况监督检查，促进优胜劣汰。充分发挥市场机制作用，支持优势企业兼并重组、做大做强，进一步提高产业集中度。

第二节　健全政策法规体系

落实新能源汽车相关税收优惠政策，优化分类交通管理及金融服务等措施。推动充换电、加氢等基础设施科学布局、加快建设，对作为公共设施的充电桩建设给予财政支持。破除地方保护，建立统一开放公平市场体系。鼓励地方政府加大对公共服务、共享出行等领域车辆运营的支持力度，给予新能源汽车停车、充电等优惠政策。2021年起，国家生态文明试验区、大气污染防治重点区域的公共领域新增或更新公交、出租、物流配送等车辆中新能源汽车比例不低于80%。制定将新能源汽车研发投入纳入国有企业考核体系的具体办法。加快完善适应智能网联汽车发展要求的道路交通、事故责任、数据使用等政策法规。加快推动动力电池回收利用立法。

第三节　加强人才队伍建设

加快建立适应新能源汽车与相关产业融合发展需要的人才培养机制，编制行业紧缺人才目录，优化汽车电动化、网联化、智能化领域学科布局，引导高等院校、科研院所、企业加大国际化人才引进和培养力度。弘扬企业家精神与工匠精神，树立正向激励导向，实行股权、期权等多元化激励措施。

第四节　强化知识产权保护

深入实施国家知识产权战略，鼓励科研人员开发新能源汽车领域高价值核心知识产权成果。严格执行知识产权保护制度，加大对侵权行为的执法力度。构建新能源汽车知识产权运营服务体系，加强专利运用转化平台建设，建立互利共享、合作共赢的专利运营模式。

第五节　加强组织协同

充分发挥节能与新能源汽车产业发展部际联席会议制度和地方协调机制作用,强化部门协同和上下联动,制定年度工作计划和部门任务分工,加强新能源汽车与能源、交通、信息通信等行业在政策规划、标准法规等方面的统筹,抓紧抓实抓细规划确定的重大任务和重点工作。各有关部门要围绕规划目标任务,根据职能分工制定本部门工作计划和配套政策措施。各地区要结合本地实际切实抓好落实,优化产业布局,避免重复建设。行业组织要充分发挥连接企业与政府的桥梁作用,协调组建行业跨界交流协作平台。工业和信息化部(以下简称"工信部")要会同有关部门深入调查研究,加强跟踪指导,推动规划顺利实施。

(二)《新能源汽车产业发展规划(2021—2035年)》重点解读

《规划》指出,要以习近平新时代中国特色社会主义思想为指引,坚持新发展理念,以深化供给侧结构性改革为主线,坚持电动化、网联化、智能化发展方向,以融合创新为重点,突破关键核心技术,优化产业发展环境,推动我国新能源汽车产业高质量可持续发展,加快建设汽车强国。

《规划》提出,到2025年,纯电动乘用车新车平均电耗降至12.0千瓦时/百公里,新能源汽车新车销售量达到汽车新车销售总量的20%左右,高度自动驾驶汽车实现限定区域和特定场景商业化应用。到2035年,纯电动汽车成为新销售车辆的主流,公共领域用车全面电动化,燃料电池汽车实现商业化应用,高度自动驾驶汽车实现规模化应用,有效促进节能减排水平和社会运行效率的提升。

《规划》部署了5项战略任务:一是提高技术创新能力。坚持整车和零部件并重,强化整车集成技术创新,提升动力电池、新一代车用电机等关键零部件的产业基础能力,推动电动化与网联化、智能化技术互融协同发展。二是构建新型产业生态。以生态主导型企业为龙头,加快车用操作系统开发应用,建设动力电池高效循环利用体系,强化质量安全保障,推动形成互融共生、分工合作、利益共享的新型产业生态。三是推动产业融合发展。推动新能源汽车与能源、交通、信息通信全面深度融合,促进能源消费结构优化、交通体系和城市智能化水平提升,构建产业协同发展新格局。四是完善基础设施体系。加快推动充换电、加氢等基础设施建设,提升互联互通水平,鼓励商业模式创新,营造良好使用环境。五是深化开放合作。践行开放融通、互利共赢的合作观,深化研发设计、贸易投资、技术标准等领域的交流合作,积极参与国际竞争,不断提高国际竞争能力。

《规划》要求,要充分发挥市场机制作用,促进优胜劣汰,支持优势企业兼并重组、做大做强,进一步提高产业集中度。落实新能源汽车相关税收优惠政策,优化分类交通管理及金融服务等措施,对作为公共设施的充电桩建设给予财政支持,给予新能源汽车停车、充电等优惠政策。2021年起,国家生态文明试验区、大气污染防治重点区域的公共领域新增或更新公交、出租、物流配送等车辆中新能源汽车比例不低于80%。

《规划》强调,要充分发挥节能与新能源汽车产业发展部际联席会议制度和地方协调机制作用,强化部门协同和上下联动,制定年度工作计划和部门任务分工,抓紧抓实抓细规划落实工作。

二、新能源汽车生产企业及产品准入管理规定

2017年1月6日,工业和信息化部令第39号公布,根据2020年7月24日工业和信息化部令第54号公布的《工业和信息化部关于修改〈新能源汽车生产企业及产品准入管理规定〉的决定》修订。修改后的文件如下:

第一条 为了落实发展新能源汽车的国家战略,规范新能源汽车生产活动,保障公民生命财产安全和公共安全,促进新能源汽车产业持续健康发展,根据《中华人民共和国行政许可法》《中华人民共和国道路交通安全法》《国务院对确需保留的行政审批项目设定行政许可的决定》等法律法规,制定本规定。

新能源汽车准入政策

第二条 在中华人民共和国境内生产新能源汽车的企业(以下简称"新能源汽车生产企业"),及其生产在境内使用的新能源汽车产品的活动,适用本规定。

第三条 本规定所称汽车,是指《汽车和挂车类型的术语和定义》国家标准(GB/T 3730.1-2001)第2.1款所规定的汽车整车(完整车辆)及底盘(非完整车辆),不包括整车整备质量超过400千克的三轮车辆。

本规定所称新能源汽车,是指采用新型动力系统,完全或者主要依靠新型能源驱动的汽车,包括插电式混合动力(含增程式)汽车、纯电动汽车和燃料电池汽车等。

第四条 工业和信息化部负责实施全国新能源汽车生产企业及产品的准入和监督管理。

省、自治区、直辖市工业和信息化主管部门负责本行政区域内新能源汽车生产企业及产品的日常监督管理,并配合工业和信息化部实施准入管理相关工作。

第五条 申请新能源汽车生产企业准入的,应当符合以下条件:

(一)符合国家有关法律、行政法规、规章和汽车产业发展政策及宏观调控政策的要求。

(二)申请人是已取得道路机动车辆生产企业准入的汽车生产企业,或者是已按照国家有关投资管理规定完成投资项目手续的新建汽车生产企业。

汽车生产企业跨产品类别生产新能源汽车的,也应当按照国家有关投资管理规定完成投资项目手续。

(三)具备生产新能源汽车产品所必需的生产能力、产品生产一致性保证能力、售后服务及产品安全保障能力,符合《新能源汽车生产企业准入审查要求》。

具备工业和信息化部规定条件的大型汽车企业集团,在企业集团统一规划、统一管理、承担相应监管责任的前提下,其下属企业(包括下属子公司及分公司)的准入条件予以简化,适用《企业集团下属企业的准入审查要求》。

(四)符合相同类别的常规汽车生产企业准入管理规则。

第六条 汽车生产企业在已列入《道路机动车辆生产企业及产品公告》(以下简称《公告》)的新能源汽车整车或者底盘基础上改装生产新能源汽车产品,改装未影响到底盘、车载能源系统、驱动系统和控制系统的,不需要申请新能源汽车生产企业准入。

第七条 申请准入的新能源汽车产品,应当符合以下条件:

(一)符合国家有关法律、行政法规、规章。

(二)符合《新能源汽车产品专项检验项目及依据标准》,以及相同类别的常规汽车产

品相关标准。

（三）经国家认定的检测机构（以下简称"检测机构"）检测合格。

（四）符合工业和信息化部规定的安全技术条件。

工业和信息化部根据新能源汽车产业发展的实际情况和相关标准制修订情况，及时调整《新能源汽车产品专项检验项目及依据标准》的有关内容，并在施行前向社会公布。

第八条 申请新能源汽车生产企业准入的，应当向工业和信息化部提交以下材料：

（一）申请新能源汽车生产企业准入审查的文件。

（二）《新能源汽车生产企业准入申请书》及相关证明材料。

（三）新建新能源汽车生产企业的企业法人营业执照复印件，以及根据国家有关投资管理规定办理投资项目手续的文件。中外合资企业还应当提交中外股东持股比例证明。

第九条 申请新能源汽车产品准入的，应当向工业和信息化部提交以下材料：

（一）新能源汽车产品主要技术参数表。

（二）检测机构出具的新能源汽车产品检测报告。

（三）其他需要说明的情况。

第十条 工业和信息化部收到准入申请后，对于申请材料不齐全或者不符合法定形式的，应当当场或者在5日内一次性告知申请人需要补正的全部内容。申请材料齐全、符合法定形式的，应当予以受理，并自受理之日起20个工作日内作出批准或者不予批准的决定。20个工作日内不能作出决定的，经工业和信息化部负责人批准，可以延长10个工作日，并应当将延长期限的理由告知申请人。

第十一条 工业和信息化部委托第三方技术服务机构，组织专家对新能源汽车生产企业、新能源汽车产品准入申请进行技术审查，审查方式包括现场审查、资料审查。

工业和信息化部建立新能源汽车领域专家库，从中选取专家组成审查组。

第三方技术服务机构技术审查所需时间不计算在本规定第十条规定的期限内。

第十二条 申请新能源汽车生产企业准入的，如已按照相同类别的常规汽车生产企业准入管理规则通过了审查的，免予审查《准入审查要求》中的相关要求。

第十三条 检测机构应当严格按照工业和信息化部有关规定开展新能源汽车产品检测工作，不得擅自变更检测要求。

第十四条 通过审查的新能源汽车生产企业及产品，由工业和信息化部通过《公告》发布。

不符合本规定所规定的条件、标准的新能源汽车生产企业及产品，工业和信息化部不予列入《公告》。

新能源汽车生产企业应当按照《公告》载明的许可要求生产新能源汽车产品。

第十五条 新能源汽车生产企业应当加强管理、规范使用新能源汽车产品出厂合格证，确保出厂合格证及其信息与实际产品唯一对应、保持一致。

第十六条 新能源汽车生产企业应当建立新能源汽车产品售后服务承诺制度。售后服务承诺应当包括新能源汽车产品质量保证承诺、售后服务项目及内容、备件提供及质量保证期限、售后服务过程中发现问题的反馈、零部件（如电池）回收，出现产品质量、安全、环保等严重问题时的应对措施以及索赔处理等内容，并在本企业网站上向社会发布。

第十七条 新能源汽车生产企业应当建立新能源汽车产品运行安全状态监测平台，按照与新能源汽车产品用户的协议，对已销售的全部新能源汽车产品的运行安全状态进行监测。企业监测平台应当与地方和国家的新能源汽车推广应用监测平台对接。

新能源汽车生产企业及其工作人员应当妥善保管新能源汽车产品运行安全状态信息，不得泄露、篡改、毁损、出售或者非法向他人提供，不得监测与产品运行安全状态无关的信息。

第十八条 新能源汽车生产企业应当在产品全生命周期内，为每一辆新能源汽车产品建立档案，跟踪记录汽车使用、维护、维修情况，实施新能源汽车动力电池溯源信息管理，跟踪记录动力电池回收利用情况。

新能源汽车生产企业应当对新能源汽车产品的技术状况、故障及主要问题等运行情况进行分析、总结，编写年度报告。年度报告应当在新能源汽车产品全生命周期内存档备查。

第十九条 新能源汽车生产企业申请准入的新能源汽车产品类别或者动力系统（包括插电式混合动力、纯电动、燃料电池等）与已列入《公告》的新能源汽车产品不同的，或者增加、变更生产地址的，应当向工业和信息化部提交本规定第八条所列的材料，原则上应当进行现场审查。

取得插电式混合动力汽车或者燃料电池汽车产品准入的新能源汽车生产企业，申请相同类别的纯电动汽车产品准入的，只进行资料审查。

第二十条 新能源汽车生产企业应当持续满足《准入审查要求》和生产一致性等相关规定，确保新能源汽车产品安全保障体系正常运行。

第二十一条 新能源汽车生产企业发现新能源汽车产品存在安全、环保、节能等严重问题的，应当立即停止相关产品的生产、销售，采取措施进行整改，并及时向工业和信息化部和相关省、自治区、直辖市工业和信息化主管部门报告。

第二十二条 工业和信息化部应当对新能源汽车生产企业的《准入审查要求》保持情况、生产一致性情况和监测平台运行情况等进行监督检查，检查方式包括资料审查、实地核查、市场抽样和性能检测等。

省、自治区、直辖市工业和信息化主管部门应当对本行政区域内新能源汽车生产企业的生产情况、监测平台运行情况进行监督检查。发现新能源汽车生产企业有《准入审查要求》所列要求发生重大变化、生产管理存在重大安全隐患、产品不符合安全技术标准，以及违法行为等的，应当及时向工业和信息化部报告。

第二十三条 对于停止生产新能源汽车产品24个月及以上的新能源汽车生产企业，工业和信息化部予以特别公示。

经特别公示的新能源汽车生产企业在恢复生产之前，工业和信息化部应当对其保持《准入审查要求》的情况进行核查。

第二十四条 工业和信息化部建立新能源汽车生产企业信用数据库，将企业违反生产一致性要求、申请材料弄虚作假、行政处罚等情况列入信用数据库。

第二十五条 新能源汽车生产企业不能保持《准入审查要求》，存在公共安全、人身健康、生命财产安全隐患的，工业和信息化部应当责令其停止生产、销售活动，并责令立即改正。

第二十六条 新能源汽车生产企业破产或者自愿终止生产新能源汽车产品的，工业和信息化部应当撤销、注销其相应的新能源汽车生产企业、产品准入。

第二十七条 隐瞒有关情况或者提供虚假材料申请新能源汽车生产企业、新能源汽车产品准入的，工业和信息化部不予受理或者不予准入，并给予警告，申请人在一年内不得再次申请准入。

以欺骗、贿赂等不正当手段取得新能源汽车生产企业、新能源汽车产品准入的，工业和信息化部应当撤销其新能源汽车生产企业、产品准入，申请人在三年内不得再次申请准入。

第二十八条 新能源汽车生产企业擅自生产、销售未列入工业和信息化部《公告》的新能源汽车车型的，工业和信息化部应当依据《中华人民共和国道路交通安全法》有关规定予以处罚。

第二十九条 本规定自2017年7月1日起施行。2009年6月17日工业和信息化部公布的《新能源汽车生产企业及产品准入管理规则》（工产业〔2009〕第44号）同时废止。本规定施行前公布的有关规定与本规定不一致的，以本规定为准。

任务三　自动驾驶汽车政策认知

近年来，随着人工智能技术的发展，自动驾驶汽车逐渐成为现实。杭州第19届亚运会上，能精确识别道路、车辆、行人、红绿灯以及各种障碍物，遇到车辆超车、并线和红灯时，会灵敏地感知到，并缓慢停下的无人驾驶智能巴士收获了众多的"点赞"。当前，自动驾驶技术已开始走向成熟，自动驾驶汽车已经在部分地区进行了路测，预计未来几年将逐步投入市场，而且越来越多的新车型开始搭载自动驾驶功能，预计2025年中国新车的自动驾驶渗透率将超过60%，2030年以前L3自动驾驶会批量落地。国家为推动自动驾驶汽车的发展有哪些相关的政策法规呢？如何从政策、法律法规层面降低自动驾驶汽车在运输服务领域存在的安全风险？

素质目标

1. 树立对我国汽车行业的自信心；
2. 认同国家自动驾驶汽车政策；
3. 树立守正创新意识。

知识目标

1. 了解我国自动驾驶汽车发展情况；
2. 了解我国自动驾驶汽车政策。

技能目标

1. 能够区分自动驾驶汽车级别；
2. 能够分析政策对自动驾驶汽车发展的影响。

根据任务背景,通过互联网和教材资料查找国家对自动驾驶汽车发展的相关政策法规。

学习领域	国家自动驾驶汽车政策认知		
学习情境	不了解国家对自动驾驶汽车的发展有哪些相关的政策法规	学习时间	
工作任务	了解国家自动驾驶汽车政策,能分析政策对汽车产业发展的影响	学习地点	
课前预习	了解《自动驾驶汽车运输安全服务指南(试行)》		
知识准备 (1) 什么是自动驾驶汽车? (2)《自动驾驶汽车运输安全服务指南(试行)》指出使用自动驾驶汽车的基本原则有哪些? 完成任务 国家为推动自动驾驶汽车的发展有哪些相关的政策法规?			
学习笔记	尽管自动驾驶技术不断突破、市场需求不断成熟,但仍面临着诸多挑战,如安全问题。自动驾驶汽车运输服务应用,要守正创新,筑牢安全底线,政策和技术的双重共振加速了自动驾驶示范应用落地。请从"守正创新"的视角谈一谈,在学习和工作中我们每个人要如何做。		
成绩			

任务评价表

指标	评价内容	分值
任务完成度（5分）	能够充分利用教材和网络资源准确完成任务单的知识准备和任务，能够充分了解我国自动驾驶汽车发展情况，能够了解我国自动驾驶汽车政策，能够区分自动驾驶汽车级别，能够分析政策对自动驾驶汽车发展的影响	
素质养成度（5分）	在知识学习和任务完成过程中，理解并认同国家自动驾驶汽车政策，能够树立守正创新的意识	

一、自动驾驶汽车发展政策概述

自动驾驶汽车又称无人驾驶汽车、电脑驾驶汽车或轮式移动机器人，是一种通过电脑系统实现无人驾驶的智能汽车。自动驾驶汽车依靠人工智能、视觉计算、雷达、监控装置和全球定位系统协同合作，让电脑可以在没有任何人类主动操作的情况下，自动安全地操作机动车辆。

2015年国家推出"中国制造2025"计划，在文件中，发展智能网联汽车正式被上升至国家战略高度，无人驾驶被列为汽车产业未来转型升级的重要方向之一。随后又发布了《汽车产业中长期发展规划》，对自动无人驾驶汽车渗透应用做出规划。

自动驾驶汽车政策分析1

2018年工信部等部门出台《智能网联汽车道路测试管理规范（试行）》，对测试主体、测试驾驶人、测试车辆等提出要求，进一步规范自动驾驶汽车测试，促进行业有序发展。2020年以来中国对于智能网联汽车及新基建做出新的规划，从标准技术到应用规划均有涉及。

自动驾驶汽车政策分析2

2021年开始，中国迈入"十四五"阶段，智慧交通成为实现交通强国的切入点，"人、车、路、云"融合协同的重要性日益凸显，自动驾驶、车路协同、车联网等技术的试点和应用正在加速推进。2021年8月，为加强智能网联汽车生产企业及产品准入管理，促进智能网联汽车产业健康可持续发展，工信部颁布《关于加强智能网联汽车生产企业及产品准入管理的意见》。该意见落实企业主体责任，加强智能网联汽车数据安全、网络安全、软件升级、功能安全和预期功能安全管理，保证产品质量和生产一致性，推动智能网联汽车产业高质量发展。

除了国家的政策引领，地方政府对发展自动驾驶产业也十分积极。包括北京、上海、广州、深圳、重庆、河南等21余个省市出台了细致的管理办法，实现了道路测试、载人测试、示范运营到无人化等多个阶段划分和覆盖，并纷纷建立道路测试、示范应用政策先行区，确保将产业落到实处。各地政策均以"十四五"规划、道路交通相关、(智能网联/车联网/自动驾驶等)专项支持政策这些方向为主。

近年来，随着人工智能、5G通信、大数据等新技术快速发展，自动驾驶技术在交通运输领域加快应用，由封闭场地测试到道路测试、由试点示范到商业试运营快速迭代。北京、上海、广州、深圳等城市纷纷出台政策，允许自动驾驶汽车在特定区域、特定时段从事城市公共汽电车、出租汽车、物流配送等商业化试运营，且应用规模不断扩大。

《国家综合立体交通网规划纲要》明确提出，到2035年，我国自动驾驶技术要达到世界先进水平；《交通强国建设纲要》将"加强自动驾驶技术研发，形成自主可控完整的产业链"作为交通强国建设的重要内容。当前，使用自动驾驶汽车从事运输经营的基本要求还不明确，不适应自动驾驶汽车健康有序发展需要，且安全压力日益增加。为此，交通运输部在系统梳理部分城市自动驾驶汽车试点示范运营情况和地方管理政策的基础上，聚焦应用场景、自动驾驶运输经营者、运输车辆、人员配备、安全保障、监督管理等影响运输安全的核心要素，明确在现行法律法规框架下使用自动驾驶汽车从事运输经营活动的基本要求，引导自动驾驶运输服务健康有序发展，最大限度防范化解运输安全风险，切实保障人民群众生命财产安全。

二、自动驾驶汽车运输安全服务指南

2023年11月21日，国务院交通运输部办公厅印发《自动驾驶汽车运输安全服务指南(试行)》(以下简称《指南》)，《指南》明确了在现行法律法规框架下使用自动驾驶汽车从事运输经营活动的基本要求，引导自动驾驶运输服务健康有序发展，最大限度防范化解运输安全风险，切实保障人民群众生命财产安全。

为引导自动驾驶技术发展，规范自动驾驶汽车在运输服务领域应用，依据《中华人民共和国安全生产法》《中华人民共和国道路交通安全法》《中华人民共和国道路运输条例》等法律法规，以及道路运输、城市客运管理有关规定，制定本指南。《指南》原文如下：

为引导自动驾驶技术发展，规范自动驾驶汽车在运输服务领域应用，依据《中华人民共和国安全生产法》《中华人民共和国道路交通安全法》《中华人民共和国道路运输条例》等法律法规，以及道路运输、城市客运管理有关规定，制定本指南。

一、适用范围

使用自动驾驶汽车在城市道路、公路等用于社会机动车通行的各类道路上，从事城市公共汽电车客运、出租汽车客运、道路旅客运输经营、道路货物运输经营活动的，适用本指南。

本指南所称自动驾驶汽车是指按照国家有关标准，在设计运行条件下具备执行全部动态驾驶任务能力、由工业和信息化部门将其纳入产品准入范围的汽车，包括国家标准《汽车驾驶自动化分级》(GB/T 40429—2021)明确的有条件自动驾驶汽车、高度自动驾驶汽车和完全自动驾驶汽车。

二、基本原则

使用自动驾驶汽车从事城市公共汽电车客运、出租汽车客运、道路旅客运输经营、道路货物运输经营(以下统称"自动驾驶运输经营")应坚持依法依规、诚实守信、安全至上、创新驱动的原则。自动驾驶汽车运输管理应坚持安全第一、守正创新、包容开放、有序推进的原则。

三、应用场景

为保障运输安全，自动驾驶汽车开展道路运输服务应在指定区域内进行，并依法通过道路交通安全评估。使用自动驾驶汽车从事城市公共汽电车客运经营活动的，可在物理封闭、相对封闭或路况简单的固定线路、交通安全可控场景下进行；使用自动驾驶汽车从事出租汽车客运经营活动的，可在交通状况良好、交通安全可控场景下进行；审慎使用自动驾驶汽车从事道路旅客运输经营活动；可使用自动驾驶汽车在点对点干线公路运输或交通安全可控的城市道路等场景下从事道路货物运输经营活动；禁止使用自动驾驶汽车从事道路危险货物运输经营活动。

四、自动驾驶运输经营者

使用自动驾驶汽车从事城市公共汽电车客运、出租汽车客运、道路旅客运输、道路货物运输的经营者（以下统称自动驾驶运输经营者）应依法办理市场主体登记，经营范围应登记相应经营业务类别；出租汽车客运（网约车）、道路旅客运输应依法投保承运人责任保险。从事城市公共汽电车运营的，应符合国家及运营地城市人民政府有关运营要求。从事出租汽车客运、道路旅客运输经营、道路货物运输经营的，应具备相应业务类别的经营许可资质。城市客运企业、道路运输企业可与汽车生产企业组成联合体开展自动驾驶运输经营。自动驾驶运输经营者应当依法办理相关手续，地方交通运输主管部门应为自动驾驶运输经营者从事自动驾驶汽车运输经营服务提供办理渠道。

五、运输车辆

从事道路运输经营的自动驾驶汽车应符合国家相关标准及技术规范等要求，依法办理机动车注册登记，取得机动车号牌和机动车行驶证。从事城市公共汽电车客运的自动驾驶汽车应符合国家及运营地城市人民政府有关运营要求。从事出租汽车客运、道路旅客运输经营、道路货物运输经营的自动驾驶汽车还应符合交通运输行业有关经营性机动车运营安全技术标准要求，依法取得运营地交通运输主管部门配发的《网络预约出租汽车运输证》或《道路运输证》。自动驾驶汽车需变更自动驾驶功能、进行车辆软件系统升级的，应按照工业和信息化部门规定执行，确保车辆运行安全。

从事道路运输经营的自动驾驶汽车应按照《中华人民共和国道路交通安全法》《中华人民共和国道路运输条例》《机动车交通事故责任强制保险条例》以及《工业和信息化部 公安部 交通运输部关于印发智能网联汽车道路测试与示范应用管理规范（试行）的通知》（工信部联通装〔2021〕97号）有关要求，提供交通事故责任强制险凭证以及交通事故责任保险凭证或事故赔偿保函。

六、人员配备

从事城市公共汽电车客运、道路旅客运输经营的自动驾驶汽车应随车配备1名驾驶员或运行安全保障人员（以下统称"安全员"）。从事道路货物运输经营的自动驾驶汽车原则上随车配备安全员。从事出租汽车客运的有条件自动驾驶汽车、高度自动驾驶汽车应随车配备1名安全员；从事出租汽车客运的完全自动驾驶汽车，在确保安全的前提下，经设区市人民政府同意，在指定的区域运营时可使用远程安全员，远程安全员人车比不得低于1∶3。安全员应当接受自动驾驶汽车技术和所从事相关运输业务培训，熟练掌握道路交通安全法律法规的规定、不同级别自动驾驶系统操作技能，熟知自动驾驶汽车运行线路情况，具备紧急状态下接管车辆等应急处置能力。自动驾驶汽车的自动驾驶功能变更或更新升级后，自动驾驶运输经营者要及时加强对安全员在岗培训，确保其及时掌握新功能、新技术、新要求。安全员应符合交通运输领域从业人员管理相关规定和要求，取得相应业务类别的从业资格。

七、安全保障

（一）安全生产制度

自动驾驶运输经营者应履行安全生产主体责任，建立实施运营安全管理制度，包括但不限于全员安全生产责任制度、车辆技术管理制度、安全评估制度、安全隐患排查治理制度、动态监控管理制度、网络安全管理制度、从业人员安全管理制度、关键岗位安全生产操作规程、安全生产和应急处置教育培训计划等。

（二）运输安全保障

自动驾驶运输经营者应建立健全运输安全保障体系，在正式运营前要制定自动驾驶汽车运输安全保障方案，明确自动驾驶汽车的设计运行条件、人员配备情况、运营安全风险清单、分级管控措施、突发情况应对措施等。自动驾驶运输经营者应与汽车生产企业、安全员等签署协议，明确各方权利责任义务，并组织对运输安全保障方案进行专业性论证和安全风险评估。运输安全保障方案和安全风险评估报告应告知运营地交通运输主管部门、公安交警部门和应急管理部门。自动驾驶运输经营者要确保运输安全；存在重大隐患无法保障运输安全的，应及时依法暂停自动驾驶运输经营。

（三）运行状态信息管理

自动驾驶运输经营者应确保车辆技术状况良好，按照车辆使用说明书使用运行。从事道路运输经营的自动驾驶汽车应具备车辆运行状态信息记录、存储和传输功能，向自动驾驶运输经营者和运营地有关主管部门实时传输关键运行状态信息。在车辆发生事故或自动驾驶功能失效时，应自动记录和存储事发前至少90秒的运行状态信息。运行状态信息包括但不限于以下10项内容：车辆标识（车架号或车辆号牌信息等）；车辆控制模式；车辆位置；车辆速度、加速度、行驶方向等运动状态；环境感知及响应状态；车辆灯光和信号实时状态；车辆外部360度视频监控情况；反映驾驶人和人机交互状态的车内视频及语音监控情况；车辆接收的远程控制指令（如有）和车辆故障情况（如有）。

（四）车辆动态监控

车辆符合《道路运输车辆动态监督管理办法》及国家有关规定的，要加强自动驾驶汽车动态监控，对车辆运行区域、运行线路、运行状况进行监控管理，及时提醒纠正和处理违法违规行为。运营地交通运输主管部门要督促自动驾驶运输经营者加强对运输车辆及安全员的动态管理。

（五）安全告知

自动驾驶汽车应在车身以醒目图案、文字或颜色标识，明确向其他交通参与者告知其自动驾驶身份。使用自动驾驶汽车从事城市公共汽电车客运、出租汽车客运、道路旅客运输的经营者，应通过播放视频或张贴标识等方式，向乘客告知车辆自动驾驶功能、安全乘车知识、安全设施使用方法、紧急逃生方法等事项。

（六）应急处置

自动驾驶运输经营者应制定自动驾驶汽车运营突发事件应急预案，明确突发事件类型和级别、处置方法、应急响应程序、职责分工和保障措施等，并定期组织开展应急演练。自动驾驶汽车在运营过程中发生车辆故障或安全事故时，自动驾驶运输经营者应按应急预案要求启动应急响应，做好应急处置；发生人员伤亡安全生产事故的，应按照国家有关规定及时向事发地交通运输主管部门报告。

八、监督管理

（一）日常监督

交通运输主管部门要会同有关部门，加强对自动驾驶汽车运输经营活动的监督管理，按照"双随机、一公开"要求开展监督检查，依法定职权督促自动驾驶汽车生产企业和自动驾驶运输经营者严格按照国家有关法律法规开展道路运输经营活动，保障运输安全。地方交通运输主管部门可结合本地实际，制定高于本指南的安全要求和措施。

（二）隐患整改

使用自动驾驶汽车从事道路运输经营活动存在重大安全隐患的，运营地交通运输主管部门要会同有关部门依法定职权责令自动驾驶汽车生产企业和自动驾驶运输经营者迅速整改。无法保障运输安全的，要依据《中华人民共和国安全生产法》《中华人民共和国道路交通安全法》《中华人民共和国道路运输条例》等法律法规依法进行处理。

（三）信息反馈

在运营中如发现自动驾驶汽车存在技术缺陷、隐患和问题的，自动驾驶运输经营者应依法向有关主管部门反馈，有关主管部门督促汽车生产企业迅速排查整改，及时消除安全隐患，确保生产安全。运营地交通运输主管部门应定期监测汇总本地自动驾驶运营服务情况，掌握行业安全和运营服务情况。省级交通运输主管部门应每年年底前向部报告辖区内自动驾驶汽车运输经营情况。

项目一测试

项目二
汽车设计制造法律法规认知

项目描述

随着世界汽车工业的不断发展,汽车保有量迅速增加,随之带来的汽车安全事故、环境污染及能量消耗的问题,已经构成严重的社会公害,因此从20世纪50年代开始,世界许多国家,特别是工业发达国家,相继对汽车产品进行立法,实施法制化管理,并制定各类汽车技术法规,对汽车安全、节能与环保等技术性能加以控制,产品的开发必须在相关技术法规允许的范围内进行,这是汽车产品进入市场的最低要求。这些技术法规的设立从一定程度上控制了汽车对人类社会和环境造成的危害。

拓展阅读

大国工匠周永和:巧手拼就世界最大"天眼"

任务一 汽车设计技术标准认知

任务描述

汽车在设计和制造过程中需要满足一定的标准和技术法规要求,通过任务学习了解汽车在设计和制造过程中需要满足哪些标准和技术法规的要求。

学习目标

素质目标

强化"不以规矩,不能成方圆"的规则意识。

知识目标

1. 了解汽车技术法规和标准的区别；
2. 掌握我国乘用车强制性标准体系基本内容。

技能目标

1. 能够分析汽车技术法规和标准的区别；
2. 能够认读中国汽车标准。

根据任务背景，通过互联网和教材资料查找标准化的概念和国家汽车标准体系，再总结标准化对行业的影响。

学习领域	汽车设计技术法规分析		
学习情境	不了解汽车设计技术法规	学习时间	
工作任务	能够理解标准的概念，并了解我国汽车标准体系，能分析标准化对汽车产业发展的影响	学习地点	
课前预习	了解我国汽车标准体系		
知识准备 (1) 汽车技术法规和标准的区别是什么？ (2) 简述我国乘用车强制性国家标准体系，画图表示。 (3) 查找资料简述中国新能源汽车标准 GB 38031—2020 电动汽车用动力蓄电池安全要求，对电池单体安全要求有哪些？ (4) 查找资料简述中国智能网联汽车标准 GB/T 40429—2021 汽车驾驶自动化分级将驾驶自动化划分了哪些等级。 完成任务 汽车在设计和制造过程中需要满足哪些标准和技术法规的要求？			
学习笔记	"不以规矩，不能成方圆"出自《孟子·离娄章句上》。请从这一视角谈一谈汽车标准和技术法规的作用及意义。		
成绩			

任务评价表

指标	评价内容	分值
任务完成度 （5分）	能够充分利用教材和网络资源准确完成任务单的知识准备和任务，了解汽车技术法规和标准的区别；掌握我国乘用车强制性标准体系基本内容；能够分析汽车技术法规和标准的区别；能够认读中国汽车标准	
素质养成度 （5分）	在知识学习和任务完成过程中，能够强化"不以规矩，不能成方圆"的规则意识	

汽车设计技术标准认知

一、法规体系与标准体系的分析

为了保证汽车产品的质量，特别是为了满足有关安全、环境保护和节约能源等方面的要求，促进汽车生产的系列化、通用化和标准化，各国都制定了一系列的汽车标准和技术法规。汽车产品的开发必须在相关技术法规允许的范围内进行，产品的生产和设计必须要满足行业标准和技术法规的要求。

1. 标准与技术法规的定义不同

在2000年发布的GB/T 1.1—2000中将标准定义为："为在一定的范围内获得最佳秩序，对活动或其结果规定共同的和重复使用的规则、导则或特性文件。该文件经协商一致制定并经一个公认机构的批准。（标准应以科学、技术和经验的综合成果为基础，以促进最佳社会效益为目的。）"

技术法规是指规定技术要求的法规，可以引用"标准""技术规范"或"实施规程"的全部或部分内容。

2. 制订的目的不同

标准是为满足产业活动需要，针对共同和重复应用的实际或潜在的问题提出的，是为在一定范围内求得最佳秩序而制订的。技术法规是为政府法制化的行政管理活动服务的。二者的目的、服务对象截然不同。

3. 制订、批准和采用的机构不同

标准的起草、批准或采用是由一个公认机构负责的。所谓公认机构就是有能力在标准化领域开展活动，在国际上得到各国认可，在一个国家内得到本国政府认可或是已经树立起威信和信誉并为社会有关方面一致接受的标准化机构。比如，ISO就是得到各国公认的非官方组织。

技术法规方面的工作则是由政府直接负责的，由政府的某一个权威机构具体管理。所谓权威机构是指法律授权的有法规"立法权"和法规"执法权"的机构，在一些情况下二者可以是同一个机构，而在某些情况下二者可以是两个机构。

技术法规从制订、批准到执行都是政府的本职工作，属政府职能；而标准的制订、批准和执行，严格来说不是政府职能。

4. 约束力不同

标准仅在其承认的范围内有约束力，其约束力为一种自觉承担义务性质的约束力，而没有法律意义上的约束力。所以一般标准的执行是非强制的。例如，国际标准是各参加国的标准化组织协商一致后制订，并由 ISO 批准的。如果某国不同意该项标准则可不签字，这个标准对该国就无约束力。相反签字国却有义务执行该标准。所以一般标准的执行是非强制的。

技术法规是法律直接派生的产物，是法律的配套文件，是政府为贯彻法律的原则通过一定形式的立法程序制定的行政管理规则。因此，它具有法律含义上的约束力，在一个国家里必然是强制执行的。

5. 体系构成不同

标准体系的构成是国际标准、区域标准、国家标准、团体标准和企业标准。

技术法规体系的构成则为区域技术法规、中央政府的技术法规和地方政府的技术法规。

6. 内容的构成不同

标准与技术法规有着密切的联系，表现在技术法规经常要直接引用标准作为其重要组成部分。

二者都要以技术和科研成果为基础，但二者在内容上仍有十分明显的差别：标准一般只包括"纯"技术的内容。而技术法规除了技术的内容外，一定还包括有为管理需要而由行政部门制定的行政规则。

汽车标准与法规是在汽车工业的发展过程中不断完善形成的，二者相互依存，在汽车产品生产与管理中共同发挥其不可替代的作用。

技术法规与标准的比较如表 2-1 所示。

表 2-1 技术法规与标准的比较

项目	技术法规	标准
定义	执法权威机构采用的规定或行政规则等约束性文件	为协调相关各方面工作关系而确定采用的各项原则
目的	从保障人民生命、财产安全，保护环境，节约能源等方面维护全社会的公共利益	保障行业、协作单位之间的协调关系，不断提高产品的技术水平；克服国际贸易中的技术壁垒，获取最佳经济效益
制订、批准、管理机构	由政府颁布，由政府或授权机构执行、监督和管理	由不具有政府管理职能的有关机构或组织颁布，由相应的机构协调
内容	涉及汽车安全、环境保护、节约能源的技术内容，并包括为管理需要而制定的行政规划	一般为纯技术内容，不包括行政规则
适用范围	国家主权范围内	一般不受限制，可以跨越区域
管理方式	强制性，产品需通过认证机构的认证才有可能在法规管辖区域内得到认可	非强制性，企业可根据合同要求自主选择

二、国外汽车技术法规体系

世界上主要的汽车法规有美国汽车法规、欧洲汽车法规、日本汽车法规，形成了三大汽车法规体系。

此外，加拿大、澳大利亚、沙特阿拉伯、南非、香港、新加坡等国家和地区也都有自己的汽车法规，但这些法规基本上都是参照美国法规或欧洲法规再结合本国具体情况制定的。这些汽车行业技术法规所涉及的具体生产技术内容大致相同，但是汽车生产技术水平上却存在明显的差异。

欧洲各国除有自己国家的汽车法规外，主要有两个地区性的汽车法规，一是联合国欧洲经济委员会（Economic Commission for Europe，ECE）制定的汽车法规，ECE 共有 28 个欧洲国家参加，美国、日本、加拿大、澳大利亚等国也以观察员身份参加其活动，ECE 法规是由欧洲经济委员会下属的道路运输工作组的车辆结构专家组（WP29）负责起草。WP29 下设有 6 个专家小组：一般安全性规定专家组，乘员保护装置专家组，污染与能源专家组，灯光及光信号专家组，噪声专家组，制动及底盘、车辆状况、客车等专家组。二是欧洲经济共同体（European Economic Community，EEC）制定的指令（Directives）。

ECE 法规由各国任意自选，是非强制性的，而 EEC 指令则作为成员国统一的法规，是强制性的。但 ECE 法规已被大多数国家所接受，并引入本国的法律体系中。

三、中国汽车标准体系

我国对汽车产品实行定型试验和目录管理制度，只开展汽车标准化工作，尚无一个完整的汽车法规体系。目前，我国汽车行业尚未有明确的技术法规的相关概念的提出，我国当前所使用的汽车强制性标准中也包含国外法规的大多内容，其限制效果与国外的汽车行业技术规范也基本一致。

1989 年我国颁布《中华人民共和国标准化法》，明确将涉及人体健康、人身财产安全、污染和能耗及资源等方面的标准纳入强制性标准。汽车标准的内容很多，主要包括：汽车及发动机的名词术语、连接尺寸、试验方法，各种涉及环境、安全及资源保护的强制性标准，整车、发动机及各部件的技术条件以及有关产品设计、工艺、原材料及企业管理等方面的标准。

（一）中国汽车标准的 4 个级别

中国的汽车标准分为国家标准（GB，GB/T）、行业标准（QC）、地方标准和企业标准，如图 2-1 所示。其中，国家标准中涉及人体健康、人身财产安全、污染和能耗及资源等方面的标准纳入强制性标准（GB），其他标准是推荐性标准（GB/T）。

1. 国家标准

我国汽车标准体系是由强制性标准体系和推

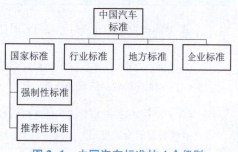

图 2-1　中国汽车标准的 4 个级别

荐性标准体系组成的，标准代号分别为 GB 和 GB/T。国家标准的编号由国家标准的代号、国家标准发布的顺序号和国家标准发布的年号（发布年份）构成。GB 代号国家标准含有强制性条文及推荐性条文，当全文强制时不含有推荐性条文，GB/T 代号国家标准为全文推荐性。强制性条文是保障人体健康、人身、财产安全的标准和法律及行政法规规定强制执行的国家标准，主要是涉及安全、环保及节约能源等技术要求方面的标准。在汽车质量安全方面，我国已经形成了相对完整的汽车强制性国家标准体系。推荐性国标是指生产、检验、使用等方面，通过经济手段或市场调节而自愿采用的国家标准，但推荐性国标一经接受并采用，或各方商定同意纳入经济合同中，就成为各方必须共同遵守的技术依据，具有法律上的约束性。

2. 行业标准

对没有国家标准而又需要在全国汽车行业范围内统一的技术要求，可制定汽车行业标准。汽车行业标准的主管部门原为国家发展和改革委员会，2008 年以后为工业和信息化部。汽车行业标准需报国家标准化管理委员会备案，汽车的行业标准（代号 QC/T）有 600 余项。

（二）国家汽车标准体系

截至 2023 年 2 月，国家标准化管理委员会已批准发布的汽车（含摩托车）强制性国家标准共 128 项，其中，适用于乘用车的强制性国家标准共 70 项，适用于商用车的强制性国家标准共 88 项，新能源汽车领域相关国家标准共 81 项，智能网联汽车领域相关国家标准共 31 项。

1. 中国乘用车强制性国家标准

中国乘用车强制性国家标准如表 2-2 所示，适用于所有乘用车生产企业的法律标准，其目的是确保乘用车的安全、环保和质量符合国家法律法规的要求。中国乘用车强制性国家标准的内容涵盖了多个方面，包括车辆安全、车辆性能、车辆排放、车辆噪声等。例如，车辆安全标准包括了车身稳定性、碰撞安全、安全气囊等，车辆排放标准包括了废气排放、污染物排放等。涉及汽车主动安全、被动安全、一般安全和环保与节能 4 个方面。

表 2-2 中国乘用车强制性国家标准

中国乘用车强制性国家标准（70 项）			
主动安全（22 项）			
1	GB 4599—2007 汽车用灯丝灯泡前照灯	12	GB 11554—2008 机动车和挂车用后雾灯配光性能
2	GB 5920—2019 汽车及挂车前位灯、后位灯、示廓灯和制动灯配光性能	13	GB 18409—2013 汽车驻车灯配光性能
3	GB 4785—2019 汽车及挂车外部照明和光信号装置的安装规定	14	GB 11564—2008 机动车回复反射器
4	GB 17509—2008 汽车及挂车转向信号灯配光性能	15	GB 18099—2013 机动车及挂车侧标志灯配光性能

续表

中国乘用车强制性国家标准（70项）				
主动安全（22项）				
5	GB 21259—2007 汽车用气体放电光源前照灯		16	GB 9743—2015 轿车轮胎
6	GB 23255—2019 机动车昼间行驶灯配光性能		17	GB 26149—2017 乘用车轮胎气压监测系统的性能要求和试验方法
7	GB 25991—2010 汽车用LED前照灯		18	GB 36581—2018 汽车车轮安全性能要求及试验方法
8	GB 4660—2016 机动车用前雾灯配光性能		19	GB 17675—2021 汽车转向系
9	GB 19151—2003 机动车用三角警告牌		20	GB 16897—2022 制动软管的结构、性能要求及试验方法
10	GB 18408—2015 汽车及挂车后牌照板照明装置配光性能		21	GB 5763—2018 汽车用制动器衬片
11	GB 15235—2007 汽车及挂车倒车灯配光性能		22	GB 21670—2008 乘用车制动系统技术要求及试验方法
被动安全（18项）				
A	GB 8410—2006 汽车内饰材料的燃烧特性		J	GB 7063—2011 汽车护轮板
B	GB 18296—2019 汽车燃油箱及其安装的安全性能要求和试验方法		K	GB 26134—2010 乘用车顶部抗压强度
C	GB 20072—2006 乘用车后碰撞燃油系统安全要求		L	GB 17354—1998 汽车前、后端保护装置
D	GB 15083—2019 汽车座椅、座椅固定装置及头枕强度要求和试验方法		M	GB 11566—2009 乘用车外部凸出物
E	GB 11550—2009 汽车座椅头枕强度要求和试验方法		N	GB 11552—2009 乘用车内部凸出物
F	GB 27887—2011 机动车儿童乘员用约束系统		O	GB 9656—2021 机动车玻璃安全技术规范
G	GB 14166—2013 机动车乘员用安全带、约束系统、儿童约束系统和ISOFIX儿童约束系统		P	GB 11557—2011 防止汽车转向机构对驾驶员伤害的规定
H	GB 14167—2013 汽车安全带安装固定点、ISOFIX固定点系统及上拉带固定点		Q	GB 11551—2014 汽车正面碰撞的乘员保护
I	GB 15086—2013 汽车门锁及车门保持件的性能要求和试验方法		R	GB 20071—2006 汽车侧面碰撞的乘员保护

续表

中国乘用车强制性国家标准（70项）			
一般安全（22项）			
a	GB 11555—2009 汽车风窗玻璃除霜和除雾系统的性能和试验方法	l	GB 11568—2011 汽车罩（盖）锁系统
b	GB 15085—2013 汽车风窗玻璃刮水器和洗涤器性能要求和试验方法	m	GB 24545—2019 车辆车速限制系统技术要求及试验方法
c	GB 15084—2022 机动车辆间接视野装置性能和安装要求	n	GB 39732—2020 汽车事件数据记录系统
d	GB 30509—2014 车辆及部件识别标记	o	GB 11562—2014 汽车驾驶员前方视野要求及测量方法
e	GB 19239—2022 燃气汽车专用装置的安装要求	p	GB 16737—2019 道路车辆世界制造厂识别代号（WMI）
f	GB 32087—2015 轻型汽车牵引装置	q	GB 16735—2019 道路车辆 车辆识别代号（VIN）
g	GB 15740—2006 汽车防盗装置	r	GB 7258—2017 机动车运行安全技术条件
h	GB 4094—2016 汽车操纵件、指示器及信号装置的标志	s	GB 1589—2016 汽车、挂车及汽车列车外廓尺寸、轴荷及质量限值
i	GB 15082—2008 汽车用车速表	t	GB 34660—2017 道路车辆电磁兼容性要求和试验方法
j	GB 15742—2019 机动车用喇叭的性能要求及试验方法	u	GB 18384—2020 电动汽车安全要求
k	GB 15741—1995 汽车和挂车号牌板（架）及其位置	v	GB 38031—2020 电动汽车用动力蓄电池安全要求
环保与节能（8项）			
Ⅰ	GB 18352.6—2016 轻型汽车污染物排放限值及测量方法（中国第六阶段）	Ⅴ	GB 19578—2021 乘用车燃料消耗量评价方法及指标
Ⅱ	GB 3847—2018 柴油车污染物排放限值及测量方法（自由加速法及加载减速法）	Ⅵ	GB 27999—2019 燃料消耗量评价方法及指标
Ⅲ	GB 18285—2018 汽油车污染物排放限值及测量方法（双怠速法及简易工况法）	Ⅶ	GB 22757.1—2017、GB 22757.2—2017 轻型汽车能源消耗量标识
Ⅳ	GB 1495—2002 汽车加速行驶车外噪声限值及测量方法		

(1) 汽车安全标准

自 1993 年第一批强制性标准发布以来,现在有关汽车安全方面的强制标准共有 62 项。

1) 主动安全性

定义:在交通事故发生之前的安全性,主要涉及汽车的动力性、操纵稳定性及汽车的舒适性、制动性以及灯光、视野等方面,称为汽车的主动安全性。

研究的目的:防止和减少交通事故的发生,涉及的安全性措施,如发生危险状态时,驾驶者采取操纵方向盘进行避让或者进行紧急制动。在汽车正常行驶时,确保操纵稳定性、对周围环境的视认性和基本行驶性能的措施等被称为主动安全性措施。涉及的安全装置如防抱制动系统、防滑系统、主动悬架、四轮驱动、动力转向、灯光照明系统、刮水器、后视镜、防止车辆追尾的车距报警系统和激光雷达等称为主动安全系统或预防安全系统。

2) 被动安全性

事故发生后的安全性,主要涉及汽车结构安全性及司乘人员的保护性安全性,这些称为汽车的被动安全性。

研究的目的:尽量减小事故发生后司乘人员和行人直接的受害程度,涉及的安全性措施和装置如汽车安全结构(车身、车架及内装饰等)、司乘人员保护系统(安全带、安全气囊)、防止火灾扩大和使司乘人员能够迅速从事故汽车中解脱出来的安全系统等称为被动安全性措施和系统。

我国汽车安全研究一直偏重于主动安全性方面,对被动安全了解较少,也缺乏被动安全方面的试验测试能力。

近 10 年来,这方面的工作逐步起步,特别是清华大学汽车安全与节能国家重点实验室的建立,大大推动了我国这方面的研究。

(2) 汽车节能法规

为应对全球性的资源短缺和气候变暖,世界各国都在抓紧制定新的汽车油耗控制法规,控制汽车燃料消耗增长。

为推动汽车节能技术进步和应用,提高汽车燃料经济性水平,我国从 2001 年开始加强了汽车节能标准研究,基本建立了轻型汽车节能标准体系,如表 2-3 所示,在推动轻型汽车节能降耗方面发挥了积极作用。

表 2-3 中国汽车节能标准体系

	轻型汽车
标识标准	轻型汽车能源消耗量标识(国标)
限值标准	燃料消耗量评价方法及指标(国标)
试验方法	乘用车燃料消耗量评价方法及指标(国标)

1)《轻型汽车能源消耗量标识第 1 部分:汽油和柴油汽车》(GB 22757.1—2017)

《轻型汽车燃料消耗量标识》是我国汽车行业第一项以服务消费者为目的的标准。该标准规定了轻型汽车能源消耗量标识的内容、格式、材质和粘贴要求。适用于能够燃用汽油或柴油燃料的、最大设计总质量不超过3500kg的M_1、M_2类和N_1类车辆，不适用于可外接充电式混合动力电动汽车、纯电动汽车及仅可燃用其他单一燃料的车辆。

①标识的内容。

标识至少应包含下列信息：

a. 生产企业；

b. 车辆型号；

c. 发动机型号、排量、最大净功率，其中，排量单位为mL，最大净功率单位为kW；

d. 能源种类，如汽油、柴油、两用燃料、双燃料、不可外接充电式混合动力等；

e. 变速器类型，如手动、自动、无级变速、双离合，或MT、AT、AMT、CVT、DCT等；

f. 驱动型式，如前轮驱动、后轮驱动、分时四轮驱动、适时四轮驱动、全时全轮驱动等；

g. 整车整备质量、最大设计总质量，单位为kg；

h. 市区、市郊和综合工况燃料消耗量，单位为L/100 km；

i. 车辆综合工况燃料消耗量的连续比较信息；

j. 车辆综合工况燃料消耗量与燃料消耗量限值的比较信息；

k. 标识的燃料消耗量与实际燃料消耗量差别的说明；

l. 标识启用日期以及政府主管部门规定的附加信息等其他信息。

②标识要求。

标识的功能区划分：

标识由"标题区""信息区""说明区"和"附加信息区"4个功能区组成，见图2-2。"标题区"位于标识顶端，左侧为"企业标志"，右侧为"标识名称"。"标识名称"为"汽车能源消耗量标识"，对应英文为大写的"AUTOMOBILE ENERGY CONSUMPTION LABEL"，采用中文居上、英文居下的方式排列。"信息区"分为"车型基本信息区"和"能耗信息区"两部分。"车型基本信息区"位于信息区的上部，"能耗信息区"位于信息区的下部，是标识的核心部分。燃料消耗量信息位于"能耗信息区"的上部，与限值比较信息位于"能耗信息区"的中部，连续性比较信息位于"能耗信息区"的下部。"车型基本信息"部分包括：生产企业、车辆型号、发动机型号、能源种类、排量、最大净功率、变速器类型、驱动型式、整车整备质量、最大设计总质量以及企业需要说明的、与燃料消耗量相关的其他信息。如无其他信息提供，可删除"其他信息"4个字。"能耗信息"包括市郊工况、市区工况和综合工况燃料消耗量（XX.X L/100km）和与限值比较信息。

标识的核心信息是汽车燃料消耗量，出于不同消费者需求不同的考虑，标识将提供市区、市郊和综合工况的燃料消耗量。除此以外，标识还应包括与燃料消耗量相关的车辆结构说明和参数。标识主背景色为黄色，由"标题区""信息区""说明区"和"附加信息区"4个功能区组成。

领跑值是综合工况燃料消耗量最低的前5%车型的综合工况燃料消耗量的算术平均值。

③标识的粘贴。

标识应粘贴在车辆内部，粘贴位置为侧车窗或风挡玻璃上不对驾驶员视野构成影响的显著部位。为便于从车外阅读，标识的图案和内容应朝外。

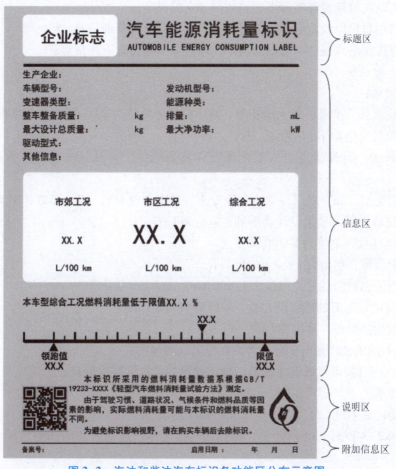

图 2-2 汽油和柴油汽车标识各功能区分布示意图

2)《轻型汽车能源消耗量标识—第 2 部分：可外接充电混合式电动汽车和纯电动汽车》(GB 22757.2—2017)

本部分规定了轻型汽车能源消耗量标识的内容、格式、材质和粘贴要求。仅适用于最大设计总质量不超过 3500 kg 的 M_1、M_2 类和 N_1 类的可外接充电式混合动力电动汽车和纯电动汽车。

①标识的内容。

对于纯电动首车，标识至少应包含下列信息：

a. 生产企业；

b. 车辆型号；

c. 驱动电机峰值功率，单位为 kW；

d. 能源种类，纯电动；

e. 整车整备质量、最大设计总质量，单位为 kg；

f. 电能消耗量，单位为 kW·h/100 km；

g. 电能当量燃料消耗量，单位为 L/100 km；

h. 续驶里程，单位为 km；

i. 标识的电能消耗量与实际电能消耗量差别的说明；

j. 标识启用日期以及政府主管部门规定的附加信息等其他信息。

对于可外接充电式混合动力电动汽车，标识至少应包含下列信息：

a. 生产企业；

b. 车辆型号；

c. 发动机型号、排量、最大净功率，其中，排量单位为 mL，最大净功率单位为 kW；

d. 驱动电机峰值功率，单位为 kW；

e. 能源种类：可外接充电式混合动力（汽油/电）、可外接充电式混合动力（柴油/电）……；

f. 变速器类型，如手动、自动、无级变速、双离合或 MT、AT、AMT、CVT、DCT 等；

g. 整车整备质量、最大设计总质量，单位为 kg；

h. 燃料消耗量，单位为 L/100 km；

i. 电能消耗量，单位为 kW·h/100 km；

j. 电能当量燃料消耗量，单位为 L/100 km；

k. 最低荷电状态下的燃料消耗量，单位为 L/100 km；

l. 纯电动续驶里程，单位为 km；

m. 标识的能源消耗量与实际能源消耗量差别的说明；

n. 标识启用日期以及政府主管部门规定的附加信息等其他信息。

② 标识要求。

标识的功能区划分：

标识由图 2-3 和图 2-4 所示的，标题区、信息区、说明区和附加信息区，4 个功能区组成。

3）GB 19578—2021 乘用车燃料消耗量评价方法及指标

本文件适用于能够燃用汽油或柴油燃料、最大设计总质量不超过 3500kg 的 M_1 类车辆。本文件不适用于仅燃用气体燃料或醇醚类燃料的车辆。标准与《乘用车燃料消耗量评价方法及指标》（GB 27999—2019）形成第五阶段乘用车燃料消耗量标准，共同支撑双积分管理办法顺利实施。标准实施有利于促进汽车节能技术进步、提高车辆节能水平、淘汰高油耗车型，对促进汽车产业健康可持续发展、支撑实现我国碳达峰和碳中和目标具有重要意义。

标准有三方面限值要求：手动挡变速器且具有三排以下座椅车辆的燃料消耗量限值；其他车辆的燃料消耗量限值；与限值对应 CO_2 排放量的参考值。以手动挡变速器且具有三排以下座椅的车辆燃料消耗量限值为例，见图 2-5 所示。

4）GB 27999—2019 燃料消耗量评价方法及指标

2019 年 12 月 31 日，国家标准化管理委员会发布了 GB 27999—2019《乘用车燃料消耗量评价方法及指标》标准，该标准于 2021 年 1 月 1 日起实施。这是我国面向 2025 年的乘用车五阶段燃料消耗量标准，制定和实施面向 2025 年的燃料消耗量标准是贯彻落实《汽车产业中长期发展规划》的重要措施，旨在推动我国汽车先进节能技术发展和应用，持续降低我国乘用车燃料消耗量，促进新能源汽车产业快速健康发展，提升国际竞争力。

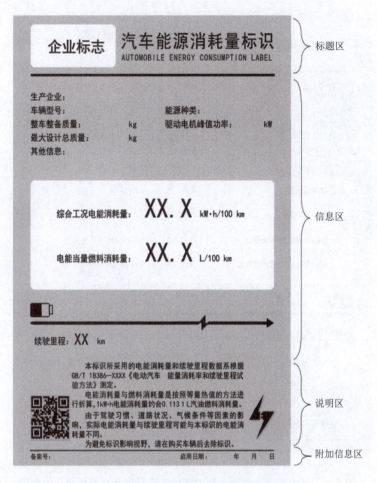

图 2-3 纯电动汽车标识各功能区分布示意图

本标准规定了乘用车车型燃料消耗量和企业平均燃料消耗量的评价方法、指标以及生产一致性和实施日期。

本标准适用于最大设计总质量不超过 3500 kg 的所有 M_1 类车辆,包括能够燃用汽油或柴油燃料的车辆、纯电动车辆、燃料电池车辆以及燃用气体燃料和醇醚类燃料的车辆。

车型燃料消耗量的确定:

①对汽油、柴油、两用燃料及双燃料乘用车,应按 GB/T19233,采用全球统一轻型车辆测试循环(WLTC)确定车型燃料消耗量。

②对可外接及不可外接充电式混合动力乘用车,应按 GB/T19753,采用全球统一轻型车辆测试循环(WLTC)确定车型燃料消耗量及电能消耗量;燃用汽油的可外接充电式混合动力乘用车,电能消耗量应按 GB/T 37340 折算为汽油燃料消耗量;燃用柴油的可外接充电式混合动力乘用车,电能消耗量应按 GB/T 37340 折算为柴油燃料消耗量。2025 年及以前,由电能消耗量折算的燃料消耗量按零计算。

③对纯电动乘用车,应按 GB/T 18386 测定电能消耗量,并按 GB/T 37340 折算成对应的汽油燃料消耗量。2025 年及以前,其燃料消耗量按零计算。

④对燃料电池乘用车,其燃料消耗量按零计算。

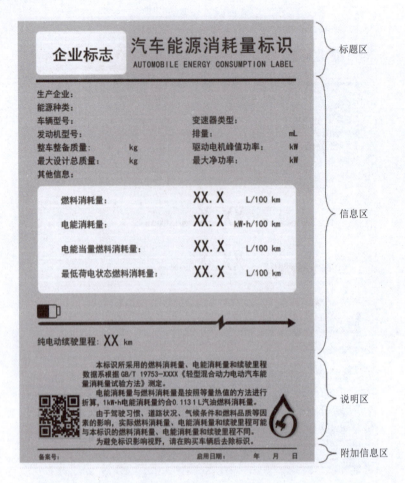

图2-4　可外接充电式混合动力电动汽车标识各功能区分布示意图

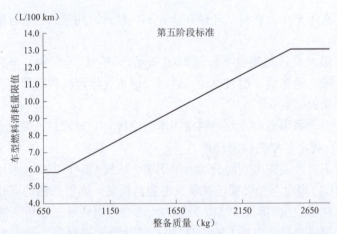

图2-5　手动挡变速器且具有三排以下座椅的车辆燃料消耗量限值

⑤对压缩天然气乘用车，应按照 GB/T 29125 在底盘测功机上模拟综合循环燃料消耗量试验，确定气体燃料消耗量，并按照 GB/T 29125—2012 中附录 D 换算为汽油燃料消耗量。

⑥对液化天然气、液化石油气乘用车，应按照 GB/T 29125 在底盘测功机上模拟综合循

环燃料消耗量试验，确定气体燃料消耗量，并按照 GB/T 29125—2012 中附录 D 换算为汽油燃料消耗量。

⑦对甲醇乘用车，应按照 QC/T 1130 测定甲醇燃料消耗量和当量汽油或柴油燃料消耗量。对其他醇醚燃料乘用车，应按照 QC/T 1130 测定醇醚燃料消耗量和当量汽油或柴油燃料消耗量。

⑧对采用一种或多种循环外技术/装置的车辆，其车型燃料消耗量可相应减去一定额度。

（3）汽车环保标准

1）汽车排放限制标准

汽车排放是指从废气中排出的 CO（一氧化碳）、HC+NOx（碳氢化合物和氮氧化物）、PM（微粒、碳烟）等有害气体。

从 1943 年美国洛杉矶出现光化学烟云以后，人类逐步明确了汽车排放是大气污染的主要来源。1961 年美国加州颁布了世界上第一部汽车排放法规。随着汽车尾气污染的日益严重，汽车尾气排放立法势在必行，世界各国早在 20 世纪 60—70 年代就对汽车尾气排放建立了相应的法规制度，通过严格的法规推动了汽车排放控制技术的进步，而随着汽车排放控制技术的不断提高，又使更高标准的制订成为可能。

2016 年 12 月 23 日，国家环境保护部发布 2016 年第 79 号公告，批准《轻型汽车污染物排放限值及测量方法（中国第六阶段）》（GB 18352.6—2016）为国家污染物排放标准，以下简称"轻型车国六标准"，并由环境保护部与国家质量监督检验检疫总局联合发布。

《轻型汽车污染物排放限值及测量方法（中国第六阶段）》规定了轻型汽车污染物排放第六阶段型式检验的要求、生产一致性和在用符合性的检查和判定方法。生产企业有义务确保所生产和销售的车辆，满足本标准所规定的在用符合性要求。按有关法律规定，本标准具有强制执行的效力。

本标准适用于最大总质量不超过 3500kg 的 M_1 类、M_2 类、N_1 和 N_2 类类汽车。因燃料类型不同，轻型汽车包括轻型汽油车、轻型燃气车、轻型柴油车和轻型两用燃料汽车。标准规定了轻型汽车在常温和低温下排气污染物、实际行驶排放（RDE）排气污染物、曲轴箱污染物、蒸发污染物、加油过程污染物的排放限值及测量方法，污染控制装置耐久性、车载诊断（OBD）系统的技术要求及测量方法。还规定了轻型汽车型式检验的要求和确认，生产一致性和在用符合性的检查与判定方法。

国六排放标准分两个阶段实施：

第一阶段，从 2020 年 7 月 1 日起，所有销售和注册登记的轻型汽车应符合本标准 6a 限值要求；

第二阶段，从 2023 年 7 月 1 日起，所有销售和注册登记的轻型汽车应符合本标准 6b 限值要求。

国六排放标准被认为是全球控制汽车污染物排放最严格的标准之一，相比国五排放标准限值，国六 a 阶段排放标准汽油车一氧化碳限值加严 30%；国六 b 阶段排放标准汽油车的一氧化碳和氮氧化物限值加严了 50% 和 42%。不仅如此，国六标准中还首次采用了燃油中立的限制，对轻型汽油车和柴油车的要求一致，同时，还大大加严了蒸发排放的测试规程和限值要求，并增加了车载加油油气回收的要求。国六标准是对国五标准的升级，它将严格控制污染物的排放限制，主要的升级在于：限值的要求更加严格。相比国五加严了 40%～50% 左右，并且，对于柴油车采用的也是同样的标准。国五和国六排放限制部分对比，如表2-4所示。

表2-4 国五和国六排放限制部分对比

排放物	国五	国六 a	国六 b
一氧化碳	1000mg/km	700mg/km	500/km
非甲烷烃	68mg/km	68mg/km	35mg/km
氮氧化物	60mg/km	60mg/km	35mg/km
PM 细颗粒物	4.5mg/km	4.5mg/km	3mg/km
PN 细颗粒物	—	6×10^{11} 个/km	6×10^{11} 个/km

2）乘用车内空气质量控制法规

2014年《中国人群暴露参数手册》显示：驾乘人员在所有交通工具中暴露时间最长的是小客车。全国的平均暴露时间是每天40分钟，其中北京、天津、广东等地驾乘人员的平均暴露时间高达每天60分钟。而且随着交通拥堵情况的加剧，会使得驾乘人员在车内的时间越来越长，同时，车内装饰水平也是花样越来越多，再加上更好的车厢密闭性，使车内空气污染物更容易聚积而产生污染。车内空气质量问题主要是汽车内饰材料释放的有毒物质，这与车辆制造工艺和零部件有着直接关系，影响比较大的有汽车仪表板总成、车门门饰板、地毯、顶棚、汽车线束、座椅总成等。

在2012年，为贯彻《中华人民共和国环境保护法》，保障人体健康，促进技术进步，制定GB/T 27630—2011《乘用车内空气质量评价指南》推荐标准。本标准规定了车内空气中苯、甲苯、二甲苯、乙苯、苯乙烯、甲醛、乙醛、丙烯醛的浓度要求。本标准适用于评价乘用车内空气质量。本标准主要适用于销售的新生产汽车，使用中的车辆也可参照使用。本标准为首次发布。车内空气中有机物浓度执行表2-5中规定的要求。

表2-5 车内空气中有机物浓度要求　　　　　　　　　　　　　单位：mg/m³

序号	项目	浓度要求
1	苯	≤0.11
2	甲苯	≤0.10
3	二甲苯	≤1.50
4	乙苯	≤1.50
5	苯乙烯	≤0.26
6	甲醛	≤0.10
7	乙醛	≤0.05
8	丙烯醛	≤0.05

2. 中国新能源汽车国家标准

2023年，新能源汽车产销分别完成了958.7万辆和949.5万辆，同比分别增长35.8%和37.9%。从市场占有率来看，新能源汽车销量占全部汽车销量的比重已经达到31.6%，将近三成，比2022年提升了6个百分点。从保有量来看，截止到2023年年底，全国新能源汽车保有量超过 2041 万辆。新能源汽车产销量、市场占有率、保有量均创历史新高,连续多年居世界第一。电动汽车安全系列标准的发布实施,将进一步推动技术进步,提升行业整体安全水平,保障人民群众生命财产安全。中国新能源汽车国家标准如表 2-6 所示。

表 2-6 中国新能源汽车国家标准

中国新能源汽车国家标准（81 项）			
电动汽车整车（22 项）			
1	GB/T 18385—2005 电动汽车动力性能	12	GB/T 19754—2021 重型混合动力电动汽车能耗试验方法
2	GB/T 18386.1—2021 电动汽车能量消耗量和续驶里程轻型汽车	13	GB/T 32694—2021 插电式混合动力电动乘用车技术条件
3	GB/T 18386.2—2022 电动汽车能量消耗量和续驶里程重型商用车辆	14	GB/T 34598—2017 插电式混合动力电动商用车技术条件
4	GB/T 18388—2005 电动汽车定型试验规程	15	GBT 24549—2020 燃料电池电动汽车安全要求
5	GB/T 24552—2009 电动汽车风窗玻璃除露除雾	16	GB/T 26991—2011 燃料电池电动汽车最高车速
6	GB/T 28382—2012 纯电动乘用车技术条件	17	GB/T 29123—2012 示范运行氢燃料电池电动汽车技术规范
7	GB/T 34585—2017 纯电动货车技术条件	18	GB/T 29124—2012 氢燃料电池电动汽车示范运行配套设施规范
8	GB/T 36980—2018 电动汽车能消耗率限值	19	GB/T 34593—2017 燃料电池发动机氢气排放
9	GB/T 19750—2005 混合动力电动汽车定型试验规程	20	GB/T 35178—2017 燃料电池电动汽车氢气消耗量
10	GB/T 19752—2005 混合动力电动汽车动力性能	21	GB/T 37154—2018 燃料电池电动汽车整车气排放
11	GB/T 19753—2021 轻型混合动力电动汽车能耗试验方法	22	GB/T 39132—2020 燃料电池电动汽车定型试验规程
关键系统及零部件（29 项）			
A	GB/T 24554—2022 燃料电池发动机性能试验方法	L	GB/T 34015—2017 GB/T 34015.2—2020 GB/T 34015.3—2021 GB/T 34015.4—2021 车用动力电池、回收利用余能检测/拆卸要求/梯次利用要求/梯次利用产品标识

续表

中国新能源汽车国家标准（81项）			
关键系统及零部件（29项）			
B	GB/T 26990—2011 车载氢系统技术条件 GB/T 29126—2012 车载氢系统试验方法	M	GB/T 24347—2021 电动汽车DC/DC变换器
C	GB 38031—2020 电动汽车用动力蓄电池安全要求	N	GB/T 33598—2017 GB/T 33598.2—2020 GB/T 33598.3—2021 车用动力电池回收利用再生利用拆解规范/材料回收要求/放电规范
D	GB/T 18333.2—2015 电动汽车用锌空气电池	O	GB/T 184881—2015 GB/T 184882—2015 电动汽车用驱动电机系统技术条件/试验方法
E	GB/T 31467.1—2015 GB/T 31467.2—2015 电动汽车用锂离子动力蓄电池包和系统	P	GB/T 36282—2018 电动汽车用驱动电机系统电磁兼容性要求和试验方法
F	GB/T 31484—2015 电动汽车用动力蓄电池循环寿命	Q	GB/T 29307—2022 电动汽车用驱动电机系统可靠性试验方法
G	GB/T 31486—2015 电动汽车用动力蓄电池电性能	R	GB/T 37133—2018 电动汽车用高压大电流线束和连接器技术要求
H	GB/T 34013—2017 电动汽车用动力蓄电池规格尺寸	S	GB/T 38661—2020 电动汽车用BMS技术条件
I	GB/T 40433—2021 电动汽车用混合电源技术要求	T	GB/T 39086—2020 电动汽车用BMS功能安全
J	GB/T 34014—2017 汽车动力蓄电池编码规则	U	GB/T 40432—2021 电动汽车用传导式车载充电机
K	GB/T 33698.1—2020 车用动力电池回收利用管理规范第1部分：包装运输		
基础通用（17项）			
a	GB 18384—2020 电动汽车安全要求	i	GB/T 31466—2015 电动汽车高压系统电压等级
b	GB 22757.2—2017 轻型汽车能源耗量标识	j	GB/T 31498—2021 电动汽车碰撞后安全要求
c	GB 38032—2020 电动客车安全要求	k	GB/T 32960.1—2016 GB/T 32960.2—2016 GB/T 32960.3—2016 电动汽车远程服务与管理系统

续表

中国新能源汽车国家标准（81项）			
基础通用（17项）			
d	GB/T 4094.2—2017 电动汽车操纵件、指示器及信号装置标志	l	GB/T 37153—2018 电动汽车低速提示音
e	GB/T 18387—2017 电磁场发射强度限值和测量方法	m	GB/T 37340—2019 电动汽车能耗折算方法
f	GB/T 19596—2017 电动汽车术语	n	GB/T 38117—2019 电动汽车产品使用说明应急救援
g	GB/T 19836—2019 电动汽车仪表	o	GB/T 38283—2019 电动汽车灾害事故应急救援指南
h	GB/T 24548—2009 燃料电池电动汽车术语		
能源补充系统（13项）			
Ⅰ	GB/T 20234.1—2015 GB/T 20234.2—2015 GB/T 20234.3—2015 电动汽车传导充电用连接装置	Ⅵ	GB/T 38775.1—2020 GB/T 38775.5—2021 GB/T 38775.7—2021 电动汽车无线充电系统
Ⅱ	GB/T 18487.1—2015 电动汽车传导充电系统通用要求	Ⅶ	GB/T 40032—2021 电动汽车换电安全要求
Ⅲ	GB/T 27930—2015 非车载传导式充电机与电池管理系统之间的通信协议	Ⅷ	GB/T 26779—2021 燃料电池电动汽车加氢口
Ⅳ	GB/T 34657.2—2017 电动汽车传导充电互操作性测试解决方案	Ⅸ	GB/T 34425—2017 燃料电池电动汽车加氢枪
Ⅴ	GB/T 40428—2021 电动汽车传导充电电磁兼容性要求和试验方法		

3. 中国智能网联汽车国家标准

近年来，各国积极推动智能网联汽车行业的发展，行业市场规模快速增长。IDC（国际数据公司）预测，2025年全球网联汽车销售规模为7830万辆，5年复合增长率将达到11.5%。2026年全球自动驾驶车辆销售规模为8930万辆，5年复合增长率将达到14.8%。在示范应用方面，目前，全国已开放智能网联汽车测试道路里程超过15 000公里，自动驾驶出租车、无人巴士、自主代客泊车、干线物流以及无人配送等多场景示范应用在有序开展。为适应我国智能网联汽车发展新阶段的新需求，工业和信息化部、国家标准化管理委员会印发《国家车联网产业标准体系建设指南（智能网联汽车）（2023年版）》（以下简称《指南》），分阶段建立适应我国国情并与国际接轨的智能网联汽车标准体系。新版标准体系是根据智能网联汽车技术深度融合和跨领域协同的发展特点，构建了包括基础、技术、产品、试验标准等方面的标准体系。

《指南》提出，根据智能网联汽车技术现状、产业需要及未来发展趋势，分阶段建立适应我国国情并与国际接轨的智能网联汽车标准体系。

第一阶段到2025年，系统形成能够支撑组合驾驶辅助和自动驾驶通用功能的智能网联汽车标准体系，制修订100项以上智能网联汽车相关标准，涵盖组合驾驶辅助、自动驾驶关键系统、网联基础功能及操作系统、高性能计算芯片及数据应用等标准。

第二阶段到2030年，全面形成能够支撑实现单车智能和网联赋能协同发展的智能网联汽车标准体系。制修订140项以上智能网联汽车相关标准并建立实施效果评估和动态完善机制，满足组合驾驶辅助、自动驾驶和网联功能全场景应用需求。中国智能网联汽车国家标准见表2-7。

表 2-7 中国智能网联汽车国家标准

中国智能网联汽车国家标准（31项）	
基础类标准（2项）	
1	GB/T 39263-2020 道路车辆先进驾驶辅助系统（ADAS）术语及定义
2	GB/T 40429-2021 汽车驾驶自动化分级
功能安全类标准（13项）	
1	GB/T 34590.1-2022 道路车辆功能安全第1部分：术语
2	GB/T 34590.2-2022 道路车辆功能安全第2部分：功能安全管理
3	GB/T 34590.3-2022 道路车辆功能安全第3部分：概念阶段
4	GB/T 34590.4-2022 道路车辆功能安全第4部分：产品开发：系统层面
5	GB/T 34590.5-2022 道路车辆功能安全第5部分：产品开发：硬件层面
6	GB/T 34590.6-2022 道路车辆功能安全第6部分：产品开发：软件层面
7	GB/T 34590.7-2022 道路车辆功能安全第7部分：生产、运行、服务和报废
8	GB/T 34590.8-2022 道路车辆功能安全第8部分：支持过程
9	GB/T 34590.9-2022 道路车辆功能安全第9部分：以汽车安全完整性等级为导向和以安全为导向的分析
10	GB/T 34590.10-2022 道路车辆功能安全第10部分：指南
11	GB/T 34590.11-2022 道路车辆功能安全第11部分：半导体应用指南
12	GB/T 34590.12-2022 道路车辆功能安全第12部分：摩托车的适用性
13	GB/Z 42285-2022 道路车辆电子电气系统ASIL等级确定方法指南
信息安全类标准（5项）	
1	GB/T 40861-2021 汽车信息安全通用技术要求
2	GB/T 40856-2021 车载信息交互系统信息安全技术要求及试验方法
3	GB/T 40855-2021 电动汽车远程服务与管理系统信息安全技术要求及试验方法
4	GB/T 40857-2021 汽车网关信息安全技术要求及试验方法
5	GB/T 41578-2022 电动汽车充电系统信息安全技术要求及试验方法
产品及技术类标准（11项）	
1	GB/T 41484-2022 汽车用超声波传感器总成
2	GB 39732-2020 汽车事件数据记录系统

续表

中国智能网联汽车国家标准（31项）	
产品及技术类标准（11项）	
3	GB/T 39265-2020 道路车辆盲区监测（BSD）系统性能要求及试验方法
4	GB/T 41797-2022 驾驶员注意力监测系统性能要求及试验方法
5	GB/T 39901-2021 乘用车自动紧急制动系统（AEBS）性能要求及试验方法
6	GB/T 38186-2019 商用车辆自动紧急制动系统（AEBS）性能要求及试验方法
7	GB/T 39323-2020 乘用车车道保持辅助系统（LKA）性能要求及试验方法
8	GB/T 41796-2022 商用车辆车道保持辅助系统性能要求及试验方法
9	GB/T 41630-2022 智能泊车辅助系统性能要求及试验方法
10	GB/T 41798-2022 智能网联汽车自动驾驶功能场地试验方法及要求
11	道路车辆网联车辆方法论 GB/T 41901.1-2022 通用信息 GB/T 41901.2-2022 设计导则

任务二 汽车制造认证法规认知

汽车在设计、制造过程中需要满足很多标准和技术法规，有些标准还是强制性的，必须符合。对于消费者来说，如何才能知道汽车产品是否合格？我国有汽车产品合格认证制度吗？又是依据什么认证的呢？

素质目标

1. 认同国家汽车认证制度。

知识目标

1. 了解国外汽车认证法规基本内容；
2. 掌握我国汽车认证法规基本内容。

技能目标

1. 能够理解汽车认证法规的作用；
2. 能够从认证的角度分析汽车产品是否合格。

根据任务背景，通过互联网和教材资料查找标准化的概念和国家汽车标准体系，再总结

标准化对行业的影响。

学习领域	汽车制造认证法规认知		
学习情境	不了解汽车认证法规	学习时间	
工作任务	能够理解认证的概念，并了解我国汽车认证体系，能分析汽车认证的作用和意义	学习地点	
课前预习	了解常见的三大汽车质量认证体系		
知识准备	(1) 中国强制性产品认证的英文名称是什么？简称是什么？ (2) 列举产品合格认证制度有几种？分别是哪些？ (3) 简述我国汽车认证法规的基本内容。 完成任务 汽车产品如何认证，消费者如何才能知道汽车产品是否合格？		
学习笔记	汽车产品认证除了能保证汽车质量，对于行业和企业有哪些作用和意义呢？		
成绩			

任务评价表

指标	评价内容	分值
任务完成度 (5分)	能够充分利用教材和网络资源准确完成任务单的知识准备和任务,了解国外汽车认证法规基本内容,掌握我国汽车认证法规基本内容,能够理解汽车认证法规的作用,能够从认证的角度分析汽车产品是否合格	
素质养成度 (5分)	在知识学习和任务完成过程中,理解并认同国家汽车认证制度	

一、汽车质量认证体系

汽车产品质量认证体系是各国政府为保护广大消费者人身生命安全、保护环境、保护国家安全,依照法律法规实施的一种产品合格评定制度,它要求产品必须符合国家标准和技术法规。常见的汽车质量认证体系有下面三大体系:

(一) ISO 认证体系

ISO 认证(International Organization for Standardization)是基于国际标准化组织(ISO)制定的管理体系、产品或服务认证,适用于全球范围内的各种行业和领域。ISO 认证是自愿性的,组织可以选择是否申请 ISO 认证。ISO 认证由经过 ISO 认可的认证机构执行,这些机构在各个国家或地区提供认证服务。ISO 认证则基于国际标准化组织制定的相关 ISO 标准,如 ISO 9001(质量管理体系)、ISO 14001(环境管理体系)、ISO 27001(信息安全管理体系)、ISO/TS 16949(汽车行业质量管理体系认证)等。

ISO 9001(质量管理体系认证)是一种通用的质量管理体系认证标准,旨在确保组织在设计、生产和服务过程中能够提供符合客户要求和适用法律法规的产品和服务。对于汽车制造商和相关供应商来说,通过 ISO 9001 质量管理体系认证可以提高产品质量,降低产品缺陷率,增强市场竞争力。

ISO/TS 16949(汽车行业质量管理体系认证)是一种为汽车行业定制的质量管理体系认证标准,是在 ISO 9001 基础上增加了汽车行业特定要求的标准。通过 ISO/TS 16949 认证,企业可以提高产品质量、降低成本、提高交付能力,从而增强市场竞争力。

ISO 14001(环境管理体系认证)是一种通用的环境管理体系认证标准,旨在帮助组织控制和改善环境性能,同时符合法律法规和其他要求。

对于汽车制造商来说,通过 ISO 14001 认证可以降低环境污染和资源浪费,提高企业形象和价值。

ISO 45001(职业健康安全管理体系认证)是一种通用的职业健康安全管理体系认证标

准,旨在帮助组织管理和控制与工作相关的健康和安全风险。对于汽车制造商来说,通过 ISO 45001 认证可以提高员工的工作环境和工作条件,减少事故和职业病的发生,提高员工的工作满意度和生产效率。

(二)ECE 认证

ECE 认证是指在欧洲经济委员会(ECE)下进行的一种认证。ECE 包括欧洲 28 个国家,除欧盟成员国外,还包括东欧、南欧等非欧盟国家。ECE 法规是推荐各成员适用,不是强制性标准。成员国可以套用 ECE 法规,也可以延用本国法规。ECE 认证适用于欧洲市场的汽车和零部件,包括整车安全、排放和噪声等方面的要求。对于汽车制造商来说,通过 ECE 认证可以获得在欧洲市场的准入资格。

(三)CCC 强制性产品认证

CCC(China Compulsory Certification)是中国强制性产品认证制度的简称,是为保护消费者安全和环境而实施的一种认证制度。CCC 认证主要适用于进入中国市场的产品。CCC 认证是中国政府强制要求的认证制度,未获得 CCC 认证的产品无法在中国市场销售。CCC 认证由中国国家认证认可监督管理委员会(CNCA)负责管理,认证工作由具备相应资质的认证机构完成。对于汽车制造商来说,通过 CCC 认证可以其产品符合的质量和安全标准,确保产品在市场的合法销售。

美国欧洲日本汽车产品认证

二、国外汽车产品认证体系

由于各国具体政体、国情不同,经济发展水平不同,汽车工业规模不同,发达国家汽车认证方式也不尽相同,大体形成了美国、欧洲、日本三种类型。这三种认证,经过几十年的运转和不断改革,体系已相当完善,成为其他国家建立汽车认证制度的样板。他们遵循的各项原则也成为国际惯例,为世界各国所接受。中国经过十多年的努力,坚持以 ECE/EEC(欧洲经济共同体)技术法规体系为参照的技术路线,逐步建立了自己的汽车产品认证体系。

(一)美国——自我认证强制召回

1953 年,美国在世界上首先颁发《联邦车辆法》,政府由此开始对车辆进行有法可依的管理。与美国的政体一样,美国汽车法规有联邦法规,也有州法规。美国汽车联邦统一的汽车认证主要分为两个部分:安全认证和环境保护认证。

美国汽车业实行的是"自我认证",即汽车制造商按照联邦汽车法规的要求自己进行检查和验证。如果企业认为产品符合法规要求,即可投入生产和销售。因此说,"自我认证"体现了美国式的自由——汽车企业对自己的产品具有直接发言权。

那么,政府的作用如何发挥呢?美国政府主管部门的任务就是对产品进行抽查,以保证车辆的性能符合法规要求。在美国,汽车安全的最高主管机关是隶属于运输部的美国国家公路交通安全管理局(NHTSA)。为确保车辆符合联邦机动车安全法规的要求,NHTSA 可随时在制造商不知情的情况下对市场中销售的车辆进行抽查,也有权调验厂家的实验室鉴定数据和其他证据资料。

如果抽查发现车辆不符合安全法规要求，主管机关将向制造商通报，责令其在限期内修正，并要求制造商召回故障车辆，这就是所谓的强制召回。同时，如果不符合法规的车辆造成了交通事故，厂家将面临高额惩罚性罚款。在这种严厉的处罚背景下，汽车企业对产品设计和生产过程中的质量控制不敢有丝毫懈怠，而且对召回非常"热心"，一旦发生车辆质量瑕疵，就主动召回，否则，被公路交通安全署查出，后果不堪设想。

因此，美国的自我认证方式，尽管表面看来较宽松，实际上汽车企业要真正为自己的产品负责，所有制造商并不敢弄虚作假。

（二）欧洲——型式认证自愿召回

欧洲各国实行的虽然也是认证制度，但与美国有较大的区别，美国是由企业自己进行认证，欧洲则是由独立的第三方认证机构进行认证。而且欧洲对流通过程中车辆质量的管理没有美国那样严格，他们是通过检查企业的生产一致性来确保产品质量的。因此可以说，美国对汽车的管理是推动式的，政府推着企业走；而欧洲则是拉动式的，政府拉着企业走。

欧洲各国的汽车认证都是由本国的独立认证机构进行的，但标准则是全欧洲统一的，依据的是 ECE 法规、EC 指令，主要有 E 标志认证和 e 标志认证两类。

E 标志源于 ECE 法规。这个法规是推荐性的，不是强制标准。也就是说，欧洲各国可以根据本国具体法规操作。E 标志证书只涉及的产品是零部件及系统部件，不包括整车认证。获得 E 标志认证的产品是为市场所接受的。

e 标志是欧盟委员会依据 EC 指令强制成员国使用整车、安全零部件及系统的认证标志。测试机构必须是欧盟成员国内的技术服务机构，比如，德国的 TUV、荷兰的 TNO、法国的 UTAC、意大利的 CPA 等。发证机构是欧盟成员国政府交通部门，如德国的交通管理委员会（KBA）。像欧元在欧盟成员国自由流通一样，获得 e 标志认证的产品各欧盟成员国都认可。

要获得 E 标志或 e 标志，首先产品要通过测试，生产企业的质量保证体系至少要达到 ISO9000 标准的要求。据德国的认证机构 TUV 介绍，德国对汽车质量保证体系审核及认证标准很严，依据的是 ISO9000、QS9000、ISO14000、VDA6.1 等标准。在该机构出示的汽车认证流程表中，检验项目达 47 项之多，除了噪声、排放、防盗、刹车等基本项目外，仅车灯就有 6 项。

召回，在欧洲也是"家常便饭"。与美国不同的是欧洲实行企业自愿召回，企业发现车辆有问题，就可自行召回，但要向国家主管机关上报备案。但如果企业隐瞒重大质量隐患或藏匿用户投诉，一经核实将面临处罚。

（三）日本——独具特色的型式认证

日本汽车型式认证制度产生于 20 世纪 50 年代。日本的汽车认证制度总体上来讲与欧洲一样，是型式认证制度，但也很有特色。之所以有特色，是因为它的认证体系由《汽车型式指定制度》《新型汽车申报制度》《进口汽车特别管理制度》三个认证制度组成。根据这些制度，汽车制造商在新型车生产和销售之前要预先向运输省提出申请以接受检查。

其中，《型式指定制度》对具有同一构造装置、性能，并且大量生产的汽车进行检查；《新型汽车申报制度》针对的是型式多样而生产数量不是特别多的车型，如大型卡车、公共汽车等；《进口汽车特别管理制度》针对的则是数量较少的进口车。

代表日本型式认证制度特点的应该是《型式制定制度》，该制度审查的项目主要有：

①汽车是否符合安全基准（车辆的尺寸、重量、车体的强度、各装置的机能、排气量、噪声大小等等）。

②汽车的均一共同性（生产阶段的质量管理体制）。

③汽车成车后的检查体制等。

以上的检验合格后，制造商才能拿到该车型的出厂检验合格证。但获得型式认证后，还要由运输省进行"初始检查"，目的是保证每一辆在道路上行驶的车都要达标。达标的车辆依法注册后就可以投入使用了。但如果投放市场的车辆与检验时的配备不同，顾客可以投诉。

日本实行的召回制是由厂家将顾客投诉上报运输省，如果厂家隐瞒真相，将顾客的投诉束之高阁，造成安全问题后，政府主管部门会实行高额惩罚。

尽管美、欧、日三个型式认证各具特色，但随着汽车市场全球化进一步发展，世界汽车认证管理方法已呈现出相融的趋势。看来，我国实行认证制度也应该吸收各家之长。

三、中国汽车产品认证体系

长期以来，国内只有标准，没有法规。在世贸组织文件中，标准与法规是两个完全不同的范畴，标准具有自愿性，法规具有强制性。即使是国内的强制性标准也不能等同于技术法规，因为缺少管理文件。

我国汽车产品认证

而实施型式认证必须依靠法规。这也是《车辆生产企业及产品公告》（以下简称《公告》）没有过渡到型式认证的重要原因之一。

从严格意义上说，我国目前不存在汽车产品型式认证制度。中国汽车产品认证体系公告管理为主，其他认证型式并存。

中国汽车产品的型式认证制度是伴随着汽车行业的发展而不断成长和完善的，在借鉴国外先进的型式认证制度的同时也符合中国发展的现状。汽车产品型式认证是指通过官方确认和批准证明车辆产品能够达到法律法规要求的过程。

有了标准，我们还有与之对应的认证制度。我国汽车生产是执行准入制度的，需要先进行备案，才可以进行销售。国内汽车产品型式认证是管理汽车产品的"准生证"，一款全新车型上市销售之前必须要获得工信部的《车辆生产企业及产品公告》、国家市场监督管理总局（认监委）的整车CCC认证、环保部的环保目录，在北京市场上销售还需要列入北京市环保局的环保目录。

1. 汽车产品公告

即《车辆生产企业及产品公告》，是工信部依据《行政许可法》对车辆生产企业和产品的准入许可，是国家管理汽车行业的最重要的手段。汽车生产企业根据工信部要求，完成相应的强制性检验（国内仅指定的8家检测机构出具的检验报告才有效），强制性检验依据主要是现行有效的国家汽车强制性标准，包含了安全、环保、电磁兼容、零部件等部分。除强制性检验报告外，再加上该车型相应的技术参数/图纸和车辆照片，就形成了一份完整的公告申报材料。

工信部经过审核，认为符合《公告》管理要求的，将会整理发布，每月一批，即是我们所说的产品《公告》了，如图2-6所示。《公告》发布后，企业才能打印该车型的合格证，而合格证是车辆生产企业及产品生产、销售、注册登记最重要的依据。

中华人民共和国工业和信息化部

Ministry of Industry and Information Technology of the People's Republic of China

企业申报车型公示详情

产品商标:	小米牌	产品型号:	BJ7000MBEVR2	产品名称:	纯电动轿车
企业名称:	北京汽车集团越野车有限公司	注册地址:	北京市顺义区赵全营镇兆丰产业基地同心路1号		
目录序号:	11	生产地址:	北京市北京经济技术开发区环景路21号院		

查看原图

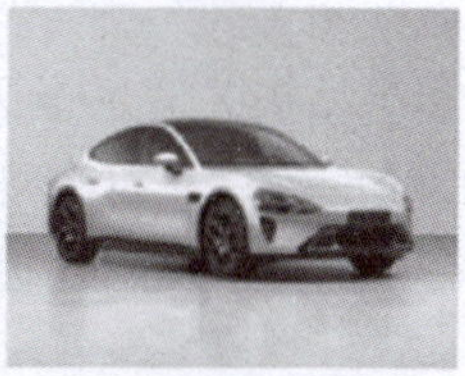

右部照片

查看原图

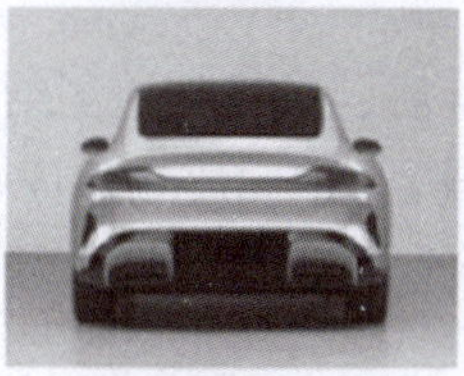

后部照片

查看原图

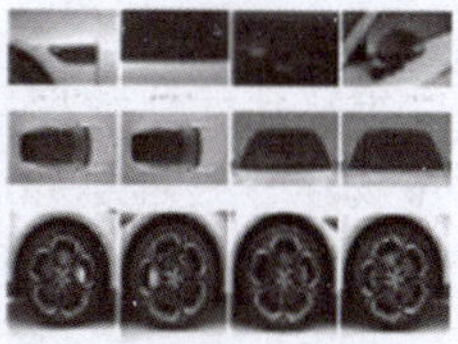

选装照片1

外形尺寸(mm):	长: 4997 宽: 1963 高: 1455		
货箱栏板内尺寸(mm):	长: 宽: 高:		
排放依据标准:		燃料种类:	纯电动
最高车速(km/h):	210	总质量(kg):	2430
载质量利用系数:		额定载质量(kg):	
转向型式:	方向盘	整备质量(kg):	1980
轴数:	2	准拖挂车总质量(kg):	

轴数:	2	准拖挂车总质量(kg):	
轴距(mm):	3000	轮胎规格:	245/45R19,245/40R20
钢板弹簧片数（前/后）：	-/-	半挂车鞍座最大允许承载质量(kg):	
轮胎数:	4	驾驶室准乘人数（人）：	
额定载客（含驾驶员）（座位数）：	5		
轮距（前/后）mm:	前轮距:1693 后轮距:1699	接近角/离去角（度）：	14/16
反光标识生产企业:		反光标识型号:	
反光标识商标:		防抱死制动系统:	有
车辆识别代号（VIN）：	LNBSC1VK×××××××××	前悬/后悬(mm):	975/1022
其它:	1.该产品为新能源车辆,新能源类型为纯电动.2.储能装置种类:磷酸铁锂电池,单体生产企业:襄阳弗迪电池有限公司,总成生产企业:小米汽车科技有限公司.3.ABS型号:ESP10,生产企业:博世汽车部件(苏州)有限公司.4.驱动电机峰值功率:220kW.5.选装:侧面翼子板字标,后风窗玻璃字标,ETC,不同外观后视镜,不同天窗玻璃,不同样式前风挡玻璃,激光雷达,不同外观轮辋,涂色卡钳.6.该车型可选装ETC车载装置.7.该车配备汽车事件数据记录系统(EDR).		
说明:			
油耗申报值(L/100km):			

是否同期申报	底盘ID	底盘型号	底盘生产企业	底盘类别
				承载式车身

发动机型号	发动机企业	排量(ml)	功率(kw)	油耗(L/100km)
TZ220XS000	联合汽车电子有限公司	-	220	

图 2-6　汽车产品公告示例

2. CCC 认证

CCC 认证就是中国强制性产品认证（China Compulsory Certification）的英文缩写，中国国家监督检验检疫总局和国家认证认可监督管理委员会于 2001 年 12 月 3 日一起对外发布了《强制性产品认证管理规定》，于 2003 年 5 月 1 日起全面实施。凡列入强制性产品认证目录内的产品，必须经国家指定的认证机构认证合格，取得相关证书并加施认证标志后，才能出厂、进口、销售和在经营服务场所使用。中国质量认证中心受国家认监委委托受理汽车产品 CCC 认证，CCC 认证是汽车产品生产、出厂销售、使用的依据。

汽车生产企业在完成强检试验后，同样将检测结果和产品相关信息报送给中国质量认证中心（国家市场监督管理总局所属）。中国质量认证中心经审核后，符合规定的颁发"强制性产品认证证书"。获得证书后，汽车生产企业才可以在产品上粘贴 3C 标识并打印车辆一致性证书。

伴随着汽车工业的发展，国内广大消费者在选购汽车时，汽车的安全系数已经成为一个重要决定因素。汽车整车及零部件产品的安全性能与认证也越来越受到广大厂商和行业的关注。中国的汽车产品采用强制性认证制度，未通过认证的产品不得出厂、进口和销售。列入国家强制性产品认证目录的配件，应当取得国家强制性产品认证并加施认证标志后方可销售或者在售后服务经营活动中使用，依据国家有关规定允许办理免于国家强制性产品认证的除外。车辆零部件产品 CCC 强制性认证目录（2023 年修订）（节选），如表 2-8 所示。汽车强制性产品认证目录描述与界定表（2023 年修订）（节选），如表 2-9 所示。

表 2-8 车辆零部件产品 CCC 强制性认证目录（2023 年修订）

十、车辆及安全附件（13 种）	53. 汽车（1101）
	54. 摩托车（1102）
	55. 电动自行车（1119）
	56. 机动车辆轮船（1201、1202）
	57. 摩托车乘员头盔（1105）
	58. 汽车用制动器衬片（1120）
	**59. 汽车安全玻璃（1301）
	**60. 汽车安全带（1104）
	**61. 机动国外部照明及光信号装置（1109、1116）
	**62. 机动车辆间接视野装置（1110、1115）
	**63. 汽车座椅及座椅头枕（1114）
	**64. 汽车行驶记录仪（1117）
	**65. 车身反光标识（1118）

表2-9 汽车强制性产品认证目录描述与界定表（2023年修订）（节选）

十、车辆及安全附件（13种）
1. 在中国公路及城市道路上行驶的M类汽车、N类汽车和O类挂车（须上普通牌照的车辆）及安全附件；
2. 在中国公路及城市道路上行驶的摩托车及安全附件；
3. 电动自行车及安全附件。

产品种类及代码	对产品种类的描述	产品适用范围	对产品适用范围的描述或列举	说明
53. 汽车（1101）	1. 由动力驱动，具有四个或四个以上车轮的非轨道承载车辆；2. 设计和制造上需要由汽车牵引，才能在道路上正常使用的无动力道路车辆	M类汽车	至少有四个车轮并且用于载客的机动车辆。1. M_1类：包括驾驶员座位在内，座位数不超过九座的载客车辆。2. M_2类：包括驾驶员座位在内，座位数超过九个，且最大设计总质量不超过5000kg的载客车辆。3. M_3类：包括驾驶员座位在内，座位数超过九个，且最大设计总质量超过5000kg的载客车辆	1. 车辆分类应符合GB/T 15089标准规定。2. 车辆定义应符合GB/T 3730.1标准规定。3. 专用车辆定义应符合GB/T 17350标准规定。4. 不包括：（1）三类底盘：不具有车身、载货平台以及作业设备的非完整车辆。（2）GB 7258中规定的低速汽车（三轮汽车和低速货车的总称）。（3）无轨电车。（4）在轨道上行驶的车辆、农业与林业用拖拉机和各种工程机械以及其他设计上不在道路上行驶和使用而主要用于封闭道路和场所作业施工的轮式专用机械车
		N类汽车	至少有四个车轮并且用于载货的机动车辆。1. N_1类：最大设计总质量不超过3500kg的载货车辆。2. N_2类：最大设计总质量超过3500kg，但不超过12 000kg的载货车辆。3. N_3类：最大设计总质量超过12 000kg的载货车辆	
		O类挂车	挂车（包括半挂车）。1. O_1类：最大设计总质量不超过750kg的挂车。2. O_2类：最大设计总质量超过750kg，但不超过3500kg的挂车。3. O_3类：最大设计总质量超过3500kg，但不超过10 000kg的挂车。4. O_4类：最大设计总质量超过10 000kg的挂车	

续表

产品种类及代码	对产品种类的描述	产品适用范围	对产品适用范围的描述或列举	说明
**60. 汽车安全带（1104）	汽车安全带	汽车安全带	安装在 M 类、N 类车辆的座椅上，作为成年乘员独立装备单独使用的安全带产品，如腰带、三点式安全带、全背带式安全带等	1. 适用标准：GB14166 GB8410 GB38262 2. 不包括： （1）用于特定车辆类型的约束系统。 （2）儿童乘员使用的安全带和约束系统。 （3）构成安全带总成或约束系统的零部件（如安全带织带、卷收器、带扣、预紧装置、调节装置等）
**61. 机动车外部照明及光信号装置（1109、1116）	M 类、N 类、O 类和 L 类机动车辆使用的外部照明及光信号装置。外部照明及光信号装置：设计用于照明道路或向其他使用道路者发出光信号的装置（简称灯具）	汽车用外部照明及光信号装置（汽车灯具）（1109）	1. 汽车用的前照灯、前雾灯、后雾灯、前位灯、后位灯、示廓灯、制动灯、倒车灯、转向信号灯、昼间行驶灯、角灯、驻车灯、侧标志灯、后牌照板照明装置、自适应照明系统（AFS）、回复反射器和尾部标志板等。 2. 仅仅不带灯泡和/或插座的灯具装置	1. 各种类型灯具的定义见 GB 4785 和 GB 18100。 2. 不包括： （1）构成灯具总成的零件（如反射镜、配光镜、灯泡、壳体，可制成回复反射器或尾部标志板的光学单元材料等）。 （2）单独使用成形的回复反射器产品。 （3）外部装饰性灯具（如绿色、蓝色等装饰灯）和汽车内部照明灯具（如阅读灯、踏步灯等）
		摩托车用外部照明及光信号装置（摩托车灯具）（1116）	1. 摩托车用的前照灯、前位灯、后位灯、制动灯、转向信号灯、后牌照板灯、前雾灯、后雾灯、倒车灯和回复反射器等。 2. 仅仅不带灯泡和/或插座的灯具装置	

* 所标记产品为实施自我声明程序 A（自选实验室型式试验+自我声明）的产品，** 所标记产品为实施自我声明程序 B（指定实验室型式试验+自我声明）的产品。

3. 环保目录

该事项采用事后监督，实行备案制。《国家环保目录》是国家生态环保部依据环保法规对汽车排放、噪声等提出的要求，企业申报车辆环保相关参数及环保检测结果信息后，生态环境部不再进行核准,而是企业自主进行信息公开,信息公开后,车辆在出厂时才能打印《环保随车清单》,包括企业对该车辆满足排放标准和阶段的声明、车辆基本信息、环保检验信息以及污染控制装置信息等内容,作为该车的环保证明,责任主体部门为车辆生产企业和车辆检测单位。《环保随车清单》也是公开的,每个消费者都可以扫描清单上的二维码查询到相关电子信息。生态环境部着重进行车辆的环保抽查,主要是排放的抽查,如果排放不合格,生产企业将被罚以最高货值的 3 倍罚款。有个别城市有自己的环保要求,对于要在这些城市销售使用的车辆来讲,就需要再另外满足这些城市的环保认证要求,例如,北京有《北京环保目录》,是北京市为防止大气污染对汽车排放提出更高阶段的要求。

4. 安全达标

对于营运车辆,生产企业还需申报《运输车辆达标车型公告》。对于客运车辆,《运输车辆达标车型公告》主要考核的是配置及相关技术参数是否符合交通运输的要求。比如,是否安装车道偏离系统、导航定位系统以及轴距、座椅宽度等参数,并根据配置和参数情况核定车辆等级,车辆等级包括普通级、中级和高级。道路运输各类别的营运车辆对车辆的等级均有要求。由交通运输部根据《道路运输车辆燃料消耗量检测和监督管理办法》对总质量超过 3500kg 的拟进入道路运输市场从事道路旅客运输、货物运输经营活动,以汽油或者柴油为单一燃料的国产和进口车辆实行的燃料消耗量达标车型管理制度,只有营运车辆才需要办理。

完成了上面的认证,汽车有了以上 3 个主要文件,车辆基本就可以出厂销售并正常上牌了。

项目二测试

项目三
汽车销售法律法规认知

项目描述

根据中国汽车工业协会公布的最新汽车产销量数据，2024年1—8月份，我国汽车产销量分别为1867.4万辆和1876.6万辆，同比分别增长2.5%和3%。在汽车销售过程中，涉及的法律法规主要包括《汽车销售管理办法》《中华人民共和国民法典》《网络直播营销管理办法》等，这些法律法规旨在促进汽车市场的健康发展，维护公平公正的市场秩序，保护消费者合法权益。

他们何以"感动中国"？听白发博主讲述"触网"故事

任务一 汽车销售管理办法认知

一辆质量合格的汽车产品就可以进入汽车流通市场，交给消费者了。那么汽车从生产者到经销商，该如何平衡二者的关系呢？经销商的销售行为应该如何规范？国家对汽车销售有哪些管理办法呢？

素质目标

1. 认同并遵守《汽车销售管理办法》；

2. 树立权利和义务意识，珍惜公民的权利，自觉履行公民义务；
3. 树立法治意识。

知识目标

了解汽车销售管理办法的各项条款。

技能目标

能够理解汽车销售管理办法的销售行为规范和销售市场秩序管理。

根据任务背景，通过互联网和教材资料查找汽车销售管理办法，再总结国家政策法规对行业的影响。

完成任务

学习领域	汽车销售管理办法认知		
学习情境	不了解汽车销售管理办法	学习时间	
工作任务	能够理解汽车销售管理办法的销售行为规范和销售市场秩序管理	学习地点	
课前预习	了解汽车销售管理办法各条款		
知识准备	（1）《汽车销售管理办法》中的经销商、售后服务商的定义是什么？ （2）《汽车销售管理办法》规定供应商、经销商应当在交付汽车的同时交付哪些随车凭证和文件？ （3）供应商采取向经销商授权的方式销售汽车，授权期限有什么要求？		
完成任务	《汽车销售管理办法》明确了汽车供应商和经销商的权利和义务，从而促进汽车市场健康发展，维护公平公正的市场秩序。供应商和经销商分别有哪些权利和义务？		
学习笔记	"没有无义务的权利，也没有无权利的义务"出自《马克思恩格斯选集》。请从这一视角谈一谈，对于父母、对于国家，你的权利和义务分别是什么？		
成绩			

任务评价表

指标	评价内容	分值
任务完成度 （5分）	能够充分利用教材和网络资源准确完成任务单的知识准备和任务，了解汽车销售管理办法的各项条款；能够理解汽车销售管理办法的销售行为规范和销售市场秩序管理	
素质养成度 （5分）	在知识学习和任务完成过程中，理解并认同《汽车销售管理办法》相关规定；树立了权利和义务意识，能做到珍惜公民的权利，自觉履行公民义务	

汽车销售管理办法

一、《汽车销售管理办法》全文

《汽车销售管理办法》是为促进汽车市场健康发展，维护公平公正的市场秩序，保护消费者合法权益，根据国家有关法律、行政法规制定的办法。2017年2月20日商务部第922次部务会议审议通过，该办法共六章三十七条自2017年7月1日起施行。原文如下：

第一章 总 则

第一条 为促进汽车市场健康发展，维护公平公正的市场秩序，保护消费者合法权益，根据国家有关法律、行政法规，制定本办法。

第二条 在中华人民共和国境内从事汽车销售及其相关服务活动，适用本办法。

从事汽车销售及其相关服务活动应当遵循合法、自愿、公平、诚信的原则。

第三条 本办法所称汽车，是指《汽车和挂车类型的术语和定义》（GB/T 3730.1）定义的汽车，且在境内未办理注册登记的新车。

第四条 国家鼓励发展共享型、节约型、社会化的汽车销售和售后服务网络，加快城乡一体的汽车销售和售后服务网络建设，加强新能源汽车销售和售后服务网络建设，推动汽车流通模式创新。

第五条 在境内销售汽车的供应商、经销商，应当建立完善汽车销售和售后服务体系，保证相应的配件供应，提供及时、有效的售后服务，严格遵守家用汽车产品"三包"、召回等规定，确保消费者合法权益。

第六条 本办法所称供应商，是指为经销商提供汽车资源的境内生产企业或接受境内生产企业转让销售环节权益并进行分销的经营者以及从境外进口汽车的经营者。

本办法所称经销商，是指获得汽车资源并进行销售的经营者。

本办法所称售后服务商，是指汽车销售后提供汽车维护、修理等服务活动的经营者。

第七条 国务院商务主管部门负责制定全国汽车销售及其相关服务活动的政策规章，对地方商务主管部门的监督管理工作进行指导、协调和监督。

县级以上地方商务主管部门依据本办法对本行政区域内汽车销售及其相关服务活动进行监督管理。

第八条　汽车行业协会、商会应当制定行业规范，提供信息咨询、宣传培训等服务，开展行业监测和预警分析，加强行业自律。

第二章　销售行为规范

第九条　供应商、经销商销售汽车、配件及其他相关产品应当符合国家有关规定和标准，不得销售国家法律、法规禁止交易的产品。

第十条　经销商应当在经营场所以适当形式明示销售汽车、配件及其他相关产品的价格和各项服务收费标准，不得在标价之外加价销售或收取额外费用。

第十一条　经销商应当在经营场所明示所出售的汽车产品质量保证、保修服务及消费者需知悉的其他售后服务政策，出售家用汽车产品的经销商还应当在经营场所明示家用汽车产品的"三包"信息。

第十二条　经销商出售未经供应商授权销售的汽车，或者未经境外汽车生产企业授权销售的进口汽车，应当以书面形式向消费者作出提醒和说明，并书面告知向消费者承担相关责任的主体。

未经供应商授权或者授权终止的，经销商不得以供应商授权销售汽车的名义从事经营活动。

第十三条　售后服务商应当向消费者明示售后服务的技术、质量和服务规范。

第十四条　供应商、经销商不得限定消费者户籍所在地，不得对消费者限定汽车配件、用品、金融、保险、救援等产品的提供商和售后服务商，但家用汽车产品"三包"服务、召回等由供应商承担费用时使用的配件和服务除外。

经销商销售汽车时不得强制消费者购买保险或者强制为其提供代办车辆注册登记等服务。

第十五条　经销商向消费者销售汽车时，应当核实登记消费者的有效身份证明，签订销售合同，并如实开具销售发票。

第十六条　供应商、经销商应当在交付汽车的同时交付以下随车凭证和文件，并保证车辆配置表述与实物配置相一致：

（一）国产汽车的机动车整车出厂合格证；

（二）使用国产底盘改装汽车的机动车底盘出厂合格证；

（三）进口汽车的货物进口证明和进口机动车检验证明等材料；

（四）车辆一致性证书，或者进口汽车产品特殊认证模式检验报告；

（五）产品中文使用说明书；

（六）产品保修、维修保养手册；

（七）家用汽车产品"三包"凭证。

第十七条　经销商、售后服务商销售或者提供配件应当如实标明原厂配件、质量相当配件、再制造件、回用件等，明示生产商（进口产品为进口商）、生产日期、适配车型等信息，向消费者销售或者提供原厂配件以外的其他配件时，应当予以提醒和说明。

列入国家强制性产品认证目录的配件，应当取得国家强制性产品认证并加施认证标志后方可销售或者在售后服务经营活动中使用，依据国家有关规定允许办理免于国家强制性产品认证的除外。

本办法所称原厂配件，是指汽车生产商提供或认可的，使用汽车生产商品牌或其认可品牌，按照车辆组装零部件规格和产品标准制造的零部件。

本办法所称质量相当配件，是指未经汽车生产商认可的，由配件生产商生产的，且性能和质量达到原厂配件相关技术标准要求的零部件。

本办法所称再制造件，是指旧汽车零部件经过再制造技术、工艺生产后，性能和质量达到原型新品要求的零部件。

本办法所称回用件，是指从报废汽车上拆解或维修车辆上替换的能够继续使用的零部件。

第十八条　供应商、经销商应当建立健全消费者投诉制度，明确受理消费者投诉的具体部门和人员，并向消费者明示投诉渠道。投诉的受理、转交以及处理情况应当自收到投诉之日起7个工作日内通知投诉的消费者。

第三章　销售市场秩序

第十九条　供应商采取向经销商授权方式销售汽车的，授权期限（不含店铺建设期）一般每次不低于3年，首次授权期限一般不低于5年。双方协商一致的，可以提前解除授权合同。

第二十条　供应商应当向经销商提供相应的营销、宣传、售后服务、技术服务等业务培训及技术支持。

供应商、经销商应当在本企业网站或经营场所公示与其合作的售后服务商名单。

第二十一条　供应商不得限制配件生产商（进口产品为进口商）的销售对象，不得限制经销商、售后服务商转售配件，有关法律法规规章及其配套的规范性文件另有规定的除外。

供应商应当及时向社会公布停产或者停止销售的车型，并保证其后至少10年的配件供应以及相应的售后服务。

第二十二条　未违反合同约定被供应商解除授权的，经销商有权要求供应商按不低于双方认可的第三方评估机构的评估价格收购其销售、检测和维修等设施设备，并回购相关库存车辆和配件。

第二十三条　供应商发生变更时，应当妥善处理相关事宜，确保经销商和消费者的合法权益。

经销商不再经营供应商产品的，应当将客户、车辆资料和维修历史记录在授权合同终止后30日内移交给供应商，不得实施有损于供应商品牌形象的行为；家用汽车产品经销商不再经营供应商产品时，应当及时通知消费者，在供应商的配合下变更承担"三包"责任的经销商。供应商、承担"三包"责任的经销商应当保证为消费者继续提供相应的售后服务。

第二十四条　供应商可以要求经销商为本企业品牌汽车设立单独展区，满足经营需要和维护品牌形象的基本功能，但不得对经销商实施下列行为：

（一）要求同时具备销售、售后服务等功能；

（二）规定整车、配件库存品种或数量，或者规定汽车销售数量，但双方在签署授权合同或合同延期时就上述内容书面达成一致的除外；

（三）限制经营其他供应商商品；

（四）限制为其他供应商的汽车提供配件及其他售后服务；

（五）要求承担以汽车供应商名义实施的广告、车展等宣传推广费用，或者限定广告宣传方式和媒体；

（六）限定不合理的经营场地面积、建筑物结构以及有偿设计单位、建筑单位、建筑材料、通用设备以及办公设施的品牌或者供应商；

（七）搭售未订购的汽车、配件及其他商品；

（八）干涉经销商人力资源和财务管理以及其他属于经销商自主经营范围内的活动；

（九）限制本企业汽车产品经销商之间相互转售。

第二十五条　供应商制定或实施营销奖励等商务政策应当遵循公平、公正、透明的原则。

供应商应当向经销商明确商务政策的主要内容，对于临时性商务政策，应当提前以双方约定的方式告知；对于被解除授权的经销商，应当维护经销商在授权期间应有的权益，不得拒绝或延迟支付销售返利。

第二十六条　除双方合同另有约定外，供应商在经销商获得授权销售区域内不得向消费者直接销售汽车。

第四章　监督管理

第二十七条　供应商、经销商应当自取得营业执照之日起90日内通过国务院商务主管部门全国汽车流通信息管理系统备案基本信息。供应商、经销商备案的基本信息发生变更的，应当自信息变更之日起30日内完成信息更新。

本办法实施以前已设立的供应商、经销商应当自本办法实施之日起90日内按前款规定备案基本信息。

供应商、经销商应当按照国务院商务主管部门的要求，及时通过全国汽车流通信息管理系统报送汽车销售数量、种类等信息。

第二十八条　经销商应当建立销售汽车、用户等信息档案，准确、及时地反映本区域销售动态、用户要求和其他相关信息。汽车销售、用户等信息档案保存期不得少于10年。

第二十九条　县级以上地方商务主管部门应当依据职责，采取"双随机"办法对汽车销售及其相关服务活动实施日常监督检查。

监督检查可以采取下列措施：

（一）进入供应商、经销商从事经营活动的场所进行现场检查；

（二）询问与监督检查事项有关的单位和个人，要求其说明情况；

（三）查阅、复制有关文件、资料，检查相关数据信息系统及复制相关信息数据；

（四）依据国家有关规定采取的其他措施。

第三十条　县级以上地方商务主管部门应当会同有关部门建立企业信用记录，纳入全国统一的信用信息共享交换平台。对供应商、经销商有关违法违规行为依法作出处理决定的，应当录入信用档案,并及时向社会公布。

第三十一条　供应商、经销商应当配合政府有关部门开展走私、盗抢、非法拼装等嫌疑车辆调查,提供车辆相关信息。

第五章　法律责任

第三十二条　违反本办法第十条、第十二条、第十四条、第十七条第一款、第二十一条、第二十三条第二款、第二十四条、第二十五条、第二十六条有关规定的,由县级以上地方商务主管部门责令改正,并可给予警告或3万元以下罚款。

第三十三条　违反本办法第十一条、第十五条、第十八条、第二十条第二款、第二十七条、第二十八条有关规定的,由县级以上地方商务主管部门责令改正,并可给予警告或1万元以下罚款。

第三十四条　县级以上商务主管部门的工作人员在汽车销售及其相关服务活动监督管理工作中滥用职权、玩忽职守、徇私舞弊的,依法给予处分;构成犯罪的,依法追究刑事责任。

第六章　附　则

第三十五条　省级商务主管部门可结合本地区实际情况制定本办法的实施细则,并报国务院商务主管部门备案。

第三十六条　供应商通过平行进口方式进口汽车按照平行进口相关规定办理。

第三十七条　本办法自2017年7月1日起施行。

二、《汽车销售管理办法》主要内容

1.《汽车销售管理办法》共六章三十七条,主要内容包括:

第一章　总则(第一条至第八条)。明确立法宗旨、依据、适用范围,界定汽车等概念含义,提出国家总体政策态度,确定对供应商、经销商的总体经营要求,规定商务主管部门职责,要求加强行业自律。

第二章　销售行为规范(第九条至第十八条)。主要是保障消费者知情权。要求产品合规、价格明示、售后服务政策明示、非授权销售说明、随车凭证交付、配件信息明示等,并明确规定不得限定消费者户籍地、不得强制消费、须建立健全消费者投诉机制等内容。

第三章　销售市场秩序(第十九条至第二十六条)。主要是规范零供关系。规定授权模式下的授权期限、授权解除后的设备回购等内容,要求供应商及时公布停产停销车型、保障售后服务和配件供应、提供业务培训和技术支持、实施公平公正透明的商务政策,明确供应商不得限制配件转售、不得限制经销商自主经营活动、授权模式下不得直接销售等内容。

第四章　监督管理(第二十七条至第三十一条)。明确供应商、经销商基本信息备案、销售信息报送、建立保存用户和业务信息档案、配合嫌疑车辆调查等内容,规定商务主管部门监督检查职责和措施、建立企业信用记录及违法违规行为处理信息公布等内容。

第五章　法律责任(第三十二条至第三十四条)。规定供应商、经销商违反本办法有关条款的查处部门和处罚措施,以及商务主管部门工作人员违法违纪行为处理的措施。

第六章　附则(第三十五条至第三十七条)。明确地方实施细则、供应商通过平行进口方式进口汽车按照平行进口相关规定办理、本办法实施时间等内容。

2. 《汽车销售管理办法》对汽车供应商、经销商、售后服务商有五明示：

①供应商、经销商应当在本企业网站或经营场所明示与其合作的售后服务商。

②经销商应当在经营场所以适当形式明示销售汽车、配件及其他相关产品的价格和各项服务收费标准。

③经销商应当在经营场所明示所出售的汽车产品质量保证、保修服务及消费者需知悉的其他售后服务政策，出售家用汽车产品的经销商还应当在经营场所明示家用汽车产品的"三包"信息。

④售后服务商应当向消费者明示售后服务的技术、质量和服务规范。

⑤供应商、经销商应当建立健全消费者档案资料和投诉举报制度，明确受理消费者投诉的具体部门和人员，并向消费者明示投诉渠道。

3. 《汽车销售管理办法》对汽车供应商、经销商、售后服务商有"五不得"规定：

①除双方合同另有约定外，供应商在经销商获得授权销售区域内不得向消费者直接销售汽车。

②供应商不得限制配件生产商（进口产品为进口商）的销售对象，不得限制经销商、售后服务商转售配件，有关法律、法规、规章及其配套的规范性文件另有规定的除外。

③经销商不得强制消费者购买保险或者强制为其提供代办车辆注册登记等服务。

④经销商不得在标价之外加价销售或者收取额外费用。

⑤供应商、经销商不得限定消费者户籍所在地，不得对消费者限定汽车配件、用品、金融、保险、救援等产品的提供商和售后服务商。

任务二　合同认知

汽车经销商和消费者达成汽车买卖的合意后会签订买卖合同。那么，合同如何订立？何时生效？能否解除？违约责任如何承担呢？

素质目标

1. 认同并遵守《民法典》合同编的法律条款；
2. 树立权利和义务意识，珍惜公民的权利，自觉履行公民义务；
3. 树立诚实守信的价值观；
4. 树立法治意识。

知识目标

掌握合同的概念、合同生效条件、违约责任。

技能目标

1. 能够读懂合同的条款；
2. 能够拟定一份结构完整的合同。

根据任务背景,通过互联网和教材资料查找《民法典》第三编合同,再总结合同的基础知识。

学习领域	合同		
学习情境	不了解合同的基础知识	学习时间	
工作任务	能够理解合同的概念、合同生效条件、违约责任	学习地点	
课课前预习	了解《民法典》第三编合同各条款		
知识准备 (1)《民法典》里对合同是如何定义的? (2) 合同订立一般采用要约、承诺的方式,简述要约和承诺的关系。 (3) 要约和要约邀请有什么区别? (4) 分不同情况,阐明合同成立的时间。 (5) 合同生效的条件有哪些? (6) 合同履行过程中,当事人应当遵循诚信原则,同时还要承担哪些附随义务? (7) 违约当事人如何承担违约责任? 完成任务 根据《民法典》第三编合同各条款,试着拟一份汽车销售合同。			
学习笔记	"与朋友交,言而有信"出自《论语·学而》。请从这一视角谈谈,合同在订立、履行过程中当事人要如何做?		
成绩			

任务评价表

指标	评价内容	分值
任务完成度 （5分）	能够充分利用教材和网络资源准确完成任务单的知识准备和任务，掌握合同的概念、合同生效条件、违约责任；能够读懂合同的条款；能够拟定一份结构完整的合同	
素质养成度 （5分）	在知识学习和任务完成过程中，认同并遵守《民法典》合同编的法律条款；树立权利和义务意识，珍惜公民的权利，自觉履行公民义务；树立诚实守信的价值观；树立法治意识	

合同一词的由来

一、"合同"一词的由来

"合同"一词是怎么来的呢？汉语中，还有一个词是"契约"，"契约"就是"合同"吗？

让我们从中国古代的"契约"一词说起。在中国，"契"是很早就出现了的词汇，后来才将"契约"合用。"契"既指一种协议过程，又指一种协议的结果。《说文解字》的解释是："契，大约也。"这里的"大约"，是指邦国之间的一种盟约、要约。为了保证这种盟约有效，还要辅之以"书契"。"书契，符书也。"是指用来证明出卖、租赁、借贷、抵押等关系的文书，以及法律条文、案卷、总账、具结等。可见，在中国古代，契约作为一种盟约和约定的媒介或形式已经出现。

经研究发现，记载我国最早契约内容的书籍是西汉辞赋家王褒的《僮约》。最早的契约实物是新疆吐鲁番出土的西晋泰始九年（273年）一份写在木简上的《泰始九年翟姜女买棺契》（见图3-1），全文为："泰始九年二月九日，大女翟姜女从男子栾奴买棺一口，贾（价）练（白绢）廿匹。练即毕，棺即过。若有人名棺者，约当栾奴共了。旁人马男，共知本约。"这份买棺约有时间，当事人双方姓名，交易物的名称、数量、价格，事后纠纷（如有人称棺材是不属于卖主的）的处理办法以及此买卖的旁证人，是一份格式完备的买卖契约。

值得注意的是，这份木简的正面上端有"同"字的右半边。可以推想，这份契约应该还有相同内容的另外一简，上有"同"的左半边。买卖双方各持一简，合起来则为一完整的"同"，就像现代在签订合同过程中的"骑缝章"（见图3-2），这就是"合同"的来由。因此，"契约"又可称为"合同"。

还有一种说法，古代君主传达命令或征调军队需要一种信物作为凭证，这种凭证称为"兵符"。兵符由多种材料制成，但共同特性是将一只"符"剖为两半，右半边在君主手上，左半边发给地方官吏或统兵将帅。调发军队时,须有使臣持符,两符相合,方能发兵。历史上,曾经出现过"虎符""鱼符""龟符"等多种形状的铜铸符(见图3-3~图3-5)。在唐代,武则天改用"鱼符"。鱼符分左右两半,中缝处刻有"合同"二字,每半边符上都有半边字,合在一起才见完整的"合同"两字,所以又称此符为"合同"。后来,将这种方式用在签订契约上,一式两份,中缝盖章,双方各持一份凭据。这种凭证统称为"合同"。

图 3-1 西晋《泰始九年翟姜女买棺契》木简

图 3-2 现代合同的"骑缝章"

图 3-3 战国秦杜虎符

图 3-4 唐代鱼符

图 3-5 唐代龟符

可见,在中国古代,"合同"是验证契约的一种标记,就像我们今天依然使用的押缝标志,本身并不是当事人之间的协议,但因为这种标志具有特定含义,逐渐成为"协议"的指称,有人便将"契约"与"合同"混用,相互指代,并逐渐被人们所接受。《周礼·秋官·朝士》记载:"凡有责者,有判书以治则听。"唐代贾公彦将其注解为:"云判,半分而合者,即质剂、傅别、分支合同,两家各得其一者也。"元代无名氏《合同文字》楔子:"一应家私财产,不曾分另,今立合同文书二纸,各执一纸为照。"清代翟灏的《通俗编·货财》:"今人产业买卖,多于契背上作一手大字,而于字中央破之,谓之合同文契。商贾交易,

契约就是合同吗?

则直言合同而不言契。其制度称谓,由来俱甚古矣。"

中华人民共和国成立之前,立法、法学著述和习惯称谓基本上都使用"契约"一词,台湾地区至今仍然沿用。1949年以后,大陆的法律文件经历了将"契约""合同"交叉使用甚至并用到只使用合同的过程。如1950年9月《政务院财政经济委员会关于机关、国家企业、合作社签订合同契约暂行办法》第二条规定:"凡机关、国家企业、合作社之间有主要业务行为不能即时清结者……必须签订合同。"但第三条为:"机关、国家企业、合作社向银行申请贷款中,应具备上级机关或主要机关批准的事业计划及财务计划,并签订契约。"可见,当时"合同"与"契约"是混用的。20世纪50年代中期以后,"契约"为"合同"所逐渐取代。目前,能见到的我国立法文件中最后一次使用"契约",是1957年4月拟成的《买卖契约第六次草稿》,也是50年代民法典草案的重要组成部分。70年代以后,"合同"一词在我国得到广泛的承认与运用,"契约"在立法文件中不再出现,"合同"成为通用概念。

但是,因为"契约"是各国民法典使用较多的一个词,在学者们学术研究中,现在也还会使用"契约"一词,并且经常与"合同"通用。日常生活中,也有习惯使用"契约"一词的现象,如人们习惯说"地契""房契"等,这种说法实际上也是作为"合同"的同义语在使用。

二、合同的概念

合同是反映交易的法律形式。1999年10月1日起施行《中华人民共和国合同法》来规范合同,于2021年1月1日起废止,同时《中华人民共和国民法典》施行(以下简称《民法典》),《中华人民共和国婚姻法》《中华人民共和国继承法》《中华人民共和国民法通则》《中华人民共和国收养法》《中华人民共和国担保法》《中华人民共和国物权法》《中华人民共和国侵权责任法》《中华人民共和国民法总则》同时废止。

《民法典》第三编合同,调整因合同产生的民事关系,对合同的概念做了具体的定义,合同是民事主体之间设立、变更、终止民事法律关系的协议。婚姻、收养、监护等有关身份关系的协议,适用有关该身份关系的法律规定;没有规定的,可以根据其性质参照适用本编规定。依法成立的合同,受法律保护。

依法成立的合同,仅对当事人具有法律约束力,但是法律另有规定的除外。

非因合同产生的债权债务关系,适用有关该债权债务关系的法律规定;没有规定的,适用本编通则的有关规定,但是根据其性质不能适用的除外。

三、合同的订立

(一)合同的订立形式

当事人订立合同,可以采用书面形式、口头形式或者其他形式。

书面形式是合同书、信件、电报、电传、传真等可以有形地表现所载内容的形式。

以电子数据交换、电子邮件等方式能够有形地表现所载内容,并可以随时调取查用的数据电文,视为书面形式。

合同的内容由当事人约定,一般包括下列条款:

①当事人的姓名或者名称和住所；
②标的；
③数量；
④质量；
⑤价款或者报酬；
⑥履行期限、地点和方式；
⑦违约责任；
⑧解决争议的方法。
当事人可以参照各类合同的示范文本订立合同。

（二）合同订立方式

当事人订立合同，可以采取要约、承诺方式或者其他方式。

合同的订立-要约与承诺

1. 要约

要约是希望与他人订立合同的意思表示，该意思表示应当符合下列条件：
①内容具体确定；
②表明经受要约人承诺，要约人即受该意思表示约束。

要约邀请是希望他人向自己发出要约的表示。拍卖公告、招标公告、招股说明书、债券募集办法、基金招募说明书、商业广告和宣传、寄送的价目表等为要约邀请。

商业广告和宣传的内容符合要约条件的，构成要约。

要约生效的时间适用《民法典》第一百三十七条的规定。以对话方式作出的意思表示，相对人知道其内容时生效。以非对话方式作出的意思表示，到达相对人时生效。以非对话方式作出的采用数据电文形式的意思表示，相对人指定特定系统接收数据电文的，该数据电文进入该特定系统时生效；未指定特定系统的，相对人知道或者应当知道该数据电文进入其系统时生效。当事人对采用数据电文形式的意思表示的生效时间另有约定的，按照其约定。

要约可以撤回。要约的撤回适用《民法典》第一百四十一条的规定。行为人可以撤回意思表示。撤回意思表示的通知应当在意思表示到达相对人前或者与意思表示同时到达相对人。撤销要约的意思表示以对话方式作出的，该意思表示的内容应当在受要约人作出承诺之前为受要约人所知道；撤销要约的意思表示以非对话方式作出的，应当在受要约人作出承诺之前到达受要约人。

要约可以撤销，但是有下列情形之一的除外：
①要约人以确定承诺期限或者其他形式明示要约不可撤销；
②受要约人有理由认为要约是不可撤销的，并已经为履行合同做了合理准备工作。

有下列情形之一的，要约失效：
①要约被拒绝；
②要约被依法撤销；
③承诺期限届满，受要约人未作出承诺；
④受要约人对要约的内容作出实质性变更。

2. 承诺

承诺是受要约人同意要约的意思表示。

承诺应当以通知的方式作出；但是，根据交易习惯或者要约表明可以通过行为作出承诺的除外。承诺应当在要约确定的期限内到达要约人。

要约没有确定承诺期限的，承诺应当依照下列规定到达：

①要约以对话方式作出的，应当即时作出承诺；

②要约以非对话方式作出的，承诺应当在合理期限内到达。

要约以信件或者电报作出的，承诺期限自信件载明的日期或者电报交发之日开始计算。信件未载明日期的，自投寄该信件的邮戳日期开始计算。要约以电话、传真、电子邮件等快速通信方式作出的，承诺期限自要约到达受要约人时开始计算。

承诺生效时合同成立，但是法律另有规定或者当事人另有约定的除外。

以通知方式作出的承诺，生效的时间适用《民法典》第一百三十七条的规定。

承诺不需要通知的，根据交易习惯或者要约的要求作出承诺的行为时生效。

承诺可以撤回。受要约人超过承诺期限发出承诺，或者在承诺期限内发出承诺，按照通常情形不能及时到达要约人的，为新要约；但是，要约人及时通知受要约人该承诺有效的除外。

受要约人在承诺期限内发出承诺，按照通常情形能够及时到达要约人，但是因其他原因致使承诺到达要约人时超过承诺期限的，除要约人及时通知受要约人因承诺超过期限不接受该承诺外，该承诺有效。

承诺的内容应当与要约的内容一致。受要约人对要约的内容作出实质性变更的，为新要约。有关合同标的、数量、质量、价款或者报酬、履行期限、履行地点和方式、违约责任和解决争议方法等的变更，是对要约内容的实质性变更。

承诺对要约的内容作出非实质性变更的，除要约人及时表示反对或者要约表明承诺不得对要约的内容作出任何变更外，该承诺有效，合同的内容以承诺的内容为准。

3. 合同成立的时间与地点

当事人采用合同书形式订立合同的，自当事人均签名、盖章或者按指印时合同成立。在签名、盖章或者按指印之前，当事人一方已经履行主要义务，对方接受时，该合同成立。法律、行政法规规定或者当事人约定合同应当采用书面形式订立，当事人未采用书面形式但是一方已经履行主要义务，对方接受时，该合同成立。

当事人采用信件、数据电文等形式订立合同要求签订确认书的，签订确认书时合同成立。

当事人一方通过互联网等信息网络发布的商品或者服务信息符合要约条件的，对方选择该商品或者服务并提交订单成功时合同成立，但是当事人另有约定的除外。

承诺生效的地点为合同成立的地点。采用数据电文形式订立合同的，收件人的主营业地为合同成立的地点；没有主营业地的，其住所地为合同成立的地点。当事人另有约定的，按照其约定。

当事人采用合同书形式订立合同的，最后签名、盖章或者按指印的地点为合同成立的地点，但是当事人另有约定的除外。

4. 指令性合同

国家根据抢险救灾、疫情防控或者其他需要下达国家订货任务、指令性任务的，有关民事主体之间应当依照有关法律、行政法规规定的权利和义务订立合同。

依照法律、行政法规的规定负有发出要约义务的当事人，应当及时发出合理的要约。

依照法律、行政法规的规定负有作出承诺义务的当事人，不得拒绝对方合理的订立合同要求。

5. 预约合同

当事人约定在将来一定期限内订立合同的认购书、订购书、预订书等，构成预约合同。

当事人一方不履行预约合同约定的订立合同义务的，对方可以请求其承担预约合同的违约责任。

6. 格式条款

格式条款是当事人为了重复使用而预先拟定，并在订立合同时未与对方协商的条款。

采用格式条款订立合同的，提供格式条款的一方应当遵循公平原则确定当事人之间的权利和义务，并采取合理的方式提示对方注意免除或者减轻其责任等与对方有重大利害关系的条款，按照对方的要求，对该条款予以说明。提供格式条款的一方未履行提示或者说明义务，致使对方没有注意或者理解与其有重大利害关系的条款的，对方可以主张该条款不成为合同的内容。

有下列情形之一的，该格式条款无效：

①具有《民法典》第一编第六章第三节和《民法典》第五百零六条规定的无效情形；
②提供格式条款一方不合理地免除或者减轻其责任、加重对方责任、限制对方主要权利；
③提供格式条款一方排除对方主要权利。

对格式条款的理解发生争议的，应当按照通常理解予以解释。对格式条款有两种以上解释的，应当作出不利于提供格式条款一方的解释。格式条款和非格式条款不一致的，应当采用非格式条款。

7. 订立合同过程损害赔偿

第五百条 当事人在订立合同过程中有下列情形之一，造成对方损失的，应当承担赔偿责任：

（1）假借订立合同，恶意进行磋商；
（2）故意隐瞒与订立合同有关的重要事实或者提供虚假情况；
（3）有其他违背诚信原则的行为。

当事人在订立合同过程中知悉的商业秘密或者其他应当保密的信息，无论合同是否成立，不得泄露或者不正当地使用；泄露、不正当地使用该商业秘密或者信息，造成对方损失的，应当承担赔偿责任。

四、合同的效力

依法成立的合同，自成立时生效。所谓有效合同，是指依照法律的规定成立并在当事人之间产生法律约束力的合同。满足以下条件的合同属于有效合同：

合同的效力

①行为人具有相应的民事行为能力；
②意思表示真实；
③不违反法律、行政法规的强制性规定，不违背公序良俗。

成年人为完全民事行为能力人，可以独立实施民事法律行为。限制民事行为能力人实施的纯获利益的民事法律行为或者与其年龄、智力、精神健康状况相适应的民事法律行为有效;实施的其他民事法律行为经法定代理人同意或者追认后有效。无民事行为能力人实施的民事法律行为无效。民事行为能力人界定如表 3-1 所示。

表 3-1 民事行为能力人界定

民事行为能力人	界定
完全民事行为能力人	18 周岁以上的自然人,16 周岁以上的未成年人,以自己的劳动收入为主要生活来源的,视为完全民事行为能力人
限制民事行为能力人	8 周岁以上的未成年人为限制民事行为能力人;不能完全辨认自己行为的成年人
无民事行为能力人	不满 8 周岁的未成年人为无民事行为能力人;不能辨认自己行为的人

按照合同的效力,合同可分为四大类:
①有效合同。是指具备了合同的生效要件,能够产生合同当事人预期法律效果的合同。
②无效合同。是指合同虽然已经成立,但因其严重欠缺有效要件,在法律上不按当事人之间的合意赋予其法律效力。
③效力待定合同。是指已成立的合同因欠缺一定的生效要件,其生效与否尚未确定,须经过补正方可生效,在一定的期限内不予补正则视为无效的合同。
④可撤销合同。主要是指意思表示不真实的合同。可撤销合同的效力取决于当事人的意志,它是一种相对无效的合同,但又不同于绝对无效的合同。
合同不生效、无效、被撤销或者终止的,不影响合同中有关解决争议方法的条款的效力。
合同中的下列免责条款无效:
①造成对方人身损害的;
②因故意或者重大过失造成对方财产损失的。

五、合同的履行

当事人应当按照约定全面履行自己的义务。当事人应当遵循诚信原则,根据合同的性质、目的和交易习惯履行通知、协助、保密等义务。当事人在履行合同过程中,应当避免浪费资源、污染环境和破坏生态。合同生效后,当事人就质量、价款或者报酬、履行地点等内容没有约定或者约定不明确的,可以协议补充;不能达成补充协议的,按照合同相关条款或者交易习惯确定。

当事人就有关合同内容约定不明确,依据前条规定仍不能确定的,适用下列规定:
①质量要求不明确的,按照强制性国家标准履行;没有强制性国家标准的,按照推荐性国家标准履行;没有推荐性国家标准的,按照行业标准履行;没有国家标准、行业标准的,按照通常标准或者符合合同目的的特定标准履行。
②价款或者报酬不明确的,按照订立合同时履行地的市场价格履行;依法应当执行政府定价或者政府指导价的,依照规定履行。
③履行地点不明确,给付货币的,在接受货币一方所在地履行;交付不动产的,在不动

产所在地履行；其他标的，在履行义务一方所在地履行。

④履行期限不明确的，债务人可以随时履行，债权人也可以随时请求履行，但是应当给对方必要的准备时间。

⑤履行方式不明确的，按照有利于实现合同目的的方式履行。

⑥履行费用的负担不明确的，由履行义务一方负担；因债权人原因增加的履行费用，由债权人负担。

通过互联网等信息网络订立的电子合同的标的为交付商品并采用快递物流方式交付的，收货人的签收时间为交付时间。电子合同的标的为提供服务的，生成的电子凭证或者实物凭证中载明的时间为提供服务时间；前述凭证没有载明时间或者载明时间与实际提供服务时间不一致的，以实际提供服务的时间为准。

电子合同的标的物为采用在线传输方式交付的，合同标的物进入对方当事人指定的特定系统且能够检索识别的时间为交付时间。

电子合同当事人对交付商品或者提供服务的方式、时间另有约定的，按照其约定。

执行政府定价或者政府指导价的，在合同约定的交付期限内政府价格调整时，按照交付时的价格计价。逾期交付标的物的，遇价格上涨时，按照原价格执行；价格下降时，按照新价格执行。逾期提取标的物或者逾期付款的，遇价格上涨时，按照新价格执行；价格下降时，按照原价格执行。

当事人没有确切证据中止履行的，应当承担违约责任。应当先履行债务的当事人，有确切证据证明对方有下列情形之一的，可以中止履行：

①经营状况严重恶化；

②转移财产、抽逃资金，以逃避债务；

③丧失商业信誉；

④有丧失或者可能丧失履行债务能力的其他情形。

当事人依据前条规定中止履行的，应当及时通知对方。对方提供适当担保的，应当恢复履行。中止履行后，对方在合理期限内未恢复履行能力且未提供适当担保的，视为以自己的行为表明不履行主要债务，中止履行的一方可以解除合同并可以请求对方承担违约责任。

六、合同的保全

因债务人怠于行使其债权或者与该债权有关的从权利，影响债权人的到期债权实现的，债权人可以向人民法院请求以自己的名义代位行使债务人对相对人的权利，但是该权利专属于债务人自身的除外。

代位权的行使范围以债权人的到期债权为限。债权人行使代位权的必要费用，由债务人负担。相对人对债务人的抗辩，可以向债权人主张。

债权人的债权到期前，债务人的债权或者与该债权有关的从权利存在诉讼时效期间即将届满或者未及时申报破产债权等情形，影响债权人的债权实现的，债权人可以代位向债务人的相对人请求其向债务人履行、向破产管理人申报或者作出其他必要的行为。

人民法院认定代位权成立的，由债务人的相对人向债权人履行义务，债权人接受履行后，债权人与债务人、债务人与相对人之间相应的权利义务终止。债务人对相对人的债权或者与该债权有关的从权利被采取保全、执行措施，或者债务人破产的，依照相关法律的规定处理。

债务人以放弃其债权、放弃债权担保、无偿转让财产等方式无偿处分财产权益，或者恶意延长其到期债权的履行期限，影响债权人的债权实现的，债权人可以请求人民法院撤销债务人的行为。

债务人以明显不合理的低价转让财产、以明显不合理的高价受让他人财产或者为他人的债务提供担保，影响债权人的债权实现，债务人的相对人知道或者应当知道该情形的，债权人可以请求人民法院撤销债务人的行为。

撤销权的行使范围以债权人的债权为限。债权人行使撤销权的必要费用，由债务人负担。

撤销权自债权人知道或者应当知道撤销事由之日起一年内行使。自债务人的行为发生之日起五年内没有行使撤销权的，该撤销权消灭。

债务人影响债权人的债权实现的行为被撤销的，自始没有法律约束力。

七、合同的变更和转让

当事人协商一致，可以变更合同。当事人对合同变更的内容约定不明确的，推定为未变更。

债权人可以将债权的全部或者部分转让给第三人，但是有下列情形之一的除外：
①根据债权性质不得转让；
②按照当事人约定不得转让；
③依照法律规定不得转让。

当事人约定非金钱债权不得转让的，不得对抗善意第三人。债权人转让债权，未通知债务人的，该转让对债务人不发生效力。债权转让的通知不得撤销，但是经受让人同意的除外。

债权人转让债权的，受让人取得与债权有关的从权利，但是该从权利专属于债权人自身的除外。受让人取得从权利不应该从权利未办理转移登记手续或者未转移占有而受到影响。债务人接到债权转让通知后，债务人对让与人的抗辩，可以向受让人主张。

有下列情形之一的，债务人可以向受让人主张抵销：
①债务人接到债权转让通知时，债务人对让与人享有债权，且债务人的债权先于转让的债权到期或者同时到期；
②债务人的债权与转让的债权是基于同一合同产生。

因债权转让增加的履行费用，由让与人负担。债务人将债务的全部或者部分转移给第三人的，应当经债权人同意。债务人或者第三人可以催告债权人在合理期限内予以同意，债权人未作表示的，视为不同意。

第三人与债务人约定加入债务并通知债权人，或者第三人向债权人表示愿意加入债务，债权人未在合理期限内明确拒绝的，债权人可以请求第三人在其愿意承担的债务范围内和债务人承担连带债务。

债务人转移债务的，新债务人可以主张原债务人对债权人的抗辩；原债务人对债权人享有债权的，新债务人不得向债权人主张抵销。

债务人转移债务的，新债务人应当承担与主债务有关的从债务，但是该从债务专属于原债务人自身的除外。

当事人一方经对方同意，可以将自己在合同中的权利和义务一并转让给第三人。

合同的权利和义务一并转让的，适用债权转让、债务转移的有关规定。

八、合同的权利义务终止

有下列情形之一的，债权债务终止：

①债务已经履行；

②债务相互抵销；

③债务人依法将标的物提存；

④债权人免除债务；

⑤债权债务同归于一人；

⑥法律规定或者当事人约定终止的其他情形；

⑦合同解除的，该合同的权利义务关系终止。

债权债务终止后，当事人应当遵循诚信等原则，根据交易习惯履行通知、协助、保密、旧物回收等义务。债权债务终止时，债权的从权利同时消灭，但是法律另有规定或者当事人另有约定的除外。

债务人对同一债权人负担的数项债务种类相同，债务人的给付不足以清偿全部债务的，除当事人另有约定外，由债务人在清偿时指定其履行的债务。债务人未作指定的，应当优先履行已经到期的债务；数项债务均到期的，优先履行对债权人缺乏担保或者担保最少的债务；均无担保或者担保相等的，优先履行债务人负担较重的债务；负担相同的，按照债务到期的先后顺序履行；到期时间相同的，按照债务比例履行。

债务人在履行主债务外还应当支付利息和实现债权的有关费用，其给付不足以清偿全部债务的，除当事人另有约定外，应当按照下列顺序履行：

①实现债权的有关费用；

②利息；

③主债务。

当事人协商一致，可以解除合同。当事人可以约定一方解除合同的事由。解除合同的事由发生时，解除权人可以解除合同。有下列情形之一的，当事人可以解除合同：

①因不可抗力致使不能实现合同目的；

②在履行期限届满前，当事人一方明确表示或者以自己的行为表明不履行主要债务；

③当事人一方迟延履行主要债务，经催告后在合理期限内仍未履行；

④当事人一方迟延履行债务或者有其他违约行为致使不能实现合同目的；

⑤法律规定的其他情形。

以持续履行的债务为内容的不定期合同，当事人可以随时解除合同，但是应当在合理期限之前通知对方。

法律规定或者当事人约定解除权行使期限，期限届满当事人不行使的，该权利消灭。法律没有规定或者当事人没有约定解除权行使期限，自解除权人知道或者应当知道解除事由之日起一年内不行使，或者经对方催告后在合理期限内不行使的，该权利消灭。

当事人一方依法主张解除合同的，应当通知对方。合同自通知到达对方时解除；通知载明债务人在一定期限内不履行债务则合同自动解除，债务人在该期限内未履行债务的，合同自通知载明的期限届满时解除。对方对解除合同有异议的，任何一方当事人均可以请求人民法院或者仲裁机构确认解除行为的效力。当事人一方未通知对方，直接以提起诉讼或者申请仲裁的方式依法主张解除合同，人民法院或者仲裁机构确认该主张的，合同自起诉状副本或者仲裁申请书副本送达对方时解除。

合同解除后，尚未履行的，终止履行；已经履行的，根据履行情况和合同性质，当事人可以请求恢复原状或者采取其他补救措施，并有权请求赔偿损失。合同因违约解除的，解除权人可以请求违约方承担违约责任，但是当事人另有约定的除外。主合同解除后，担保人对债务人应当承担的民事责任仍应当承担担保责任，但是担保合同另有约定的除外。

合同的权利义务关系终止，不影响合同中结算和清理条款的效力。

当事人互负债务，该债务的标的物种类、品质相同的，任何一方可以将自己的债务与对方的到期债务抵销；但是，根据债务性质、按照当事人约定或者依照法律规定不得抵销的除外。当事人主张抵销的，应当通知对方。通知自到达对方时生效。抵销不得附条件或者附期限。

当事人互负债务，标的物种类、品质不相同的，经协商一致，也可以抵销。

有下列情形之一，难以履行债务的，债务人可以将标的物提存：

①债权人无正当理由拒绝受领；

②债权人下落不明；

③债权人死亡未确定继承人、遗产管理人，或者丧失民事行为能力未确定监护人；

④法律规定的其他情形。

标的物不适于提存或者提存费用过高的，债务人依法可以拍卖或者变卖标的物，提存所得的价款。

债务人将标的物或者将标的物依法拍卖、变卖所得价款交付提存部门时，提存成立。提存成立的，视为债务人在其提存范围内已经交付标的物。

标的物提存后，债务人应当及时通知债权人或者债权人的继承人、遗产管理人、监护人、财产代管人。标的物提存后，毁损、灭失的风险由债权人承担。提存期间，标的物的孳息归债权人所有。提存费用由债权人负担。

债权人可以随时领取提存物。但是，债权人对债务人负有到期债务的，在债权人未履行债务或者提供担保之前，提存部门根据债务人的要求应当拒绝其领取提存物。债权人领取提存物的权利，自提存之日起五年内不行使而消灭，提存物扣除提存费用后归国家所有。但是，债权人未履行对债务人的到期债务，或者债权人向提存部门书面表示放弃领取提存物权利的，债务人负担提存费用后有权取回提存物。

债权人免除债务人部分或者全部债务的，债权债务部分或者全部终止，但是债务人在合理期限内拒绝的除外。债权和债务同归于一人的，债权债务终止，但是损害第三人利益的除外。

九、违约责任

当事人一方不履行合同义务或者履行合同义务不符合约定的，应当承担继续履行、采取补救措施或者赔偿损失等违约责任。当事人一方明确表示或者以自己的行为表明不履行合同义务的，对方可以在履行期限届满前请求其承担违约责任。

债务人按照约定履行债务，债权人无正当理由拒绝受领的，债务人可以请求债权人赔偿增加的费用。在债权人受领迟延期间，债务人无须支付利息。当事人一方违约后，对方应当采取适当措施防止损失的扩大；没有采取适当措施致使损失扩大的，不得就扩大的损失请求赔偿。当事人因防止损失扩大而支出的合理费用，由违约方负担。

当事人都违反合同的，应当各自承担相应的责任。当事人一方违约造成对方损失，对方对损失的发生有过错的，可以减少相应的损失赔偿额。

1. 承担违约责任形式

（1）实际履行

当事人一方未支付价款、报酬、租金、利息，或者不履行其他金钱债务的，对方可以请求其支付。

当事人一方不履行非金钱债务或者履行非金钱债务不符合约定的，对方可以请求履行，但是有下列情形之一的除外：

①法律上或者事实上不能履行；

②债务的标的不适于强制履行或者履行费用过高；

③债权人在合理期限内未请求履行。

有前款规定的除外情形之一，致使不能实现合同目的的，人民法院或者仲裁机构可以根据当事人的请求终止合同权利义务关系，但是不影响违约责任的承担。

（2）赔偿损失

履行不符合约定的，应当按照当事人的约定承担违约责任。对违约责任没有约定或者约定不明确，依据《民法典》第五百一十条的规定仍不能确定的，受损害方根据标的的性质以及损失的大小，可以合理选择请求对方承担修理、重作、更换、退货、减少价款或者报酬等违约责任。当事人一方不履行合同义务或者履行合同义务不符合约定的，在履行义务或者采取补救措施后，对方还有其他损失的，应当赔偿损失。

当事人一方不履行合同义务或者履行合同义务不符合约定，造成对方损失的，损失赔偿额应当相当于因违约所造成的损失，包括合同履行后可以获得的利益；但是，不得超过违约一方订立合同时预见到或者应当预见到的因违约可能造成的损失。

（3）支付违约金

当事人可以约定一方违约时应当根据违约情况向对方支付一定数额的违约金，也可以约定因违约产生的损失赔偿额的计算方法。

约定的违约金低于造成的损失的，人民法院或者仲裁机构可以根据当事人的请求予以增加；约定的违约金过分高于造成的损失的，人民法院或者仲裁机构可以根据当事人的请求予以适当减少。

当事人就迟延履行约定违约金的，违约方支付违约金后，还应当履行债务。

（4）定金责任

当事人可以约定一方向对方给付定金作为债权的担保。定金合同自实际交付定金时成立。

定金的数额由当事人约定；但是，不得超过主合同标的额的百分之二十，超过部分不产生定金的效力。实际交付的定金数额多于或者少于约定数额的，视为变更约定的定金数额。

债务人履行债务的，定金应当抵作价款或者收回。给付定金的一方不履行债务或者履行债务不符合约定，致使不能实现合同目的的，无权请求返还定金；收受定金的一方不履行债务或者履行债务不符合约定，致使不能实现合同目的的，应当双倍返还定金。

当事人既约定违约金，又约定定金的，一方违约时，对方可以选择适用违约金或者定金条款。

定金不足以弥补一方违约造成的损失的，对方可以请求赔偿超过定金数额的损失。

2. 责任免除

当事人一方因不可抗力不能履行合同的，根据不可抗力的影响，部分或者全部免除责任，但是法律另有规定的除外。因不可抗力不能履行合同的，应当及时通知对方，以减轻可能给对方造成的损失，并应当在合理期限内提供证明。

当事人迟延履行后发生不可抗力的，不免除其违约责任。

十、典型合同——买卖合同

《民法典》对买卖合同的规定如下：

第五百九十五条 买卖合同是出卖人转移标的物的所有权于买受人，买受人支付价款的合同。

第五百九十六条 买卖合同的内容一般包括标的物的名称、数量、质量、价款、履行期限、履行地点和方式、包装方式、检验标准和方法、结算方式、合同使用的文字及其效力等条款。

第五百九十七条 因出卖人未取得处分权致使标的物所有权不能转移的，买受人可以解除合同并请求出卖人承担违约责任。

法律、行政法规禁止或者限制转让的标的物，依照其规定。

第五百九十八条 出卖人应当履行向买受人交付标的物或者交付提取标的物的单证，并转移标的物所有权的义务。

第五百九十九条 出卖人应当按照约定或者交易习惯向买受人交付提取标的物单证以外的有关单证和资料。

第六百条 出卖具有知识产权的标的物的，除法律另有规定或者当事人另有约定外，该标的物的知识产权不属于买受人。

第六百零一条 出卖人应当按照约定的时间交付标的物。约定交付期限的，出卖人可以在该交付期限内的任何时间交付。

第六百零二条 当事人没有约定标的物的交付期限或者约定不明确的，适用本法第五百一十条、第五百一十一条第四项的规定。

第六百零三条 出卖人应当按照约定的地点交付标的物。

当事人没有约定交付地点或者约定不明确，依据本法第五百一十条的规定仍不能确定的，适用下列规定：

（一）标的物需要运输的，出卖人应当将标的物交付给第一承运人以运交给买受人；

（二）标的物不需要运输，出卖人和买受人订立合同时知道标的物在某一地点的，出卖人应当在该地点交付标的物；不知道标的物在某一地点的，应当在出卖人订立合同时的营业地交付标的物。

第六百零四条 标的物毁损、灭失的风险，在标的物交付之前由出卖人承担，交付之后由买受人承担，但是法律另有规定或者当事人另有约定的除外。

第六百零五条 因买受人的原因致使标的物未按照约定的期限交付的，买受人应当自违反约定时起承担标的物毁损、灭失的风险。

第六百零六条 出卖人出卖交由承运人运输的在途标的物，除当事人另有约定外，毁损、灭失的风险自合同成立时起由买受人承担。

第六百零七条 出卖人按照约定将标的物运送至买受人指定地点并交付给承运人后，标的物毁损、灭失的风险由买受人承担。

当事人没有约定交付地点或者约定不明确，依据本法第六百零三条第二款第一项的规定标的物需要运输的，出卖人将标的物交付给第一承运人后，标的物毁损、灭失的风险由买受人承担。

第六百零八条 出卖人按照约定或者依据本法第六百零三条第二款第二项的规定将标的物置于交付地点，买受人违反约定没有收取的，标的物毁损、灭失的风险自违反约定时起由买受人承担。

第六百零九条 出卖人按照约定未交付有关标的物的单证和资料的，不影响标的物毁损、灭失风险的转移。

第六百一十条 因标的物不符合质量要求，致使不能实现合同目的的，买受人可以拒绝接受标的物或者解除合同。买受人拒绝接受标的物或者解除合同的，标的物毁损、灭失的风险由出卖人承担。

第六百一十一条 标的物毁损、灭失的风险由买受人承担的，不影响因出卖人履行义务不符合约定，买受人请求其承担违约责任的权利。

第六百一十二条 出卖人就交付的标的物，负有保证第三人对该标的物不享有任何权利的义务，但是法律另有规定的除外。

第六百一十三条 买受人订立合同时知道或者应当知道第三人对买卖的标的物享有权利的，出卖人不承担前条规定的义务。

第六百一十四条 买受人有确切证据证明第三人对标的物享有权利的，可以中止支付相应的价款，但是出卖人提供适当担保的除外。

第六百一十五条 出卖人应当按照约定的质量要求交付标的物。出卖人提供有关标的物质量说明的，交付的标的物应当符合该说明的质量要求。

第六百一十六条 当事人对标的物的质量要求没有约定或者约定不明确，依据本法第五百一十条的规定仍不能确定的，适用本法第五百一十一条第一项的规定。

第六百一十七条 出卖人交付的标的物不符合质量要求的，买受人可以依据本法第五百八十二条至第五百八十四条的规定请求承担违约责任。

第六百一十八条 当事人约定减轻或者免除出卖人对标的物瑕疵承担的责任，因出卖人故意或者重大过失不告知买受人标的物瑕疵的，出卖人无权主张减轻或者免除责任。

第六百一十九条 出卖人应当按照约定的包装方式交付标的物。对包装方式没有约定或者约定不明确，依据本法第五百一十条的规定仍不能确定的，应当按照通用的方式包装；没有通用方式的，应当采取足以保护标的物且有利于节约资源、保护生态环境的包装方式。

第六百二十条 买受人收到标的物时应当在约定的检验期限内检验。没有约定检验期限的，应当及时检验。

第六百二十一条 当事人约定检验期限的，买受人应当在检验期限内将标的物的数量或者质量不符合约定的情形通知出卖人。买受人怠于通知的，视为标的物的数量或者质量符合约定。

当事人没有约定检验期限的，买受人应当在发现或者应当发现标的物的数量或者质量不符合约定的合理期限内通知出卖人。买受人在合理期限内未通知或者自收到标的物之日起二年内未通知出卖人的，视为标的物的数量或者质量符合约定；但是，对标的物有质量保证期的，适用质量保证期，不适用该二年的规定。

出卖人知道或者应当知道提供的标的物不符合约定的，买受人不受前两款规定的通知时间的限制。

第六百二十二条 当事人约定的检验期限过短，根据标的物的性质和交易习惯，买受人在检验期限内难以完成全面检验的，该期限仅视为买受人对标的物的外观瑕疵提出异议的期限。

约定的检验期限或者质量保证期短于法律、行政法规规定期限的，应当以法律、行政法规规定的期限为准。

第六百二十三条 当事人对检验期限未作约定，买受人签收的送货单、确认单等载明标的物数量、型号、规格的，推定买受人已经对数量和外观瑕疵进行检验，但是有相关证据足以推翻的除外。

第六百二十四条 出卖人依照买受人的指示向第三人交付标的物，出卖人和买受人约定的检验标准与买受人和第三人约定的检验标准不一致的，以出卖人和买受人约定的检验标准为准。

第六百二十五条 依照法律、行政法规的规定或者按照当事人的约定，标的物在有效使用年限届满后应予回收的，出卖人负有自行或者委托第三人对标的物予以回收的义务。

第六百二十六条 买受人应当按照约定的数额和支付方式支付价款。对价款的数额和支付方式没有约定或者约定不明确的，适用本法第五百一十条、第五百一十一条第二项和第五项的规定。

第六百二十七条 买受人应当按照约定的地点支付价款。对支付地点没有约定或者约定不明确，依据本法第五百一十条的规定仍不能确定的，买受人应当在出卖人的营业地支付；但是，约定支付价款以交付标的物或者交付提取标的物单证为条件的，在交付标的物或者交付提取标的物单证的所在地支付。

第六百二十八条 买受人应当按照约定的时间支付价款。对支付时间没有约定或者约定不明确，依据本法第五百一十条的规定仍不能确定的，买受人应当在收到标的物或者提取标的物单证的同时支付。

第六百二十九条 出卖人多交标的物的，买受人可以接收或者拒绝接收多交的部分。买受人接收多交部分的，按照约定的价格支付价款；买受人拒绝接收多交部分的，应当及时通知出卖人。

第六百三十条 标的物在交付之前产生的孳息，归出卖人所有；交付之后产生的孳息，归买受人所有。但是，当事人另有约定的除外。

第六百三十一条 因标的物的主物不符合约定而解除合同的，解除合同的效力及于从物。因标的物的从物不符合约定被解除的，解除的效力不及于主物。

第六百三十二条　标的物为数物，其中一物不符合约定的，买受人可以就该物解除。但是，该物与他物分离使标的物的价值显受损害的，买受人可以就数物解除合同。

第六百三十三条　出卖人分批交付标的物的，出卖人对其中一批标的物不交付或者交付不符合约定，致使该批标的物不能实现合同目的的，买受人可以就该批标的物解除。

出卖人不交付其中一批标的物或者交付不符合约定，致使之后其他各批标的物的交付不能实现合同目的的，买受人可以就该批以及之后其他各批标的物解除。

买受人如果就其中一批标的物解除，该批标的物与其他各批标的物相互依存的，可以就已经交付和未交付的各批标的物解除。

第六百三十四条　分期付款的买受人未支付到期价款的数额达到全部价款的五分之一，经催告后在合理期限内仍未支付到期价款的，出卖人可以请求买受人支付全部价款或者解除合同。

出卖人解除合同的，可以向买受人请求支付该标的物的使用费。

第六百三十五条　凭样品买卖的当事人应当封存样品，并可以对样品质量予以说明。出卖人交付的标的物应当与样品及其说明的质量相同。

第六百三十六条　凭样品买卖的买受人不知道样品有隐蔽瑕疵的，即使交付的标的物与样品相同，出卖人交付的标的物的质量仍然应当符合同种物的通常标准。

第六百三十七条　试用买卖的当事人可以约定标的物的试用期限。对试用期限没有约定或者约定不明确，依据本法第五百一十条的规定仍不能确定的，由出卖人确定。

第六百三十八条　试用买卖的买受人在试用期内可以购买标的物，也可以拒绝购买。试用期限届满，买受人对是否购买标的物未作表示的，视为购买。

试用买卖的买受人在试用期内已经支付部分价款或者对标的物实施出卖、出租、设立担保物权等行为的，视为同意购买。

第六百三十九条　试用买卖的当事人对标的物使用费没有约定或者约定不明确的，出卖人无权请求买受人支付。

第六百四十条　标的物在试用期内毁损、灭失的风险由出卖人承担。

第六百四十一条　当事人可以在买卖合同中约定买受人未履行支付价款或者其他义务的，标的物的所有权属于出卖人。

出卖人对标的物保留的所有权，未经登记，不得对抗善意第三人。

第六百四十二条　当事人约定出卖人保留合同标的物的所有权，在标的物所有权转移前，买受人有下列情形之一，造成出卖人损害的，除当事人另有约定外，出卖人有权取回标的物：

（一）未按照约定支付价款，经催告后在合理期限内仍未支付；

（二）未按照约定完成特定条件；

（三）将标的物出卖、出质或者作出其他不当处分。

出卖人可以与买受人协商取回标的物；协商不成的，可以参照适用担保物权的实现程序。

第六百四十三条　出卖人依据前条第一款的规定取回标的物后，买受人在双方约定或者出卖人指定的合理回赎期限内，消除出卖人取回标的物的事由的，可以请求回赎标的物。

买受人在回赎期限内没有回赎标的物，出卖人可以以合理价格将标的物出卖给第三人，出卖所得价款扣除买受人未支付的价款以及必要费用后仍有剩余的，应当返还买受人；不足部分由买受人清偿。

第六百四十四条　招标投标买卖的当事人的权利和义务以及招标投标程序等，依照有关法律、行政法规的规定。

第六百四十五条 拍卖的当事人的权利和义务以及拍卖程序等，依照有关法律、行政法规的规定。

第六百四十六条 法律对其他有偿合同有规定的，依照其规定；没有规定的，参照适用买卖合同的有关规定。

第六百四十七条 当事人约定易货交易，转移标的物的所有权的，参照适用买卖合同的有关规定。

任务三 汽车销售合同认知与应用

客户王强来到红旗体验中心，通过销售顾问李想的介绍，最终订购了一辆2023款2.0T智联旗领四驱版极夜黑红旗HS5，内饰为黑色/石榴红，车辆指导价24.98万元，经过商议，价格优惠2万元，王先生选择在店内办理保险，包括交强险、第三者责任险、车损险、绝对免赔率特约条款、车上人员责任险和车船税，共计5000元，另外还有500元上牌费，王先生采用刷卡、全款方式付款，并交了2000元定金，由于车辆紧缺，双方约定10个工作日内交付车辆。作为销售顾问的李想要引导客户签订商品车订购合同。

5日后，客户王强订购的车辆运抵红旗体验中心，销售顾问李想通知了客户，今天王强根据约定来缴纳其余车款，并签订了商品车销售合同，确认车辆信息和车价，车型代码：CA××××，车架号：LFPH×××××N×××××××，发动机号：48×××。李想要引导客户签订商品车销售合同。

客户王强根据约定时间来提车，销售顾问李想带领王先生进行新车交车确认，销售顾问李想带领王先生首先进行了车况检查，漆面和底盘良好，装备齐全；又进行了随车附送的资料和物品核对，有保养手册、服务网通讯录、首次免费保养凭证、售前检查证明、安全使用说明、主副钥匙、千斤顶、备胎、故障警示器；其次进行了证件及单据点交，包括发票、纳税申报表、合格证、保险单、三包凭证；最后李想讲解了车辆基本使用操作，包括座椅/方向盘调整、后视镜调整、电动窗操作、空调操作、音响系统、灯光/仪表、引擎盖/油箱盖操作、雨刮/喷水操作、各种油液的添加和燃油标号及其他设备；又将热线电话、救援电话、客户服务中心电话留给客户。李想引导客户填写交车单。

素质目标
1. 树立权利和义务意识，珍惜公民的权利，自觉履行公民义务；
2. 树立诚实守信的价值观；
3. 树立法治意识。

知识目标
掌握汽车销售中三个合同的基本内容。

技能目标
能够引导客户准确填写汽车销售合同。

根据任务背景,两人一组,分别扮演销售顾问李想和客户王先生完成商品车订购合同,合同签订时要遵循合同法的基本原则,为了使签订的合同生效,合同要符合合同的生效要件,同时在签订过程中不能涂改,避免合同无效或后续产生纠纷。

商品车订购合同

□订车　□现车　　　　　　　　　　　　　　　　日期：　年　月　日

客户姓名		证件号			
联系电话		联系人			
所购车型		颜色		车身：	内饰：
商品车指导价		优惠幅度			
商品车成交价		其他			
保险项目	□交强险　□车船税　□第三者责任险　□车损险　□车上人员责任险 □车身划痕损失险　□绝对免赔率特约条款				
保险费		上牌费用			
总合计金额					
付款方式	□现金　□刷卡　□转账　□其他				
购买方式	□全款　□贷款　首付：　贷款额：　服务费：				
定金	¥： 大写		预收款	¥： 大写	

1. 交货日期:按双方约定,签署订购确认单之日起,a. 现车客户需要在3个工作日内将余款补齐,并办理相关手续,如客户在规定日期内未将其余款补齐,经销商有权将客户所定车辆销售给其他客户,并且定金不予返还。b. 非现车客户在(　　)工作日内,根据客户订购情况按顺序付车;如果厂家资源紧缺、在生产或运输过程中出现特殊情况,供货日期将会延期,如有延期,定金可以返还,但不做任何补偿。

2. 购车客户确定车型和装备并与经销商签署本确认单后,不可再对车型和装备进行更改。

3. 购车客户所定车辆运抵本公司,通知客户之日起购车客户需在3日内将其余车款补齐,并办理相关手续,如购车客户在规定日内未将其余车款补齐,经销商有权单方面认定购车客户违约,终止此订购约定,定金不予返还。

4. 此订单一式两份,双方各执一份。

5. 特别约定:

客户签字	销售顾问	销售经理	财务	定金条号码

（公司名称）×××商品车销售合同

甲方（买方）：_____		乙方（经销商）：_____
甲方地址：_____		乙方地址：_____
甲方身份证号：_____		乙方邮编：_____
甲方就订购所需车辆（以下简称"合同车辆"）事宜，与乙方达成一致意见：		

一、"合同车辆"信息以及价款

车型	颜色	内饰颜色
车型代码	车架号	发动机号

车价（单位：人民币元）：

二、购车方式

甲方购车将按照以下第（　）项进行

（1）一次性购车

在本合同签订之时间向乙方一次性付清（合同总价款）_____元。

（2）贷款购车

甲方要求以贷款方式购车的，向乙方指定的金融机构申请汽车消费贷款。

三、付款方法

甲方付款将按照以下第（　）项进行。

（1）现金

（2）刷卡

第一张卡：姓名　　　开户行卡号

第二张卡：姓名　　　开户行卡号

第三张卡：姓名　　　开户行卡号

（3）转账

（4）微信

（5）支付宝

（6）其他

四、验收

合同车辆验收应于交货当日在交货地点进行，以双方签字的"新车交车确认单"为准。甲方未提出异议，则视为乙方交付的合同车辆之数量和质量均符合本合同的要求。

五、随车交付的文件

合同车辆的汽车发票、产品合格证、使用维护说明书、三包凭证、随车工具。

六、乙方保证

1. 合同车辆已经过售前的调试、检验和清洁。

续表

2. 合同车辆符合随车交付文件中所列的各项规格和指标。

七、甲方保证

1. 甲方是所购合同车辆的最终用户,甲方不以任何商业目的展示合同车辆或将合同车辆用于有损合同车辆品牌形象的活动及行为。

2. 甲方保证不移去所购合同车辆上的徽章或商标等标志,或用其他方式来掩盖或替代。

八、质量及质量担保

1. 甲方所购合同车辆为合格产品。但是双方明了,合同车辆的重量、功率、油耗、最高时速及其他具体数据只被视为近似值。

2. 合同车辆的质量担保范围及方式见随车所附的《使用维护说明书》。

3. 甲方及其许可使用合同车辆的人员,应按《使用维护说明书》要求规范使用、保养和维修,如有违反,造成和/或引起合同车辆的损坏或故障,则不能获得质量担保服务。

4. 未经乙方书面许可,甲方不得将合同车辆以出租营运目的使用或转售。为此双方约定,甲方若有违反,则由此引起的任何质量后果均由甲方承担,包括免除乙方和/或制造商的质量担保责任及其他质量责任。

5. 根据××品牌"三包"政策,从授权经销商购买××品牌家庭用车的用户,享受到3年或10万公里(以先到者为准)的车辆质量问题免费修理服务,以及2年或5万公里(以先到者为准)的有条件车辆更换或退货保障,××品牌经销商为每次车辆维修时间超过5天的用户(运营车辆除外),提供免费备用车辆或交通补偿。

九、不可抗力

因不可抗力致使本合同一方不能履行合同的,则根据不可抗力的影响部分或全部免除其责任。但是,该方因不可抗力不能履行合同,负有及时通知和十天内提供证明的责任。

十、违约责任

本合同任何一方违约,违约方应赔偿守约方的实际经济损失,除非本合同另有约定。

十一、争议的解决

因本合同产生的一切争议,合同双方应通过友好协商解决,如协商不成,应向乙方所在地人民法院起诉,通过诉讼解决。

十二、其他双方约定

1. 甲方提取合同车辆之时起,对合同车辆将承担全部风险,包括因不当使用合同车辆而造成的损坏和/或损害。

2. 甲方应按照合同车辆入户所在地执行的法律法规政策等规定办理有关购车手续,如因甲方未按照规定办理购车手续或者购车手续不全或购车证件/资料失真或不符合购车政策等甲方的原因而导致合同车辆不能入户等损失,乙方概不负责,由甲方自行承担。

3. 乙方受甲方委托,依本合同为甲方代办车辆入户,代办入户手续的时间按车管部门规定。甲方必须在本合同签订之日起向乙方提供办理购车所需证件,并有义务协助乙方办理有关业务手续,否则造成的合同车辆延期交付乙方概不负责,此外合同车辆在购买及上牌期间,如因公安部车管部门对入户车辆手续办理有新规定或者其他原因导致车辆入户手续办理时间延误,乙方不必承担任何责任,合同车辆入户所需费用,全部由甲方支付。

4. 本合同双方申明,双方是自愿签署本合同的,对本合同项下各条款内容经仔细阅读并表示理解,保证履行。

5. 本合同一式二份,甲方保留一份,乙方保存一份,均具有同等效力。

续表

6. 特别约定：_____

甲方（买方）：_____　　　　乙方（经销商名称盖章）：

甲方电话：_____　　　　　　授权代表签字：_____

　　　　　　　　　　　　　　　　授权代表电话：_____

日期： 年 月 日　　　　　　　　　日期： 年 月 日

新车交车确认单

基本信息					
车主姓名		证件号码		联系电话	
合格证编号		底盘号码		发动机号	
车型代码		联系地址			
车况检查					
漆面良好		底盘良好		装备齐全	
随车附送的资料和物品核对					
保养手册		服务网通讯录		首次免费保养凭证		售前检查证明	
安全使用说明		主、副钥匙		千斤顶		备胎	
故障警示器		天线		点烟器		烟灰缸	
证件及单据点交					
发票		纳税申报表		合格证		身份证/居住证	
保险单		三包凭证					
车辆使用讲解					
座椅/方向盘调整		后视镜调整		电动窗操作		空调、除雾	
音响系统		灯光/仪表		引擎盖/油箱盖操作		雨刮/喷水	
油/玻璃水/防冻液添加及燃油标号				其他设备-安全气囊/GPS 导航/DSG/ESP 行车电脑等	
一汽-红旗热线电话		24 小时救援热线		客户服务中心电话	

续表

交车满意度调查				
序号	指标	权重	评分方式	得分
1	销售人员接待您是否一直保持良好服务态度（如进店接待过程、付款前后）	20%	1~10分	
2	经销商是否告诉您本店有试驾车，可以免费试驾	20%	是/否	
3	对于经销商交车服务的满意度，请问您打几分	20%	1~10分	
4	购买新车的全过程，您的总体满意程度如何	40%	1~10分	
交车日期		销售顾问签字	顾客签字	

任务评价表

指标	参考标准	分值
完整准确（3分）	能够根据任务描述的信息准确填写商品车订购单、购车合同、交车确认单；能够完整填写交车单，不缺项	
标准规范（4分）	能够做到字迹工整，易识别	
严谨认真（3分）	能够认真填写，无涂改	

汽车销售过程中会有三个法律文件，性质都是合同。包括订购单、购车协议、交车单。

新车销售合同

1. 订购单

订购单是双方达成合意后签订的，属于认购合同。《民法典》第四百九十五条当事人约定在将来一定期限内订立合同的认购书、订购书、预订书等，构成预约合同。当事人一方不履行预约合同约定的订立合同义务的，对方可以请求其承担预约合同的违约责任。

新车订购单的主要内容包括：双方当事人，订购的车型、颜色、数量、价格、交车时间、定金或预付款条款及其他内容。

应该注意的问题：交车时间，定金或预付款条款，违约责任。预付款和定金的区别如

表 3-2 所示。

表 3-2 预付款和定金区别

	预付款	定金
共同点	均是合同履行前一方当事人预先付给对方的款项，都是有预先给付性质，在合同履行后都可以抵充价款	
不同点	定金属于债的担保，具有担保功能，在一方不履行合同时，适用定金罚则，具有制裁和补偿的双重作用。预付款是支付手段，无担保作用	

2. 购车协议

购车协议就是购车合同，是购车人与经销商签订的正式购销合同。

购车协议的主要内容包括：双方当事人基本情况（名称/姓名、住所），标准的汽车基本情况（品牌、型号、厂家、合格证号、发动机号、车架号、数量、价格、内饰、质量、定金、付款方式、交车时间、交付及验收方式、售后服务、违约责任、解决争议的方式）。

购车协议性质：购车协议属于合同，双方均应严格遵守，如有违反，应按照约定或法律规定承担相应的违约责任。

3. 交车单

交车单就是车辆交接合同。

交车单的主要内容：交车时间、交接双方、车辆各项检验情况、与车辆有关的资料和单证的交接，交接后风险转移给买方。

交接单是买卖双方履行买卖合同的一个重要环节，起到证明作用，在发生争议的时候，作为证据使用。首先证明经销商履行了交付汽车的合同义务，更重要的是证明轿车状况。

任务四 汽车直播销售法律认知

自 2020 年以来，用户已经习惯通过直播获取信息或消费，零距离的互动形式促进了消费者的购买频率，众多汽车经销商也纷纷抓住契机，开展直播售车。直播销售可以向客户传递品牌车型核心卖点，维系服务潜在客户，但直播销售也是存在法律问题的，所以在了解直播规则的同时也需要遵守法律法规的要求。在直播销售汽车的过程中需要满足哪些法律法规的要求呢？

素质目标

1. 认同并遵守《网络直播营销管理办法》；
2. 树立权利和义务意识，珍惜公民的权利，自觉履行公民义务；
3. 树立诚实守信的价值观；

4. 树立法治意识。

知识目标

了解网络直播营销管理办法的各项条款。

技能目标

能够遵守网络直播营销管理办法。

根据任务背景,通过互联网和教材资料查找直播销售相关法律法规,再总结网络直播营销管理办法相关规定。

学习领域	汽车直播销售法律分析	
学习情境	不了解汽车直播销售法律法规	学习时间
工作任务	能够理解网络直播营销管理办法相关规定,并了解直播销售过程中需要满足哪些标准和法律法规的要求	学习地点
课前预习	了解汽车直播销售法律法规	
知识准备 (1) 我国抖音直播带货的相关法律法规主要包括哪些? (2) 网络直播营销管理办法中所称直播营销平台包括哪几类? (3) 直播间运营者、直播营销人员从事网络直播营销活动,应当遵守法律法规和国家有关规定,不得有哪些行为? 完成任务 结合网络直播营销管理办法,查找资料,简述需要满足哪些法律法规的要求。		

	续表
学习笔记	2022年7月，抖音直播发布了关于严厉惩治汽车行业"擦边"营销问题的治理公告，短短几个月共处罚违规账号5956个。为了切实维护绿色健康、风清气正的直播社区环境，抖音直播一直坚持从严整治低俗内容。请从"法治"视角谈谈，汽车直播销售法律法规的作用及意义。
成绩	

任务评价表

指标	评价内容	分值
任务完成度（5分）	能够充分利用教材和网络资源准确完成任务单的知识准备和任务，了解网络直播营销管理办法的各项条款；能够遵守网络直播营销管理办法	
素质养成度（5分）	在知识学习和任务完成过程中，理解并遵守《网络直播营销管理办法》的相关规定，能够形成对法律认可、崇尚、遵守和服从的法治意识	

汽车直播销售

一、汽车直播销售

数字化转型浪潮加持下，直播在汽车营销中的运营已经逐渐走上正轨。开播与互动量的迅速增长，宣示着直播正在成为汽车消费的常态互动方式。汽车直播迅速发展的根本原因在于，观看汽车直播的用户买车目的性强、意向明确，他们乐于在线上与商家互动，这让越来越多的汽车交易上下游参与者意识到直播的重要性。直播已成为品牌推广和营销转化的主流阵地。在传统的桌面互联网时代，消费者习惯通过图文、网页搜索的方式了解汽车产品，形式过于单一，内容乏味且缺少集中度。即使在进入视频时代后，大多数汽车内容仍然局限于"单向输出"。

直播时代的到来，很大程度上解决了信息不匹配、缺少互动的问题，拉近了汽车厂商、经销商与消费者间的距离。

直播带货其实也是存在法律问题的，所以在了解直播规则的同时也需要遵守法律法规的要求，对于保障消费者权益、维护公平的市场环境，以及避免在抖音直播时商家自身存在的法律风险也是值得大家注意的。

在我国抖音直播带货的相关法律法规主要包括《广告法》《消费者权益保护法》《电子商务法》《网络安全法》以及《互联网信息服务管理办法》等。这些法律法规从不同角度对直播带货行为进行了规范。

首先，我们要看到，《广告法》对直播带货的真实性提出了明确的要求。根据《广告法》的规定，广告不得含有虚假或者引人误解的内容，不得欺骗和误导消费者。这就要求直播带货的主播在推介商品或服务时，必须如实描述，不能夸大其词，也不能隐瞒商品或服务的真实情况。

其次，根据《消费者权益保护法》的规定，商家应当尊重和保护消费者的合法权益，公平交易，不得通过欺诈或者误导的方式向消费者销售商品或者提供服务。这就对直播带货的公平性提出了要求。直播带货的主播在进行销售活动时，必须公平对待每一个消费者，不能因为自身的利益损害消费者的权益。

再次，根据《电子商务法》的规定，电子商务经营者应当保证其提供的商品或者服务符合保障人民生命健康和人身、财产安全的要求，不得销售禁止销售或者限制销售的商品或者提供服务。这就对直播带货的合法性提出了要求。直播带货的主播在选择商品或服务时，必须严格遵守国家的法律法规，不能销售违法商品或服务。

最后，根据《网络安全法》和《互联网信息服务管理办法》的规定，网络信息服务提供者应当遵守法律、行政法规，尊重社会公德，尊重用户的权益，提供真实、准确、完整的信息服务。这就对直播带货的诚信性提出了要求。直播带货的主播在进行直播活动时，应诚实守信，提供真实、准确的信息，不能为了利益而忽视用户的权益，损害用户的利益。

面对抖音直播带货的法律法规要求，我们应对法律风险进行有效应对。首先，要加强法律意识，认识到遵守法律法规不仅是义务，也是保护自身权益的重要手段。其次，建立健全内部审查制度，预防法律风险。例如，建立商品审查制度，确保销售的商品符合国家质量和安全标准。再次，建立快速反应机制，一旦发生法律问题，能够及时处理，减少损失。最后，加强法律培训，提高全员的法律素养，使每个人都能够在工作中自觉遵守法律法规。

总的来说，重视抖音直播带货的法律法规要求，防止违法行为，是每一个直播主播必须要做的。只有通过合法、合规的方式进行直播带货，才能真正保护消费者的权益，维护公平的市场环境，提高自身的市场竞争力。而这也是抖音平台以及所有电商平台应当积极履行的社会责任，共同推动直播带货行业的健康发展。

二、网络直播营销管理办法（试行）

国家网信办、公安部、商务部、文化和旅游部、国家税务总局、国家市场监督管理总局、国家广播电视总局等七部门联合发布《网络直播营销管理办法（试行）》，将网络直播营销"台前幕后"各类主体、"线上线下"各项要素纳入监管范围。

国家网信办有关负责人表示，网络直播营销，即"直播带货"，作为一种新兴商业模式和互联网业态，近年来发展势头迅猛，在促进就业、扩大内需、提振经济、脱贫攻坚等方面发挥了积极作用，但同时出现了直播营销人员言行失范、利用未成年人直播牟利、平台主体责任履行不到位、虚假宣传和数据造假、假冒伪劣商品频现、消费者维权取证困难等问题，人民群众对此反映强烈，有必要及时出台相应的制度规范。

办法明确，直播营销平台应当建立健全账号及直播营销功能注册注销、信息安全管理、营销行为规范、未成年人保护、消费者权益保护、个人信息保护、网络和数据安全管理等机制、措施。

为保护未成年人合法权益，办法要求直播营销人员或者直播间运营者为自然人的，应当年满十六周岁；十六周岁以上的未成年人申请成为直播营销人员或者直播间运营者的，应当经监护人同意。

针对社会广泛关切的消费者权益保护问题，办法指出，直播营销平台应当及时处理公众对于违法违规信息内容、营销行为投诉举报。消费者通过直播间内链接、二维码等方式跳转到其他平台购买商品或者接受服务，发生争议时，相关直播营销平台应当积极协助消费者维护合法权益，提供必要的证据等支持。直播间运营者、直播营销人员应当依法依规履行消费者权益保护责任和义务，不得故意拖延或者无正当理由拒绝消费者提出的合法合理要求。

《网络直播营销管理办法（试行）》原文

第一章　总　则

第一条　为加强网络直播营销管理，维护国家安全和公共利益，保护公民、法人和其他组织的合法权益，促进网络直播营销健康有序发展，根据《中华人民共和国网络安全法》《中华人民共和国电子商务法》《中华人民共和国广告法》《中华人民共和国反不正当竞争法》《网络信息内容生态治理规定》等法律、行政法规和国家有关规定，制定本办法。

第二条　在中华人民共和国境内，通过互联网站、应用程序、小程序等，以视频直播、音频直播、图文直播或多种直播相结合等形式开展营销的商业活动，适用本办法。

本办法所称直播营销平台，是指在网络直播营销中提供直播服务的各类平台，包括互联网直播服务平台、互联网音视频服务平台、电子商务平台等。

本办法所称直播间运营者，是指在直播营销平台上注册账号或者通过自建网站等其他网络服务，开设直播间从事网络直播营销活动的个人、法人和其他组织。

本办法所称直播营销人员，是指在网络直播营销中直接向社会公众开展营销的个人。

本办法所称直播营销人员服务机构，是指为直播营销人员从事网络直播营销活动提供策划、运营、经纪、培训等的专门机构。

从事网络直播营销活动，属于《中华人民共和国电子商务法》规定的"电子商务平台经营者"或"平台内经营者"定义的市场主体，应当依法履行相应的责任和义务。

第三条　从事网络直播营销活动，应当遵守法律法规，遵循公序良俗，遵守商业道德，坚持正确导向，弘扬社会主义核心价值观，营造良好网络生态。

第四条　国家网信部门和国务院公安、商务、文化和旅游、税务、市场监督管理、广播电视等有关主管部门建立健全线索移交、信息共享、会商研判、教育培训等工作机制，依据各自职责做好网络直播营销相关监督管理工作。

县级以上地方人民政府有关主管部门依据各自职责做好本行政区域内网络直播营销相关监督管理工作。

第二章　直播营销平台

第五条　直播营销平台应当依法依规履行备案手续，并按照有关规定开展安全评估。

从事网络直播营销活动，依法需要取得相关行政许可的，应当依法取得行政许可。

第六条　直播营销平台应当建立健全账号及直播营销功能注册注销、信息安全管理、营销行为规范、未成年人保护、消费者权益保护、个人信息保护、网络和数据安全管理等机制、措施。

直播营销平台应当配备与服务规模相适应的直播内容管理专业人员，具备维护互联网直播内容安全的技术能力，技术方案应符合国家相关标准。

第七条　直播营销平台应当依据相关法律法规和国家有关规定，制定并公开网络直播营销管理规则、平台公约。

直播营销平台应当与直播营销人员服务机构、直播间运营者签订协议，要求其规范直播营销人员招募、培训、管理流程，履行对直播营销内容、商品和服务的真实性、合法性审核义务。

直播营销平台应当制定直播营销商品和服务负面目录，列明法律法规规定的禁止生产销售、禁止网络交易、禁止商业推销宣传以及不适宜以直播形式营销的商品和服务类别。

第八条　直播营销平台应当对直播间运营者、直播营销人员进行基于身份证件信息、统一社会信用代码等真实身份信息认证，并依法依规向税务机关报送身份信息和其他涉税信息。直播营销平台应当采取必要措施保障处理的个人信息安全。

直播营销平台应当建立直播营销人员真实身份动态核验机制，在直播前核验所有直播营销人员身份信息，对与真实身份信息不符或按照国家有关规定不得从事网络直播发布的，不得为其提供直播发布服务。

第九条　直播营销平台应当加强网络直播营销信息内容管理，开展信息发布审核和实时巡查，发现违法和不良信息，应当立即采取处置措施，保存有关记录，并向有关主管部门报告。

直播营销平台应当加强直播间内链接、二维码等跳转服务的信息安全管理，防范信息安全风险。

第十条　直播营销平台应当建立健全风险识别模型，对涉嫌违法违规的高风险营销行为采取弹窗提示、违规警示、限制流量、暂停直播等措施。直播营销平台应当以显著方式警示用户平台外私下交易等行为的风险。

第十一条　直播营销平台提供付费导流等服务，对网络直播营销进行宣传、推广，构成商业广告的，应当履行广告发布者或者广告经营者的责任和义务。

直播营销平台不得为直播间运营者、直播营销人员虚假或者引人误解的商业宣传提供帮助、便利条件。

第十二条　直播营销平台应当建立健全未成年人保护机制，注重保护未成年人身心健康。网络直播营销中包含可能影响未成年人身心健康内容的，直播营销平台应当在信息展示前以显著方式作出提示。

第十三条　直播营销平台应当加强新技术、新应用、新功能上线和使用管理，对利用人工智能、数字视觉、虚拟现实、语音合成等技术展示的虚拟形象从事网络直播营销的，应当按照有关规定进行安全评估，并以显著方式予以标识。

第十四条　直播营销平台应当根据直播间运营者账号合规情况、关注和访问量、交易量和金额及其他指标维度，建立分级管理制度，根据级别确定服务范围及功能，对重点直播间运营者采取安排专人实时巡查、延长直播内容保存时间等措施。

直播营销平台应当对违反法律法规和服务协议的直播间运营者账号，视情采取警示提醒、限制功能、暂停发布、注销账号、禁止重新注册等处置措施，保存记录并向有关主管部门报告。

直播营销平台应当建立黑名单制度，将严重违法违规的直播营销人员及因违法失德造成恶劣社会影响的人员列入黑名单，并向有关主管部门报告。

第十五条　直播营销平台应当建立健全投诉、举报机制，明确处理流程和反馈期限，及时处理公众对于违法违规信息内容、营销行为投诉举报。

消费者通过直播间内链接、二维码等方式跳转到其他平台购买商品或者接受服务，发生争议时，相关直播营销平台应当积极协助消费者维护合法权益，提供必要的证据等支持。

第十六条　直播营销平台应当提示直播间运营者依法办理市场主体登记或税务登记，如实申报收入，依法履行纳税义务，并依法享受税收优惠。直播营销平台及直播营销人员服务机构应当依法履行代扣代缴义务。

第三章　直播间运营者和直播营销人员

第十七条　直播营销人员或者直播间运营者为自然人的，应当年满十六周岁；十六周岁以上的未成年人申请成为直播营销人员或者直播间运营者的，应当经监护人同意。

第十八条　直播间运营者、直播营销人员从事网络直播营销活动，应当遵守法律法规和国家有关规定，遵循社会公序良俗，真实、准确、全面地发布商品或服务信息，不得有下列行为：

（一）违反《网络信息内容生态治理规定》第六条、第七条规定的；

（二）发布虚假或者引人误解的信息，欺骗、误导用户；

（三）营销假冒伪劣、侵犯知识产权或不符合保障人身、财产安全要求的商品；

（四）虚构或者篡改交易、关注度、浏览量、点赞量等数据流量造假；

（五）知道或应当知道他人存在违法违规或高风险行为，仍为其推广、引流；

（六）骚扰、诋毁、谩骂及恐吓他人，侵害他人合法权益；

（七）传销、诈骗、赌博、贩卖违禁品及管制物品等；

（八）其他违反国家法律法规和有关规定的行为。

第十九条　直播间运营者、直播营销人员发布的直播内容构成商业广告的，应当履行广告发布者、广告经营者或者广告代言人的责任和义务。

第二十条　直播营销人员不得在涉及国家安全、公共安全、影响他人及社会正常生产生活秩序的场所从事网络直播营销活动。

直播间运营者、直播营销人员应当加强直播间管理，在下列重点环节的设置应当符合法律法规和国家有关规定，不得含有违法和不良信息，不得以暗示等方式误导用户：

（一）直播间运营者账号名称、头像、简介；

（二）直播间标题、封面；

（三）直播间布景、道具、商品展示；

（四）直播营销人员着装、形象；

（五）其他易引起用户关注的重点环节。

第二十一条　直播间运营者、直播营销人员应当依据平台服务协议做好语音和视频连线、评论、弹幕等互动内容的实时管理，不得以删除、屏蔽相关不利评价等方式欺骗、误导用户。

第二十二条　直播间运营者应当对商品和服务供应商的身份、地址、联系方式、行政许可、信用情况等信息进行核验，并留存相关记录备查。

第二十三条 直播间运营者、直播营销人员应当依法依规履行消费者权益保护责任和义务，不得故意拖延或者无正当理由拒绝消费者提出的合法合理要求。

第二十四条 直播间运营者、直播营销人员与直播营销人员服务机构合作开展商业合作的，应当与直播营销人员服务机构签订书面协议，明确信息安全管理、商品质量审核、消费者权益保护等义务并督促履行。

第二十五条 直播间运营者、直播营销人员使用其他人肖像作为虚拟形象从事网络直播营销活动的，应当征得肖像权人同意，不得利用信息技术手段伪造等方式侵害他人的肖像权。对自然人声音的保护，参照适用前述规定。

第四章 监督管理和法律责任

第二十六条 有关部门根据需要对直播营销平台履行主体责任情况开展监督检查，对存在问题的平台开展专项检查。

直播营销平台对有关部门依法实施的监督检查，应当予以配合，不得拒绝、阻挠。直播营销平台应当为有关部门依法调查、侦查活动提供技术支持和协助。

第二十七条 有关部门加强对行业协会商会的指导，鼓励建立完善行业标准，开展法律法规宣传，推动行业自律。

第二十八条 违反本办法，给他人造成损害的，依法承担民事责任；构成犯罪的，依法追究刑事责任；尚不构成犯罪的，由网信等有关主管部门依据各自职责依照有关法律法规予以处理。

第二十九条 有关部门对严重违反法律法规的直播营销市场主体名单实施信息共享，依法开展联合惩戒。

第五章 附　则

第三十条 本办法自 2021 年 5 月 25 日起施行。

三、汽车直播销售注意事项

1. 直播中注意规避内容

①低质画面：挂机、镜头模糊、人脸特写、镜头歪斜、杂音严重；

②平台多开：同一个直播内容多个账号发布；同一个账号在其他直播平台多开；

③低质内容：直播内容低俗，引人不适，并且宣传非正向价值观内容；

④营销视频：大量罗列商品信息，直播内容中含有明显的品牌定格画面、品牌词字幕、二维码、电话。不能长时间拍车标、广告海报等，如果被判定"广告宣传"则会被关播（特别注意：不要有广告宣传嫌疑，这是目前碰到最多的）。

2. 直播禁忌

①违法涉政：包括但不限于直播反党反政府或带有侮辱诋毁党和国家的行为、直播违反国家法律法规的内容等；

②衣着不当：包括但不限于穿着暴露的上装、大面积裸露文身等；

③低俗内容：包括但不限于一切大尺度、带有性暗示直播内容，其他低俗，违反公序良俗的行为等；

④辱骂挑衅：包括但不限于各种破坏社会氛围的言行等；

⑤违规广告：包括但不限于出售假冒伪劣和违禁商品、使用一切违反广告法的夸张和绝对化用语推销、以任何形式引导用户私下交易等；

⑥封建迷信：包括但不限于宣传封建迷信思想、直播迷信活动等；

⑦侵权行为：包括但不限于直播没有转播权的现场活动、录屏直播没有版权的试听内容等；

⑧对未成年人有害的行为：包括但不限于未成年人进行单独直播、未成年人进行消费或充值等；

⑨其他不适合直播的行为：直播车祸、矿难等事故场景，精神疾病患者等无完全民事行为能力的人单独直播等；

⑩严禁在主驾或在其他位置未系安全带直播；

⑪抖音直播严禁一个号对应多主播；

⑫直播过程中，严禁使用汽车之家/易车的页面展示车型。

项目三测试

项目四
汽车消费信贷和保险法律法规认知

汽车金融服务是汽车产业价值链上最有价值和最富活力的一环，对刺激汽车消费、加速行业转型和产业价值链重塑具有重要的推动作用。涵盖售后服务、汽车保险、汽车租赁等金融服务。在汽车消费不断深化、消费端金融接受度和金融认知度不断攀升的共同作用下，2024年我国新车金融渗透率约为50.5%。随着普惠金融的力度增加，更广大的消费者将享受到金融服务带来的购车与用车体验的提升。中国汽车金融市场规模预计在2025—2029年间将持续上升，2029年市场规模将突破6.8万亿元。

感动中国——钱七虎：了却家国天下事，一头白发终不悔

任务一 汽车消费信贷法律法规认知与应用

客户王强来到红旗体验中心，通过销售顾问李想的介绍，最终订购了一辆2023款2.0T智联旗领四驱版极夜黑红旗HS5，经过协商最终以20万元成交，王先生选择在店内办理保险，包括交强险、第三者、车损险、绝对免赔率特约条款、车上人员责任险和车船税，共计5000元，另外还有500元上牌费，王先生计划贷款买车，但还没想好选择什么样的贷款方式。体验中心提供2年的金融公司无息贷款、3年期年利率4%和5年期年利率6%，贷款手续费3800元，李想可以为客户提供哪些贷款方案呢？

素质目标
1. 认同国家《汽车贷款管理办法》；
2. 树立服务意识。

知识目标
1. 了解汽车贷款管理办法；
2. 掌握银行贷款和汽车金融公司贷款的具体流程。

技能目标
1. 掌握汽车消费信贷的具体要求；
2. 能够根据客户需求准确地为客户做出贷款购车方案；
3. 能够理解汽车贷款管理办法。

不同的贷款方案，客户的首付和月供不一样，根据任务背景，为客户提供贷款方案。

学习领域	汽车贷款管理		
学习情境	不了解汽车贷款相关知识	学习时间	
工作任务	能够理解汽车贷款的相关概念，并能为客户提供不同的贷款方案	学习地点	
课前预习	了解汽车贷款管理办法		
知识准备	（1）什么是汽车借款人、汽车贷款人？ （2）汽车贷款年限是怎样规定的？ （3）汽车贷款比例是怎样规定的？		
完成任务	按最高贷款发放比例分别为客户提供2年、3年和5年的贷款方案（包括首付和月供）。		
学习笔记	请从"全心全意为客户服务"的视角谈一谈，如何为客户推荐最优贷款方案？		
成绩			

任务评价表

指标	评价内容	分值
任务完成度（5分）	能够充分利用教材和网络资源准确完成任务单的知识准备和任务，了解汽车贷款管理办法，掌握银行贷款和汽车金融公司贷款的具体流程；能够掌握汽车消费信贷的具体要求，根据客户需求准确地为客户做出贷款购车方案；能够理解汽车贷款管理办法	
素质养成度（5分）	在知识学习和任务完成过程中，能够认同并遵守《汽车贷款管理办法》，树立服务意识	

中国的汽车消费信贷是中国汽车产业发展到一定阶段所诞生的一种消费形式，汽车消费信贷促进了中国汽车产业的市场流通，由于目前私人购车成为汽车消费的一种主体形式，因此汽车信贷应该对广大消费者更好地负责。在汽车消费信贷发展过程中，不同阶段对信贷主体的要求不同、监管力度和保障体系也发生了变更。随着汽车消费信贷业务量的增加，不同模式的汽车消费信贷不断产生和发展，这就进一步要求从事汽车销售工作的人员要清晰掌握汽车消费信贷的具体要求，以便及时准确地为客户做出贷款购车方案，确保在汽车消费信贷过程中各方利益均得到最大保障。

一、《汽车贷款管理办法》（2017年修订）原文

第一章 总 则

第一条 为规范汽车贷款业务管理，防范汽车贷款风险，促进汽车贷款业务健康发展，根据《中华人民共和国中国人民银行法》《中华人民共和国银行业监督管理法》《中华人民共和国商业银行法》等法律规定，制定本办法。

第二条 本办法所称汽车贷款是指贷款人向借款人发放的用于购买汽车（含二手车）的贷款，包括个人汽车贷款、经销商汽车贷款和机构汽车贷款。

汽车贷款管理办法

第三条 本办法所称贷款人是指在中华人民共和国境内依法设立的、经中国银行业监督管理委员会及其派出机构批准经营人民币贷款业务的商业银行、农村合作银行、农村信用社及获准经营汽车贷款业务的非银行金融机构。

第四条 本办法所称自用车是指借款人通过汽车贷款购买的、不以营利为目的的汽车；商用车是指借款人通过汽车贷款购买的、以营利为目的的汽车；二手车是指从办理完注册登记手续到达到国家强制报废标准之前进行所有权变更并依法办理过户手续的汽车；新能源汽

车是指采用新型动力系统，完全或者主要依靠新型能源驱动的汽车，包括插电式混合动力（含增程式）汽车、纯电动汽车和燃料电池汽车等。

第五条 汽车贷款利率按照中国人民银行公布的贷款利率规定执行，计、结息办法由借款人和贷款人协商确定。

第六条 汽车贷款的贷款期限（含展期）不得超过5年，其中，二手车贷款的贷款期限（含展期）不得超过3年，经销商汽车贷款的贷款期限不得超过1年。

第七条 借贷双方应当遵循平等、自愿、诚实、守信的原则。

第二章　个人汽车贷款

第八条 本办法所称个人汽车贷款，是指贷款人向个人借款人发放的用于购买汽车的贷款。

第九条 借款人申请个人汽车贷款，应当同时符合以下条件：

（一）是中华人民共和国公民，或在中华人民共和国境内连续居住一年（含一年）以上的港、澳、台居民及外国人；

（二）具有有效身份证明、固定和详细住址且具有完全民事行为能力；

（三）具有稳定的合法收入或足够偿还贷款本息的个人合法资产；

（四）个人信用良好；

（五）能够支付规定的首期付款；

（六）贷款人要求的其他条件。

第十条 贷款人发放个人汽车贷款，应综合考虑以下因素，确定贷款金额、期限、利率和还本付息方式等贷款条件：

（一）贷款人对借款人的信用评级情况；

（二）贷款担保情况；

（三）所购汽车的性能及用途；

（四）汽车行业发展和汽车市场供求情况。

第十一条 贷款人应当建立借款人信贷档案。借款人信贷档案应载明以下内容：

（一）借款人姓名、住址、有效身份证明及有效联系方式；

（二）借款人的收入水平及信用状况证明；

（三）所购汽车的购车协议、汽车型号、发动机号、车架号、价格与购车用途；

（四）贷款的金额、期限、利率、还款方式和担保情况；

（五）贷款催收记录；

（六）防范贷款风险所需的其他资料。

第十二条 贷款人发放个人商用车贷款，除本办法第十一条规定的内容外，应在借款人信贷档案中增加商用车运营资格证年检情况、商用车折旧、保险情况等内容。

第三章　经销商汽车贷款

第十三条 本办法所称经销商汽车贷款，是指贷款人向汽车经销商发放的用于采购车辆、零配件的贷款。

第十四条 借款人申请经销商汽车贷款，应当同时符合以下条件：

（一）具有工商行政主管部门核发的企业法人营业执照；

（二）具有汽车生产商出具的代理销售汽车证明；

（三）资产负债率不超过80%；

（四）具有稳定的合法收入或足够偿还贷款本息的合法资产；

（五）经销商、经销商高级管理人员及经销商代为受理贷款申请的客户无重大违约行为或信用不良记录；

（六）贷款人要求的其他条件。

第十五条　贷款人应为每个经销商借款人建立独立的信贷档案，并及时更新。经销商信贷档案应载明以下内容：

（一）经销商的名称、法定代表人及营业地址；

（二）各类营业证照复印件；

（三）经销商购买保险、商业信用及财务状况；

（四）所购汽车及零部件的型号、价格及用途；

（五）贷款担保状况；

（六）防范贷款风险所需的其他资料。

第十六条　贷款人对经销商采购车辆、零配件贷款的贷款金额应以经销商一段期间的平均存货为依据，具体期间应视经销商存货周转情况而定。

第十七条　贷款人应通过定期清点经销商采购车辆、零配件存货，以及分析经销商财务报表等方式，定期对经销商进行信用审查，并视审查结果调整经销商信用级别和清点存货的频率。

第四章　机构汽车贷款

第十八条　本办法所称机构汽车贷款，是指贷款人对除经销商以外的法人、其他经济组织（以下简称机构借款人）发放的用于购买汽车的贷款。

第十九条　借款人申请机构汽车贷款，必须同时符合以下条件：

（一）具有企业或事业单位登记管理机关核发的企业法人营业执照或事业单位法人证书及法人分支机构营业执照、个体工商户营业执照等证明借款人主体资格的法定文件；

（二）具有合法、稳定的收入或足够偿还贷款本息的合法资产；

（三）能够支付规定的首期付款；

（四）无重大违约行为或信用不良记录；

（五）贷款人要求的其他条件。

第二十条　贷款人应参照本办法第十五条的规定为每个机构借款人建立独立的信贷档案，加强信贷风险跟踪监测。

第二十一条　贷款人对从事汽车租赁业务的机构发放机构商用车贷款，应监测借款人对残值的估算方式，防范残值估计过高给贷款人带来的风险。

第五章　风险管理

第二十二条　汽车贷款发放实施贷款最高发放比例要求制度，贷款人发放的汽车贷款金额占借款人所购汽车价格的比例，不得超过贷款最高发放比例要求；贷款最高发放比例要求由中国人民银行、中国银行业监督管理委员会根据宏观经济、行业发展等实际情况另行规定。

前款所称汽车价格，对新车是指汽车实际成交价格（扣除政府补贴，且不含各类附加税、费及保费等）与汽车生产商公布的价格的较低者，对二手车是指汽车实际成交价格（扣除政府补贴，且不含各类附加税、费及保费等）与贷款人评估价格的较低者。

第二十三条　贷款人应建立借款人信用评级系统，审慎使用外部信用评级，通过内外评级结合，确定借款人的信用级别。对个人借款人，应根据其职业、收入状况、还款能力、信用记录等因素确定信用级别；对经销商及机构借款人，应根据其信贷档案所反映的情况、高级管理人员的信用情况、财务状况、信用记录等因素确定信用级别。

第二十四条　贷款人发放汽车贷款，应要求借款人提供所购汽车抵押或其他有效担保。经贷款人审查、评估，确认借款人信用良好，确能偿还贷款的，可以不提供担保。

第二十五条　贷款人应直接或委托指定经销商受理汽车贷款申请，完善审贷分离制度，加强贷前审查和贷后跟踪催收工作。

第二十六条　贷款人应建立二手车市场信息数据库和二手车残值估算体系。

第二十七条　贷款人应根据贷款金额、贷款地区分布、借款人财务状况、汽车品牌、抵押担保等因素建立汽车贷款分类监控系统，对不同类别的汽车贷款风险进行定期检查、评估。根据检查评估结果，及时调整各类汽车贷款的风险级别。

第二十八条　贷款人应建立汽车贷款预警监测分析系统，制定预警标准；超过预警标准后应采取重新评价贷款审批制度等措施。

第二十九条　贷款人应建立不良贷款分类处理制度和审慎的贷款损失准备制度，计提相应的风险准备。

第三十条　贷款人发放抵押贷款，应审慎评估抵押物价值，充分考虑抵押物减值风险，设定抵押率上限。

第三十一条　贷款人应将汽车贷款的有关信息及时录入金融信用信息基础数据库。

第六章　附　则

第三十二条　贷款人在从事汽车贷款业务时有违反本办法规定之行为的，中国银行业监督管理委员会及其派出机构有权依据《中华人民共和国银行业监督管理法》等法律规定对该贷款人及其相关人员进行处罚。中国人民银行及其分支机构可以建议中国银行业监督管理委员会及其派出机构对从事汽车贷款业务的贷款人违规行为进行监督检查。

第三十三条　贷款人对借款人发放的用于购买推土机、挖掘机、搅拌机、泵机等工程车辆的贷款，比照本办法执行。

第三十四条　本办法由中国人民银行和中国银行业监督管理委员会共同负责解释。

第三十五条　本办法自2018年1月1日起施行。原《汽车贷款管理办法》（中国人民银行中国银行业监督管理委员会令〔2004〕第2号发布）同时废止。

二、《关于调整汽车贷款有关政策的通知》

为贯彻落实党中央、国务院决策部署，推动汽车以旧换新，中国人民银行、国家金融监督管理总局联合印发《关于调整汽车贷款有关政策的通知》（以下简称《通知》），明确金融机构在依法合规、风险可控前提下，根据借款人信用状况、还款能力等自主确定自用传统动力汽车、自用新能源汽车贷款最高发放比例。鼓励金融机构结合汽车以旧换新等细分场景,加强金融产品和服务创新,适当减免汽车以旧换新过程中提前结清贷款产生的违约金。

下一步,中国人民银行、国家金融监督管理总局将指导金融机构落实《通知》要求,加大金融支持力度,更好支持合理的汽车消费需求。

中国人民银行 国家金融监督管理总局关于调整汽车贷款有关政策的通知原文如下:

中国人民银行上海总部,各省、自治区、直辖市及计划单列市分行;国家金融监督管理总局各监管局;各国有商业银行,中国邮政储蓄银行,各股份制商业银行:

为贯彻落实党中央、国务院决策部署,加大汽车消费金融支持力度,推动汽车以旧换新,稳定和扩大汽车消费,现就汽车贷款政策有关事项通知如下:

一、自用传统动力汽车、自用新能源汽车贷款最高发放比例由金融机构自主确定;商用传统动力汽车贷款最高发放比例为70%,商用新能源汽车贷款最高发放比例为75%;二手车贷款最高发放比例为70%。

其中,对于实施新能源汽车贷款政策的车型范围,各金融机构可以在《汽车贷款管理办法》(中国人民银行中国银行业监督管理委员会令〔2017〕第2号发布)规定基础上,根据自愿、审慎和风险可控原则,参考工业和信息化部发布的《新能源汽车推广应用推荐车型目录》执行。

二、鼓励金融机构结合新车、二手车、汽车以旧换新等细分场景,加强金融产品和服务创新,适当减免汽车以旧换新过程中提前结清贷款产生的违约金,更好支持合理汽车消费需求。

三、各金融机构在依法合规、风险可控前提下,结合本机构汽车贷款投放政策、风险防控等因素,根据借款人信用状况、还款能力等,合理确定汽车贷款具体发放比例、期限和利率;切实加强汽车贷款全流程管理,强化贷前审查和贷后管理,持续完善借款人信用风险评价体系和抵质押品价值评估体系,保障贷款资产安全,严防贷款资金挪作他用。

四、中国人民银行各分支机构、金融监管总局各派出机构应强化对汽车贷款资产质量、机构稳健性的监测、分析和评估,促进金融机构汽车贷款业务稳健运行。各金融机构在具体业务中遇到重大情况和问题应及时向中国人民银行及其分支机构、金融监管总局及其派出机构反映。

本通知所称金融机构是指在中华人民共和国境内依法设立的、经金融监管总局批准经营人民币贷款业务的商业银行、农村合作银行、农村信用社及获准经营汽车贷款业务的非银行金融机构。

五、本通知自印发之日起施行。《中国人民银行 中国银行业监督管理委员会关于调整汽车贷款有关政策的通知》(银发〔2017〕234号)同时废止。

中国人民银行
国家金融监督管理总局
2024年3月28日

三、汽车贷款

买车可以选择三种方式(全款购车、银行贷款购车和汽车金融公司贷款购车)。汽车金融公司是由汽车制造商出资成立的、为买车人提供金融服务的非银行金融机构。在中国,它的成立与变更必须得到国家金融监督管理总局的批准,服务内容与范围也要由国家金融监督管理总局进行监督。

汽车金融公司最重要的功能就是向消费者提供汽车贷款服务，此外，还能为汽车经销商提供采购车辆和营运设备贷款、为贷款购车提供担保等一些经国家金融监督管理总局批准的其他信贷业务。

1. 贷款额度

根据《中国人民银行 银监会关于加大对新消费领域金融支持的指导意见》（银发〔2016〕92号），汽车的贷款额度如表4-1所示：

表4-1 汽车的贷款额度

车型	自用传统动力汽车	商用传统动力汽车	自用新能源汽车	商用新能源汽车	二手车
最高发放比例	汽车价格80%	汽车价格70%	汽车价格85%	汽车价格75%	70%

2. 贷款期限

汽车消费贷款期限一般为1~3年，最长不超过5年。

表4-2 汽车的贷款期限

贷款类型	新车	二手车	经销商
贷款期限	不得超过5年	不得超过3年	不得超过1年

3. 贷款利率

依据我国相关法律的规定，汽车贷款利率按照中国人民银行公布的贷款利率规定执行，计、结息办法由借款人和贷款人协商确定。

还贷方式：可选择一次性还本付息法和分期归还法（等额本息、等额本金、先息后本）。

（1）等额本息

月供 = [贷款本金 × 月利率 × (1+月利率)^分期数] ÷ [(1+月利率)^分期数 − 1]

其中，"^"代表次方。

（2）等额本金

月供 = (贷款本金/分期数) + (贷款本金 − 累计已还本金) × 月利率

（3）先息后本

月供(利息) = 贷款本金 × 月利率，月利率 = 年利率/12

任务二 保险法律法规认知

人类社会从开始就面临着自然灾害和意外事故的侵扰，在与大自然抗争的过程中，古代人们就萌生了对付灾害事故的保险思想和原始形态的保险方法。1995年《中华人民共和国保险法》（以下简称《保险法》）公布实施，标志着我国保险业迈进了法制建设的新时期。

作为汽车专业的学生,要能够掌握保险法律关系内容。

素质目标
树立风险管理意识。
知识目标
1. 了解保险概念、特征和分类;
2. 了解保险法的调整对象、保险法律关系的内容、保险法的基本原则。
技能目标
掌握保险法律关系内容。

掌握保险法律关系内容,包括法律关系的主体和主体的权利、义务。

学习领域	保险	
学习情境	不了解保险相关知识	学习时间
工作任务	了解保险特征和分类;了解保险法的调整对象、保险法律关系的内容、保险法的基本原则	学习地点
课前预习	了解保险的概念和保险法律关系	
知识准备	(1) 保险的标的有哪些? (2) 保险的法律特征有哪些? (3) 保险如何分类?	
完成任务	客户王先生为妻子李女士的汽车在太平洋保险公司投保了汽车保险,分析其保险法律关系主体的权利、义务。	
学习笔记	请从"风险管理"的视角谈一谈,保险的作用。	
成绩		

任务评价表

指标	评价内容	分值
任务完成度 （5分）	能够充分利用教材和网络资源准确完成任务单的知识准备和任务，了解保险概念、特征和分类；了解保险法的调整对象、保险法律关系的内容、保险法的基本原则；掌握保险法律关系内容	
素质养成度 （5分）	在知识学习和任务完成过程中，能够增强风险管理的意识	

一、保险的概述

（一）保险的概念

我国《保险法》将保险定义为："投保人根据合同约定，向保险人支付保险金，保险人对于合同约定的可能发生的事故因其发生所造成的财产损失承担赔偿保险金责任，或者当被保险人死亡、伤残、疾病或者达到合同约定的年龄、期限时承担给付保险金责任的商业保险行为。"

理解这个概念需要注意以下几点：

1. 保险是发生在保险人与投保人、被保险人或受益人之间的经济关系（权利义务关系）。

2. 保险的适用范围具体涉及财产保险和人身保险两大类型，前者是以财产及其有关利益作为保险标的，后者是以被保险人的寿命或身体作为保险标的。财产保险的保险责任是补偿性的，人身保险的保险责任具有返还性和给付性。

3. 我国《保险法》规定的保险限于商业保险。

保险的法律特征有以下几点：

第一，保险是以约定的危险作为对象的，社会生活中存在危险，才产生了处置危险的保险制度。保险并非涉及所有的危险，而只是经保险当事人约定范围内的将来可能发生的危险。

第二，保险是以危险的集中和危险的转移作为运行机制的。所谓集中，就是把分散在每个社会单位的危险集中在保险人这里；所谓转移，是指通过保险人的经营行为，把已经集中上来的危险转移给全体投保人，由大家分担危险后果。

第三，保险是以科学的数理计算为依据的。具体说，就是保险人运用概率理论和大数法则，通过个别事故发生的偶然性，进行科学的总结来发现其发生的必然性。概率，又称或然率、机会率或机率、可能性，是数学概率论的基本概念，是一个在0到1之间的实数，是对随机事件发生的可能性的度量。大数法则又称"大数定律"或"平均法则"。人们在长期的实践中发现，在随机现象的大量重复中往往出现几乎必然的规律。

第四，保险是以社会成员之间的互助共济为基础的。只要与保险人之间建立了保险关系，就意味着将自己面对的危险转移给了全体投保人，同时，也分担着其他投保人的危险。太平洋保险公司的口号很形象地说明了这种关系：平时注入一滴水，难时拥有太平洋。每个投保人都是那一滴水，所有的投保人集中起来就是太平洋。

第五，保险是以经济补偿作为保险手段的。补偿原则的核心是使被保险人的保险利益受到的实际损失得到经济补偿，任何当事人均不应从损失事件中获得额外的好处。

第六，保险是一种商品经营活动。保险是一种服务，是一种特殊商品。购买这种商品的，是投保人；专营这种商品的，是保险人。保险人为投保人提供的是一种保险保障，投保人付出的代价是按约定向保险人支付保险费。

（二）保险法律关系

1. 保险法律关系的概念

保险法律关系是指由保险法律规范确认和调整的，以保险权利和保险义务为内容的社会关系。人们所从事的保险活动是一种商品交换活动，其内容是以投保人交纳保险费作为对价条件，换取保险人提供的保险保障。这种保险商品交换活动，一经保险法律规范加以调整后，即形成以保险权利和保险义务为内容的保险法律关系。

2. 保险法律关系的主体

（1）保险人

保险人是指依法经营保险业务，与投保人建立保险法律关系，并承担赔偿或者给付保险金责任的人。根据我国目前保险市场的实际情况，保险人依法只表现为保险公司。保险人的主体资格有两个：一是按照法定程序，经金融监督管理部门批准设立，取得经营保险业务许可证和工商营业执照；二是其与投保人所订立的保险合同的内容属于该保险人依法被批准的保险经营业务范围之内。

（2）投保人

投保人是指与保险人建立保险法律关系，并按照保险合同的规定负有支付保险费义务的人。投保人必须具备的资格条件包括：一是具备相应的民事行为能力（年满18周岁或年满16岁以上并以自己的劳动收入作为主要生活来源、智力正常、精神正常的公民）；二是投保人应当与保险标的之间具有保险利益。

（3）被保险人

被保险人是指其财产或者人身受保险合同保障，享有保险金给付请求权的人。被保险人的资格条件有：一是被保险人应当对保险标的具有保险利益；二是被保险人应当符合具体险种险别规定的承保范围；三是被保险人资格的取得不得违反《保险法》或保险合同条款的禁止性规定。如"投保人不得为无民事行为能力人投保以死亡为给付保险金条件的人身保险"（父母为其未成年子女投保的人身保险，不受此限制）。

（4）受益人

受益人是指依我国《保险法》的规定，在人身保险法律关系中，由被保险人或者投保人指定的，享有保险金请求权的人。受益人的资格条件只有一个，即经被保险人指定而产生。

3. **保险法律关系的内容**

(1) 保险人的义务

1) 保险人的保险责任

这是保险人在法律关系中承担的基本义务，其内容就是在保险事故发生并导致保险标的受到损害或者保险合同约定的期限届满时，保险人向被保险人或者受益人支付保险赔偿金或者人身保险金。保险人履行保险责任必须符合以下条件：

一是发生了保险事故；

二是保险事故的发生造成保险标的的损害后果；

三是保险事故发生于保险期内；被保险人或者受益人依法行使索赔权。

2) 保险人承担施救费用的义务

被保险人在履行施救义务，以保险标的进行抢救过程中支付的合理的施救费用，由保险人承担。

3) 保险人的保密义务

保险人在其保险经营中可以获取客户的各种信息。保险法规定，保险人负有保密的义务。对泄露或者不正当使用商业信息的，要承担损害赔偿责任。

(2) 投保人、被保险人的权利义务

①支付保险费的义务；

②维护保险标的的义务；

③通知义务（危险程度增加时，保险事故发生后）；

④施救义务；

⑤指定受益人的权利；

⑥保险金请求权。

(3) 受益人的权利

受益人享有的权利就是要求保险人按照保险合同约定给付人身保险金。受益人为数人时，应按照被保险人或者投保人确定的受益顺序和受益份额行使保险金请求权。

4. **保险法律关系的客体**

(1) 保险法律关系客体的含义

保险法律关系的客体是构成保险合同关系的要素之一，它表现为保险合同的各方当事人的权利和义务所共同指向的对象。具体地说，保险合同的客体就是保险利益。所谓保险利益，指的是投保人或被保险人与保险标的之间存在的法律上认可的经济利害关系。保险利益有别于保险标的，保险标的是确保保险利益的依据，是保险事故所致损害后果的承受体。

(2) 保险法律关系客体的法律条件

①保险利益必须是合法利益（法律认可）；

②保险利益应当是确定的，能够实现的经济利益；

③保险利益必须具有经济价值（可用货币加以衡量和计算）。

（三）**保险的分类**

根据划分的标准不同，保险有以下不同的分类：

（1）按保险的目的，可分为社会保险和商业保险

社会保险是社会保障制度的一个最重要的组成部分，是国家通过立法强制建立社会保险基金，对参加劳动关系的劳动者在丧失劳动能力、暂时失去劳动岗位或因健康原因造成损失的人提供收入或补偿的一种社会保障制度。社会保险的主要项目包括养老保险、医疗保险、失业保险、工伤保险、生育保险。社会保险不以营利为目的。

商业保险是指通过订立保险合同运营，以营利为目的的保险形式，由专门的保险企业经营。商业保险关系是由当事人自愿缔结的合同关系，投保人根据合同约定，向保险公司支付保险费，保险公司根据合同约定的可能发生的事故因其发生所造成的财产损失承担赔偿保险金责任，或者当被保险人死亡、伤残、疾病或达到约定的年龄、期限时承担给付保险金责任。商业保险分财产保险、人寿保险和健康保险，其特征有以下几点：

①商业保险的经营主体是商业保险公司；

②商业保险所反映的保险关系是通过保险合同体现的；

③商业保险的对象可以是人和物（包括有形的和无形的），具体标的有人的生命和身体、财产以及与财产有关的利益、责任、信用等；

④商业保险的经营要以盈利为目的，而且要获取最大限度的利润，以保障被保险人享受最大程度的经济保障。

（2）按保险标的不同，可分为财产保险、人身保险、责任保险和信用保险四个类别

财产保险以物质财富及其有关的利益为保险标的的险种。主要有海上保险、货物运输保险、工程保险、航空保险、火灾保险、汽车保险、家庭财产保险、盗窃保险、营业中断保险（又称利润损失保险）、农业保险等。

人身保险以人的身体为保险标的的险种，主要有人身意外伤害保险、疾病保险（又称健康保险）、人寿保险（分为死亡保险、生存保险和两全保险）等。

责任保险以被保险人的民事损害赔偿责任为保险标的的险种。凡根据法律被保险人应对其他人的损害所负经济赔偿责任，均由保险人承担，一般附加在损害赔偿保险中，如船舶保险的碰撞责任、汽车保险、飞机保险、工程保险、海洋石油开发保险等均已扩展了第三者责任险。主要有：

①公众责任保险，承保被保险人对他人造成人身伤害或财产损失应负的法律赔偿责任；

②雇主责任保险，又称劳工险，承保雇主根据法律或雇佣合同对受雇人员的人身伤亡应负的经济赔偿责任；

③产品责任保险，承保被保险人因制造或销售的产品质量缺陷导致消费者或使用者遭受人身伤亡或其他损失所引起的赔偿责任；

④职业责任保险，承保医生、律师、会计师、工程师等专业技术人员因工作中的过失造成他人的人身伤亡或其他损失所引起的赔偿责任；

⑤保赔保险，全称保障与赔偿保险，承保船主在经营中按照法律或合同规定对他人应负的损害赔偿责任。

信用保险是指权利人向保险人投保债务人的信用风险的一种保险，是一项企业用于风险管理的保险产品，其主要功能是保障企业应收账款的安全。其原理是把债务人的保证责任转移给保险人，当债务人不能履行其义务时，由保险人承担赔偿责任。

任务三　机动车交通事故责任强制保险认知

客户王强来到红旗体验中心，通过销售顾问李想的介绍，最终订购了一辆 2023 款 2.0T 智联旗领四驱版极夜黑红旗 HS5，经过协商最终以 20 万成交，但王先生听到必须为汽车投保交强险，不太理解，作为销售顾问的李想向客户说明了机动车交通事故责任强制保险的作用和意义。

素质目标
树立服务意识。
知识目标
1. 掌握机动车交通事故责任强制保险的保险责任；
2. 掌握机动车交通事故责任强制保险的保费和责任限额。
技能目标
能够说明机动车交通事故责任强制保险的作用和意义。

机动车交通事故责任强制保险是针对机动车的一种保险，并且这种保险在我国是强制机动车车主购买的，是具有强制性。

学习领域	机动车交通事故责任强制保险	
学习情境	不了解机动车交通事故责任强制保险相关知识	学习时间
工作任务	能够理解汽车保险的险种、作用、特征等相关概念，并能为客户提供合理的投保方案	学习地点
课前预习	了解保险的概念和保险法律关系	
知识准备 （1）汽车保险一般包括哪两种？		

续表

(2) 机动车交通事故责任强制保险的保险责任有哪些?

(3) 总结机动车交通事故责任强制保险的保费和责任限额。

完成任务
向客户说明机动车交通事故责任强制保险的作用。

学习笔记	请从"全心全意为客户服务"的视角谈一谈,如何向客户说明交强险的意义?
成绩	

任务评价表

指标	评价内容	分值
任务完成度 (5分)	能够充分利用教材和网络资源准确完成任务单的知识准备和任务,掌握机动车交通事故责任强制保险的保险责任;能够掌握机动车交通事故责任强制保险的保费和责任限额;能够说明机动车交通事故责任强制保险的作用和意义	
素质养成度 (5分)	在知识学习和任务完成过程中,能够增强全心全意为客户服务的意识	

一、汽车保险概述

机动车辆保险即汽车保险(简称"车险"),是指对机动车辆由于自然灾害或意外事故所造成的人身伤亡或财产损失负赔偿责任的一种保险,是以机动车辆本身及其第三者责任等为保险标的一种运输工具保险。其保险客户,主要是拥有各种机动交通工具的法人团体和个人;其保险标的,主要是各种类型的汽车,但也包括电车、电瓶车等专用车辆及摩托车等。

汽车保险包括机动车交通事故责任强制保险和商业险,商业险包括主险和附加险两部分。

二、机动车交通事故责任强制保险

机动车交通事故责任强制保险是中国首个由国家法律规定实行的强制保险制度，简称"交强险"，是由保险公司对被保险机动车发生道路交通事故造成受害人（不包括本车人员和被保险人）的人身伤亡、财产损失，在责任限额内予以赔偿的强制性责任保险。

交强险

交强险的赔付范围很广，包括医疗费、护理费、误工费、交通费、残疾赔偿金、死亡补偿费、精神损害抚慰金、丧葬费、残疾辅助器具费、住院伙食补助费、住宿费、营养费、被扶养人生活费、财产费等等，大致包括死亡伤残赔偿、医疗费用赔偿、财产损失赔偿等。

（一）《机动车交通事故责任强制保险条例》

《机动车交通事故责任强制保险条例》2019年修订（全文）如下：

第一章 总 则

第一条 为了保障机动车道路交通事故受害人依法得到赔偿，促进道路交通安全，根据《中华人民共和国道路交通安全法》《中华人民共和国保险法》，制定本条例。

第二条 在中华人民共和国境内道路上行驶的机动车的所有人或者管理人，应当依照《中华人民共和国道路交通安全法》的规定投保机动车交通事故责任强制保险。

机动车交通事故责任强制保险的投保、赔偿和监督管理，适用本条例。

第三条 本条例所称机动车交通事故责任强制保险，是指由保险公司对被保险机动车发生道路交通事故造成本车人员、被保险人以外的受害人的人身伤亡、财产损失，在责任限额内予以赔偿的强制性责任保险。

第四条 国务院保险监督管理机构依法对保险公司的机动车交通事故责任强制保险业务实施监督管理。

公安机关交通管理部门、农业（农业机械）主管部门（以下统称"机动车管理部门"）应当依法对机动车参加机动车交通事故责任强制保险的情况实施监督检查。对未参加机动车交通事故责任强制保险的机动车，机动车管理部门不得予以登记，机动车安全技术检验机构不得予以检验。

公安机关交通管理部门及其交通警察在调查处理道路交通安全违法行为和道路交通事故时，应当依法检查机动车交通事故责任强制保险的保险标志。

第二章 投 保

第五条 保险公司可以从事机动车交通事故责任强制保险业务。

为了保证机动车交通事故责任强制保险制度的实行，国务院保险监督管理机构有权要求保险公司从事机动车交通事故责任强制保险业务。

除保险公司外，任何单位或者个人不得从事机动车交通事故责任强制保险业务。

第六条 机动车交通事故责任强制保险实行统一的保险条款和基础保险费率。国务院保险监督管理机构按照机动车交通事故责任强制保险业务总体上不盈利不亏损的原则审批保险费率。

国务院保险监督管理机构在审批保险费率时，可以聘请有关专业机构进行评估，可以举行听证会听取公众意见。

第七条 保险公司的机动车交通事故责任强制保险业务，应当与其他保险业务分开管理，单独核算。

国务院保险监督管理机构应当每年对保险公司的机动车交通事故责任强制保险业务情况进行核查，并向社会公布；根据保险公司机动车交通事故责任强制保险业务的总体盈利或者亏损情况，可以要求或者允许保险公司相应调整保险费率。

调整保险费率的幅度较大的，国务院保险监督管理机构应当进行听证。

第八条 被保险机动车没有发生道路交通安全违法行为和道路交通事故的，保险公司应当在下一年度降低其保险费率。在此后的年度内，被保险机动车仍然没有发生道路交通安全违法行为和道路交通事故的，保险公司应当继续降低其保险费率，直至最低标准。被保险机动车发生道路交通安全违法行为或者道路交通事故的，保险公司应当在下一年度提高其保险费率。多次发生道路交通安全违法行为、道路交通事故，或者发生重大道路交通事故的，保险公司应当加大提高其保险费率的幅度。在道路交通事故中被保险人没有过错的，不提高其保险费率。降低或者提高保险费率的标准，由国务院保险监督管理机构会同国务院公安部门制定。

第九条 国务院保险监督管理机构、国务院公安部门、国务院农业主管部门以及其他有关部门应当逐步建立有关机动车交通事故责任强制保险、道路交通安全违法行为和道路交通事故的信息共享机制。

第十条 投保人在投保时应当选择从事机动车交通事故责任强制保险业务的保险公司，被选择的保险公司不得拒绝或者拖延承保。

国务院保险监督管理机构应当将从事机动车交通事故责任强制保险业务的保险公司向社会公示。

第十一条 投保人投保时，应当向保险公司如实告知重要事项。

重要事项包括机动车的种类、厂牌型号、识别代码、牌照号码、使用性质和机动车所有人或者管理人的姓名（名称）、性别、年龄、住所、身份证或者驾驶证号码（组织机构代码）、续保前该机动车发生事故的情况以及国务院保险监督管理机构规定的其他事项。

第十二条 签订机动车交通事故责任强制保险合同时，投保人应当一次支付全部保险费；保险公司应当向投保人签发保险单、保险标志。保险单、保险标志应当注明保险单号码、车牌号码、保险期限、保险公司的名称、地址和理赔电话号码。

被保险人应当在被保险机动车上放置保险标志。

保险标志式样全国统一。保险单、保险标志由国务院保险监督管理机构监制。任何单位或者个人不得伪造、变造或者使用伪造、变造的保险单、保险标志。

第十三条 签订机动车交通事故责任强制保险合同时，投保人不得在保险条款和保险费率之外，向保险公司提出附加其他条件的要求。

签订机动车交通事故责任强制保险合同时，保险公司不得强制投保人订立商业保险合同以及提出附加其他条件的要求。

第十四条 保险公司不得解除机动车交通事故责任强制保险合同；但是，投保人对重要事项未履行如实告知义务的除外。

投保人对重要事项未履行如实告知义务，保险公司解除合同前，应当书面通知投保人，投保人应当自收到通知之日起5日内履行如实告知义务；投保人在上述期限内履行如实告知义务的，保险公司不得解除合同。

第十五条　保险公司解除机动车交通事故责任强制保险合同的，应当收回保险单和保险标志，并书面通知机动车管理部门。

第十六条　投保人不得解除机动车交通事故责任强制保险合同，但有下列情形之一的除外：

（一）被保险机动车被依法注销登记的；

（二）被保险机动车办理停驶的；

（三）被保险机动车经公安机关证实丢失的。

第十七条　机动车交通事故责任强制保险合同解除前，保险公司应当按照合同承担保险责任。

合同解除时，保险公司可以收取自保险责任开始之日起至合同解除之日止的保险费，剩余部分的保险费退还投保人。

第十八条　被保险机动车所有权转移的，应当办理机动车交通事故责任强制保险合同变更手续。

第十九条　机动车交通事故责任强制保险合同期满，投保人应当及时续保，并提供上一年度的保险单。

第二十条　机动车交通事故责任强制保险的保险期间为1年，但有下列情形之一的，投保人可以投保短期机动车交通事故责任强制保险：

（一）境外机动车临时入境的；

（二）机动车临时上道路行驶的；

（三）机动车距规定的报废期限不足1年的；

（四）国务院保险监督管理机构规定的其他情形。

第三章　赔　偿

第二十一条　被保险机动车发生道路交通事故造成本车人员、被保险人以外的受害人人身伤亡、财产损失的，由保险公司依法在机动车交通事故责任强制保险责任限额范围内予以赔偿。

道路交通事故的损失是由受害人故意造成的，保险公司不予赔偿。

第二十二条　有下列情形之一的，保险公司在机动车交通事故责任强制保险责任限额范围内垫付抢救费用，并有权向致害人追偿：

（一）驾驶人未取得驾驶资格或者醉酒的；

（二）被保险机动车被盗抢期间肇事的；

（三）被保险人故意制造道路交通事故的。

有前款所列情形之一，发生道路交通事故的，造成受害人的财产损失，保险公司不承担赔偿责任。

第二十三条　机动车交通事故责任强制保险在全国范围内实行统一的责任限额。责任限额分为死亡伤残赔偿限额、医疗费用赔偿限额、财产损失赔偿限额以及被保险人在道路交通事故中无责任的赔偿限额。

机动车交通事故责任强制保险责任限额由国务院保险监督管理机构会同国务院公安部

门、国务院卫生主管部门、国务院农业主管部门规定。

第二十四条 国家设立道路交通事故社会救助基金（以下简称"救助基金"）。有下列情形之一时，道路交通事故中受害人人身伤亡的丧葬费用、部分或者全部抢救费用，由救助基金先行垫付，救助基金管理机构有权向道路交通事故责任人追偿：

（一）抢救费用超过机动车交通事故责任强制保险责任限额的；

（二）肇事机动车未参加机动车交通事故责任强制保险的；

（三）机动车肇事后逃逸的。

第二十五条 救助基金的来源包括：

（一）按照机动车交通事故责任强制保险的保险费的一定比例提取的资金；

（二）对未按照规定投保机动车交通事故责任强制保险的机动车的所有人、管理人的罚款；

（三）救助基金管理机构依法向道路交通事故责任人追偿的资金；

（四）救助基金孳息；

（五）其他资金。

第二十六条 救助基金的具体管理办法，由国务院财政部门会同国务院保险监督管理机构、国务院公安部门、国务院卫生主管部门、国务院农业主管部门制定试行。

第二十七条 被保险机动车发生道路交通事故，被保险人或者受害人通知保险公司的，保险公司应当立即给予答复，告知被保险人或者受害人具体的赔偿程序等有关事项。

第二十八条 被保险机动车发生道路交通事故的，由被保险人向保险公司申请赔偿保险金。保险公司应当自收到赔偿申请之日起1日内，书面告知被保险人需要向保险公司提供的与赔偿有关的证明和资料。

第二十九条 保险公司应当自收到被保险人提供的证明和资料之日起5日内，对是否属于保险责任作出核定，并将结果通知被保险人；对不属于保险责任的，应当书面说明理由；对属于保险责任的，在与被保险人达成赔偿保险金的协议后10日内，赔偿保险金。

第三十条 被保险人与保险公司对赔偿有争议的，可以依法申请仲裁或者向人民法院提起诉讼。

第三十一条 保险公司可以向被保险人赔偿保险金，也可以直接向受害人赔偿保险金。但是，因抢救受伤人员需要保险公司支付或者垫付抢救费用的，保险公司在接到公安机关交通管理部门通知后，经核对应当及时向医疗机构支付或者垫付抢救费用。

因抢救受伤人员需要救助基金管理机构垫付抢救费用的，救助基金管理机构在接到公安机关交通管理部门通知后，经核对应当及时向医疗机构垫付抢救费用。

第三十二条 医疗机构应当参照国务院卫生主管部门组织制定的有关临床诊疗指南，抢救、治疗道路交通事故中的受伤人员。

第三十三条 保险公司赔偿保险金或者垫付抢救费用，救助基金管理机构垫付抢救费用，需要向有关部门、医疗机构核实有关情况的，有关部门、医疗机构应当予以配合。

第三十四条 保险公司、救助基金管理机构的工作人员对当事人的个人隐私应当保密。

第三十五条 道路交通事故损害赔偿项目和标准依照有关法律的规定执行。

第四章 罚 则

第三十六条 保险公司以外的单位或者个人，非法从事机动车交通事故责任强制保险业务的,由国务院保险监督管理机构予以取缔;构成犯罪的,依法追究刑事责任;尚不构成犯罪的,由国务院保险监督管理机构没收违法所得,违法所得20万元以上的,并处违法所得1倍以上5倍以下罚款;没有违法所得或者违法所得不足20万元的,处20万元以上100万元以下罚款。

第三十七条 保险公司违反本条例规定,有下列行为之一的,由国务院保险监督管理机构责令改正,处5万元以上30万元以下罚款;情节严重的,可以限制业务范围、责令停止接受新业务或者吊销经营保险业务许可证:
(一) 拒绝或者拖延承保机动车交通事故责任强制保险的;
(二) 未按照统一的保险条款和基础保险费率从事机动车交通事故责任强制保险业务的;
(三) 未将机动车交通事故责任强制保险业务和其他保险业务分开管理,单独核算的;
(四) 强制投保人订立商业保险合同的;
(五) 违反规定解除机动车交通事故责任强制保险合同的;
(六) 拒不履行约定的赔偿保险金义务的;
(七) 未按照规定及时支付或者垫付抢救费用的。

第三十八条 机动车所有人、管理人未按照规定投保机动车交通事故责任强制保险的,由公安机关交通管理部门扣留机动车,通知机动车所有人、管理人依照规定投保,处依照规定投保最低责任限额应缴纳的保险费的2倍罚款。

机动车所有人、管理人依照规定补办机动车交通事故责任强制保险的,应当及时退还机动车。

第三十九条 上道路行驶的机动车未放置保险标志的,公安机关交通管理部门应当扣留机动车,通知当事人提供保险标志或者补办相应手续,可以处警告或者20元以上200元以下罚款。

当事人提供保险标志或者补办相应手续的,应当及时退还机动车。

第四十条 伪造、变造或者使用伪造、变造的保险标志,或者使用其他机动车的保险标志,由公安机关交通管理部门予以收缴,扣留该机动车,处200元以上2000元以下罚款;构成犯罪的,依法追究刑事责任。

当事人提供相应的合法证明或者补办相应手续的,应当及时退还机动车。

第五章 附 则

第四十一条 本条例下列用语的含义:
(一) 投保人,是指与保险公司订立机动车交通事故责任强制保险合同,并按照合同负有支付保险费义务的机动车的所有人、管理人;
(二) 被保险人,是指投保人及其允许的合法驾驶人;
(三) 抢救费用,是指机动车发生道路交通事故导致人员受伤时,医疗机构参照国务院卫生主管部门组织制定的有关临床诊疗指南,对生命体征不平稳和虽然生命体征平稳但如果不采取处理措施会产生生命危险,或者导致残疾、器官功能障碍,或者导致病程明显延长的受伤人员,采取必要的处理措施所发生的医疗费用。

第四十二条 挂车不投保机动车交通事故责任强制保险,发生道路交通事故造成人身伤亡、财产损失的,由牵引车投保的保险公司在机动车交通事故责任强制保险责任限额范围内予以赔偿；不足的部分，由牵引车方和挂车方依照法律规定承担赔偿责任。

第四十三条 机动车在道路以外的地方通行时发生事故，造成人身伤亡、财产损失的赔偿，比照适用本条例。

第四十四条 中国人民解放军和中国人民武装警察部队在编机动车参加机动车交通事故责任强制保险的办法，由中国人民解放军和中国人民武装警察部队另行规定。

第四十五条 机动车所有人、管理人自本条例施行之日起3个月内投保机动车交通事故责任强制保险；本条例施行前已经投保商业性机动车第三者责任保险的，保险期满，应当投保机动车交通事故责任强制保险。

第四十六条 本条例自2006年7月1日起施行。

（二）交强险责任限额

交强险交强险责任限额如表4-3所示：

表4-3 交强险保费和责任限额

责任限额	20万元
机动车在道路交通事故中有责任的赔偿限额	死亡伤残赔偿限额：180 000元 医疗费用赔偿限额：18 000元 财产损失赔偿限额：2000元
机动车在道路交通事故中无责任的赔偿限额	死亡伤残赔偿限额：18 000元 医疗费用赔偿限额：1800元 财产损失赔偿限额：100元

（三）交强险费率和浮动系数

6座以下（6座以上）家庭自用汽车交强险保费，950元/年（1100元/年）。根据中国银保监会关于调整交强险责任限额和费率浮动系数的公告，交强险费率浮动系数方案如表4-4~表4-8所示：

表4-4 内蒙古、海南、青海、西藏4个地区实行以下费率调整方案A

	浮动因素	浮动比率/%
与道路交通事故相联系的浮动方案A	A1，上一个年度未发生有责任道路交通事故	-30
	A2，上两个年度未发生有责任道路交通事故	-40
	A3，上三个及以上年度未发生有责任道路交通事故	-50
	A4，上一个年度发生一次有责任不涉及死亡的道路交通事故	0
	A5，上一个年度发生两次及两次以上有责任道路交通事故	10
	A6，上一个年度发生有责任道路交通死亡事故	30

表 4-5 陕西、云南、广西 3 个地区实行以下费率调整方案 B

	浮动因素	浮动比率/%
与道路交通事故相联系的浮动方案 B	B1，上一个年度未发生有责任道路交通事故	-25
	B2，上两个年度未发生有责任道路交通事故	-35
	B3，上三个及以上年度未发生有责任道路交通事故	-45
	B4，上一个年度发生一次有责任不涉及死亡的道路交通事故	0
	B5，上一个年度发生两次及两次以上有责任道路交通事故	10
	B6，上一个年度发生有责任道路交通死亡事故	30

表 4-6 甘肃、吉林、山西、黑龙江、新疆 5 个地区实行以下费率调整方案 C

	浮动因素	浮动比率/%
与道路交通事故相联系的浮动方案 C	C1，上一个年度未发生有责任道路交通事故	-20
	C2，上两个年度未发生有责任道路交通事故	-30
	C3，上三个及以上年度未发生有责任道路交通事故	-40
	C4，上一个年度发生一次有责任不涉及死亡的道路交通事故	0
	C5，上一个年度发生两次及两次以上有责任道路交通事故	10
	C6，上一个年度发生有责任道路交通死亡事故	30

交强险最终保险费计算方法是：交强险最终保险费＝交强险基础保险费×（1+与道路交通事故相联系的浮动比率 X，X 取 A、B、C、D、E 方案其中之一对应的值）。

与道路交通事故相联系的浮动比率 X 为 X_1 至 X_6 其中之一，不累加。同时满足多个浮动因素的，按照向上浮动或者向下浮动比率的高者计算。

表 4-7 北京、天津、河北、宁夏 4 个地区实行以下费率调整方案 D

	浮动因素	浮动比率/%
与道路交通事故相联系的浮动方案 D	D1，上一个年度未发生有责任道路交通事故	-15
	D2，上两个年度未发生有责任道路交通事故	-25
	D3，上三个及以上年度未发生有责任道路交通事故	-35
	D4，上一个年度发生一次有责任不涉及死亡的道路交通事故	0
	D5，上一个年度发生两次及两次以上有责任道路交通事故	10
	D6，上一个年度发生有责任道路交通死亡事故	30

表 4-8　江苏、浙江、安徽、上海、湖南、湖北、江西、辽宁、河南、福建、重庆、山东、广东、深圳、厦门、四川、贵州、大连、青岛、宁波 20 个地区实行以下费率调整方案 E

	浮动因素	浮动比率/%
与道路交通事故相联系的浮动方案 E	E1，上一个年度未发生有责任道路交通事故	-10
	E2，上两个年度未发生有责任道路交通事故	-20
	E3，上三个及以上年度未发生有责任道路交通事故	-30
	E4，上一个年度发生一次有责任不涉及死亡的道路交通事故	0
	E5，上一个年度发生两次及两次以上有责任道路交通事故	10
	E6，上一个年度发生有责任道路交通死亡事故	30

任务四　机动车商业险认知

客户王强来到红旗体验中心，通过销售顾问李想的介绍，最终订购了一辆 2023 款 2.0T 智联旗领四驱版极夜黑红旗 HS5，经过协商最终以 20 万元成交，但王先生面对各种保险险种时有点茫然，作为销售顾问的李想向客户介绍了各种汽车保险，并站在客户的角度给出了合理的建议，为客户设计了投保方案。

素质目标

树立服务意识。

知识目标

1. 掌握汽车商业保险的险种保险责任；
2. 了解各险种的保险限额和责任免除。

技能目标

能够帮助客户设计合理的投保方案。

客户投保的险种与用车环境、车辆价格等因素有关，根据任务背景，为客户设计合理的投保方案。

学习领域	汽车商业保险		
学习情境	不了解汽车商业保险相关知识	学习时间	
工作任务	能够理解汽车商业保险的险种、作用、特征等相关概念，并能为客户提供合理的投保方案	学习地点	
课前预习	了解保险的概念和保险法律关系		
知识准备 (1) 如何向客户说明汽车保险的作用和意义？ (2) 汽车保险一般包括哪两种？ (3) 简单阐述汽车商业险的各险种的作用。 			
完成任务 通过沟通了解到王先生用车主要是上下班代步，周末会周边自驾游，有私家停车位，请结合王先生的情况设计合理的投保方案。			
学习笔记	请从"全心全意为客户服务"的视角谈一谈，如何为客户设计保险方案？		
成绩			

任务评价表

指标	评价内容	分值
任务完成度 （5分）	能够充分利用教材和网络资源准确完成任务单的知识准备和任务，掌握汽车商业保险的险种保险责任；了解各险种的保险限额和责任免除，能够帮助客户设计合理的投保方案	
素质养成度 （5分）	在知识学习和任务完成过程中，增强了全心全意为客户服务的意识	

机动车辆商业险是车主投保了国家规定的机动车辆交强险外，自愿投保商业保险公司的汽车保险。汽车商业险有 3 个主险和 11 个附加险，具体险种见表 4-9：

表 4-9　汽车商业险险种

商业险险种	
主险	机动车损失险 机动车第三者责任保险 机动车车上人员责任险
附加险	附加绝对免赔率特约条款 附加车轮单独损失险 附加新增加设备损失险 附加车身划痕损失险 附加修理期间费用补偿险 附加发动机进水损坏除外特约条款 附加车上货物责任险 附加精神损害抚慰金责任险 附加法定节假日限额翻倍责任险 附加医保外用药外医疗费用责任险 附加机动车增值服务特约条款

一、中国保险行业协会机动车商业保险示范条款

车险是最普通的保险产品之一，我国车险市场的高定价、高手续费、经营粗放、竞争失序、数据失真等问题相互交织、由来已久。针对这些乱象，在中国银保监会的指导下，中国保险行业协会贯彻落实《关于实施车

汽车商业险

险综合改革的指导意见》精神，组织行业力量对2014版商业车险示范条款进行了修订完善，在征求多方意见的基础上，形成了《中国保险行业协会机动车商业保险示范条款（2020版）》商业车险示范条款，原文如下：

总　则

第一条　本保险条款分为主险、附加险。

主险包括机动车损失保险、机动车第三者责任保险、机动车车上人员责任保险共三个独立的险种，投保人可以选择投保全部险种，也可以选择投保其中部分险种。保险人依照本保险合同的约定，按照承保险种分别承担保险责任。

附加险不能独立投保。附加险条款与主险条款相抵触的，以附加险条款为准，附加险条款未尽之处，以主险条款为准。

第二条　本保险合同中的被保险机动车是指在中华人民共和国境内（不含港、澳、台地区）行驶，以动力装置驱动或者牵引，上道路行驶的供人员乘用或者用于运送物品以及进行专项作业的轮式车辆（含挂车）、履带式车辆和其他运载工具，但不包括摩托车、拖拉机、特种车。

第三条　本保险合同中的第三者是指因被保险机动车发生意外事故遭受人身伤亡或者财产损失的人，但不包括被保险机动车本车车上人员、被保险人。

第四条　本保险合同中的车上人员是指发生意外事故的瞬间，在被保险机动车车体内或车体上的人员，包括正在上下车的人员。

第五条　本保险合同中的各方权利和义务，由保险人、投保人遵循公平原则协商确定。保险人、投保人自愿订立本保险合同。

除本保险合同另有约定外，投保人应在保险合同成立时一次交清保险费。保险费未交清前，本保险合同不生效。

第一章　机动车损失保险

保险责任

第六条　保险期间内，被保险人或被保险机动车驾驶人（以下简称"驾驶人"）在使用被保险机动车过程中，因自然灾害、意外事故造成被保险机动车直接损失，且不属于免除保险人责任的范围，保险人依照本保险合同的约定负责赔偿。

第七条　保险期间内，被保险机动车被盗窃、抢劫、抢夺，经出险地县级以上公安刑侦部门立案证明，满60天未查明下落的全车损失，以及因被盗窃、抢劫、抢夺受到损坏造成的直接损失，且不属于免除保险人责任的范围，保险人依照本保险合同的约定负责赔偿。

第八条　发生保险事故时，被保险人或驾驶人为防止或者减少被保险机动车的损失所支付的必要的、合理的施救费用，由保险人承担；施救费用数额在被保险机动车损失赔偿金额以外另行计算，最高不超过保险金额。

责任免除

第九条　在上述保险责任范围内，下列情况下，不论任何原因造成被保险机动车的任何损失和费用，保险人均不负责赔偿：

（一）事故发生后，被保险人或驾驶人故意破坏、伪造现场，毁灭证据；

（二）驾驶人有下列情形之一者：

1. 交通肇事逃逸；
2. 饮酒、吸食或注射毒品、服用国家管制的精神药品或者麻醉药品；
3. 无驾驶证，驾驶证被依法扣留、暂扣、吊销、注销期间；
4. 驾驶与驾驶证载明的准驾车型不相符合的机动车。

（三）被保险机动车有下列情形之一者：
1. 发生保险事故时被保险机动车行驶证、号牌被注销；
2. 被扣留、收缴、没收期间；
3. 竞赛、测试期间，在营业性场所维修、保养、改装期间；
4. 被保险人或驾驶人故意或重大过失，导致被保险机动车被利用从事犯罪行为。

第十条 下列原因导致的被保险机动车的损失和费用，保险人不负责赔偿：
（一）战争、军事冲突、恐怖活动、暴乱、污染（含放射性污染）、核反应、核辐射；
（二）违反安全装载规定；
（三）被保险机动车被转让、改装、加装或改变使用性质等，导致被保险机动车危险程度显著增加，且未及时通知保险人，因危险程度显著增加而发生保险事故的；
（四）投保人、被保险人或驾驶人故意制造保险事故。

第十一条 下列损失和费用，保险人不负责赔偿：
（一）因市场价格变动造成的贬值、修理后因价值降低引起的减值损失；
（二）自然磨损、朽蚀、腐蚀、故障、本身质量缺陷；
（三）投保人、被保险人或驾驶人知道保险事故发生后，故意或者因重大过失未及时通知，致使保险事故的性质、原因、损失程度等难以确定的，保险人对无法确定的部分，不承担赔偿责任，但保险人通过其他途径已经知道或者应当及时知道保险事故发生的除外；
（四）因被保险人违反本条款第十五条约定，导致无法确定的损失；
（五）车轮单独损失，无明显碰撞痕迹的车身划痕，以及新增加设备的损失；
（六）非全车盗抢、仅车上零部件或附属设备被盗窃。

免赔额

第十二条 对于投保人与保险人在投保时协商确定绝对免赔额的，保险人在依据本保险合同约定计算赔款的基础上，增加每次事故绝对免赔额。

保险金额

第十三条 保险金额按投保时被保险机动车的实际价值确定。

投保时被保险机动车的实际价值由投保人与保险人根据投保时的新车购置价减去折旧金额后的价格协商确定或其他市场公允价值协商确定。

折旧金额可根据本保险合同列明的参考折旧系数表确定。

赔偿处理

第十四条 发生保险事故后，保险人依据本条款约定在保险责任范围内承担赔偿责任。赔偿方式由保险人与被保险人协商确定。

第十五条 因保险事故损坏的被保险机动车，修理前被保险人应当会同保险人检验，协商确定维修机构、修理项目、方式和费用。无法协商确定的，双方委托共同认可的有资质的第三方进行评估。

第十六条 被保险机动车遭受损失后的残余部分由保险人、被保险人协商处理。如折归被保险人的，由双方协商确定其价值并在赔款中扣除。

第十七条 因第三方对被保险机动车的损害而造成保险事故，被保险人向第三方索赔的，保险人应积极协助；被保险人也可以直接向本保险人索赔，保险人在保险金额内先行赔付被保险人，并在赔偿金额内代位行使被保险人对第三方请求赔偿的权利。

被保险人已经从第三方取得损害赔偿的，保险人进行赔偿时，相应扣减被保险人从第三方已取得的赔偿金额。

保险人未赔偿之前，被保险人放弃对第三方请求赔偿的权利的，保险人不承担赔偿责任。

被保险人故意或者因重大过失致使保险人不能行使代位请求赔偿的权利的，保险人可以扣减或者要求返还相应的赔款。

保险人向被保险人先行赔付的，保险人向第三方行使代位请求赔偿的权利时，被保险人应当向保险人提供必要的文件和所知道的有关情况。

第十八条 机动车损失赔款按以下方法计算：

（一）全部损失

赔款＝保险金额－被保险人已从第三方获得的赔偿金额－绝对免赔额

（二）部分损失

被保险机动车发生部分损失，保险人按实际修复费用在保险金额内计算赔偿：

赔款＝实际修复费用－被保险人已从第三方获得的赔偿金额－绝对免赔额

（三）施救费

施救的财产中，含有本保险合同之外的财产，应按本保险合同保险财产的实际价值占总施救财产的实际价值比例分摊施救费用。

第十九条 被保险机动车发生本保险事故，导致全部损失，或一次赔款金额与免赔金额之和（不含施救费）达到保险金额，保险人按本保险合同约定支付赔款后，本保险责任终止，保险人不退还机动车损失保险及其附加险的保险费。

第二章　机动车第三者责任保险
保险责任

第二十条 保险期间内，被保险人或其允许的驾驶人在使用被保险机动车过程中发生意外事故，致使第三者遭受人身伤亡或财产直接损毁，依法应当对第三者承担的损害赔偿责任，且不属于免除保险人责任的范围，保险人依照本保险合同的约定，对于超过机动车交通事故责任强制保险各分项赔偿限额的部分负责赔偿。

第二十一条 保险人依据被保险机动车一方在事故中所负的事故责任比例，承担相应的赔偿责任。

被保险人或被保险机动车一方根据有关法律法规选择自行协商或由公安机关交通管理部门处理事故，但未确定事故责任比例的，按照下列规定确定事故责任比例：

被保险机动车一方负主要事故责任的，事故责任比例为70%；

被保险机动车一方负同等事故责任的，事故责任比例为50%；

被保险机动车一方负次要事故责任的，事故责任比例为30%。

涉及司法或仲裁程序的，以法院或仲裁机构最终生效的法律文书为准。

责任免除

第二十二条 在上述保险责任范围内，下列情况下，不论任何原因造成的人身伤亡、财产损失和费用，保险人均不负责赔偿：

（一）事故发生后，被保险人或驾驶人故意破坏、伪造现场、毁灭证据；

（二）驾驶人有下列情形之一者：

1. 交通肇事逃逸；
2. 饮酒、吸食或注射毒品、服用国家管制的精神药品或者麻醉药品；
3. 无驾驶证，驾驶证被依法扣留、暂扣、吊销、注销期间；
4. 驾驶与驾驶证载明的准驾车型不相符合的机动车；
5. 非被保险人允许的驾驶人。

（三）被保险机动车有下列情形之一的：

1. 发生保险事故时被保险机动车行驶证、号牌被注销的；
2. 被扣留、收缴、没收期间；
3. 竞赛、测试期间，在营业性场所维修、保养、改装期间；
4. 全车被盗窃、被抢劫、被抢夺、下落不明期间。

第二十三条 下列原因导致的人身伤亡、财产损失和费用，保险人不负责赔偿：

（一）战争、军事冲突、恐怖活动、暴乱、污染（含放射性污染）、核反应、核辐射；

（二）第三者、被保险人或驾驶人故意制造保险事故、犯罪行为，第三者与被保险人或其他致害人恶意串通的行为；

（三）被保险机动车被转让、改装、加装或改变使用性质等，导致被保险机动车危险程度显著增加，且未及时通知保险人，因危险程度显著增加而发生保险事故的。

第二十四条 下列人身伤亡、财产损失和费用，保险人不负责赔偿：

（一）被保险机动车发生意外事故，致使任何单位或个人停业、停驶、停电、停水、停气、停产、通信或网络中断、电压变化、数据丢失造成的损失以及其他各种间接损失；

（二）第三者财产因市场价格变动造成的贬值，修理后因价值降低引起的减值损失；

（三）被保险人及其家庭成员、驾驶人及其家庭成员所有、承租、使用、管理、运输或代管的财产的损失，以及本车上财产的损失；

（四）被保险人、驾驶人、本车车上人员的人身伤亡；

（五）停车费、保管费、扣车费、罚款、罚金或惩罚性赔款；

（六）超出《道路交通事故受伤人员临床诊疗指南》和国家基本医疗保险同类医疗费用标准的费用部分；

（七）律师费，未经保险人事先书面同意的诉讼费、仲裁费；

（八）投保人、被保险人或驾驶人知道保险事故发生后，故意或者因重大过失未及时通知，致使保险事故的性质、原因、损失程度等难以确定的，保险人对无法确定的部分，不承担赔偿责任，但保险人通过其他途径已经知道或者应当及时知道保险事故发生的除外；

（九）因被保险人违反本条款第二十八条约定，导致无法确定的损失；

（十）精神损害抚慰金；

（十一）应当由机动车交通事故责任强制保险赔偿的损失和费用。

保险事故发生时，被保险机动车未投保机动车交通事故责任强制保险或机动车交通事故责任强制保险合同已经失效的,对于机动车交通事故责任强制保险责任限额以内的损失和费用,保险人不负责赔偿。

责任限额

第二十五条 每次事故的责任限额,由投保人和保险人在签订本保险合同时协商确定。

第二十六条 主车和挂车连接使用时视为一体,发生保险事故时,由主车保险人和挂车保险人按照保险单上载明的机动车第三者责任保险责任限额的比例,在各自的责任限额内承担赔偿责任。

赔偿处理

第二十七条 保险人对被保险人或其允许的驾驶人给第三者造成的损害,可以直接向该第三者赔偿。

被保险人或其允许的驾驶人给第三者造成损害,对第三者应负的赔偿责任确定的,根据被保险人的请求,保险人应当直接向该第三者赔偿。被保险人怠于请求的,第三者就其应获赔偿部分直接向保险人请求赔偿的,保险人可以直接向该第三者赔偿。

被保险人或其允许的驾驶人给第三者造成损害,未向该第三者赔偿的,保险人不得向被保险人赔偿。

第二十八条 发生保险事故后,保险人依据本条款约定在保险责任范围内承担赔偿责任。赔偿方式由保险人与被保险人协商确定。

因保险事故损坏的第三者财产,修理前被保险人应当会同保险人检验,协商确定维修机构、修理项目、方式和费用。无法协商确定的,双方委托共同认可的有资质的第三方进行评估。

第二十九条 赔款计算。

(一)当(依合同约定核定的第三者损失金额-机动车交通事故责任强制保险的分项赔偿限额)×事故责任比例等于或高于每次事故责任限额时:

$$赔款 = 每次事故责任限额$$

(二)当(依合同约定核定的第三者损失金额-机动车交通事故责任强制保险的分项赔偿限额)×事故责任比例低于每次事故责任限额时:

$$赔款 =(依合同约定核定的第三者损失金额-机动车交通事故责任强制保险的分项赔偿限额)\\ \times 事故责任比例$$

第三十条 保险人按照《道路交通事故受伤人员临床诊疗指南》和国家基本医疗保险的同类医疗费用标准核定医疗费用的赔偿金额。

未经保险人书面同意,被保险人自行承诺或支付的赔偿金额,保险人有权重新核定。不属于保险人赔偿范围或超出保险人应赔偿金额的,保险人不承担赔偿责任。

第三章 机动车车上人员责任保险

保险责任

第三十一条 保险期间内,被保险人或其允许的驾驶人在使用被保险机动车过程中发生意外事故,致使车上人员遭受人身伤亡,且不属于免除保险人责任的范围,依法应当对车上人员承担的损害赔偿责任,保险人依照本保险合同的约定负责赔偿。

第三十二条 保险人依据被保险机动车一方在事故中所负的事故责任比例,承担相应的赔偿责任。

被保险人或被保险机动车一方根据有关法律法规选择自行协商或由公安机关交通管理部门处理事故，但未确定事故责任比例的，按照下列规定确定事故责任比例：

被保险机动车一方负主要事故责任的，事故责任比例为70%；

被保险机动车一方负同等事故责任的，事故责任比例为50%；

被保险机动车一方负次要事故责任的，事故责任比例为30%。

涉及司法或仲裁程序的，以法院或仲裁机构最终生效的法律文书为准。

责任免除

第三十三条 在上述保险责任范围内，下列情况下，不论任何原因造成的人身伤亡，保险人均不负责赔偿：

（一）事故发生后，被保险人或驾驶人故意破坏、伪造现场，毁灭证据；

（二）驾驶人有下列情形之一者：

1. 交通肇事逃逸；
2. 饮酒、吸食或注射毒品、服用国家管制的精神药品或者麻醉药品；
3. 无驾驶证，驾驶证被依法扣留、暂扣、吊销、注销期间；
4. 驾驶与驾驶证载明的准驾车型不相符合的机动车；
5. 非被保险人允许的驾驶人。

（三）被保险机动车有下列情形之一者：

1. 发生保险事故时被保险机动车行驶证、号牌被注销的；
2. 被扣留、收缴、没收期间；
3. 竞赛、测试期间，在营业性场所维修、保养、改装期间；
4. 全车被盗窃、被抢劫、被抢夺、下落不明期间。

第三十四条 下列原因导致的人身伤亡，保险人不负责赔偿：

（一）战争、军事冲突、恐怖活动、暴乱、污染（含放射性污染）、核反应、核辐射；

（二）被保险机动车被转让、改装、加装或改变使用性质等，导致被保险机动车危险程度显著增加，且未及时通知保险人，因危险程度显著增加而发生保险事故的；

（三）投保人、被保险人或驾驶人故意制造保险事故。

第三十五条 下列人身伤亡、损失和费用，保险人不负责赔偿：

（一）被保险人及驾驶人以外的其他车上人员的故意行为造成的自身伤亡；

（二）车上人员因疾病、分娩、自残、斗殴、自杀、犯罪行为造成的自身伤亡；

（三）罚款、罚金或惩罚性赔款；

（四）超出《道路交通事故受伤人员临床诊疗指南》和国家基本医疗保险同类医疗费用标准的费用部分；

（五）律师费，未经保险人事先书面同意的诉讼费、仲裁费；

（六）投保人、被保险人或驾驶人知道保险事故发生后，故意或者因重大过失未及时通知，致使保险事故的性质、原因、损失程度等难以确定的，保险人对无法确定的部分，不承担赔偿责任，但保险人通过其他途径已经知道或者应当及时知道保险事故发生的除外；

（七）精神损害抚慰金；

（八）应当由机动车交通事故责任强制保险赔付的损失和费用。

责任限额

第三十六条 驾驶人每次事故责任限额和乘客每次事故每人责任限额由投保人和保险人在投保时协商确定。投保乘客座位数按照被保险机动车的核定载客数（驾驶人座位除外）确定。

赔偿处理

第三十七条 赔款计算。

（一）对每座的受害人，当（依合同约定核定的每座车上人员人身伤亡损失金额－应由机动车交通事故责任强制保险赔偿的金额）×事故责任比例高于或等于每次事故每座责任限额时：

$$赔款 = 每次事故每座责任限额$$

（二）对每座的受害人，当（依合同约定核定的每座车上人员人身伤亡损失金额－应由机动车交通事故责任强制保险赔偿的金额）×事故责任比例低于每次事故每座责任限额时：

$$赔款 =（依合同约定核定的每座车上人员人身伤亡损失金额 - 应由机动车交通事故责任强制保险赔偿的金额）× 事故责任比例$$

第三十八条 保险人按照《道路交通事故受伤人员临床诊疗指南》和国家基本医疗保险的同类医疗费用标准核定医疗费用的赔偿金额。

未经保险人书面同意，被保险人自行承诺或支付的赔偿金额，保险人有权重新核定。不属于保险人赔偿范围或超出保险人应赔偿金额的，保险人不承担赔偿责任。

第四章 通用条款

保险期间

第三十九条 除另有约定外，保险期间为一年，以保险单载明的起讫时间为准。

其他事项

第四十条 发生保险事故时，被保险人或驾驶人应当及时采取合理的、必要的施救和保护措施，防止或者减少损失，并在保险事故发生后48小时内通知保险人。

被保险机动车全车被盗抢的，被保险人知道保险事故发生后，应在24小时内向出险当地公安刑侦部门报案，并通知保险人。

被保险人索赔时，应当向保险人提供与确认保险事故的性质、原因、损失程度等有关的证明和资料。

被保险人应当提供保险单、损失清单、有关费用单据、被保险机动车行驶证和发生事故时驾驶人的驾驶证。

属于道路交通事故的，被保险人应当提供公安机关交通管理部门或法院等机构出具的事故证明、有关的法律文书（判决书、调解书、裁定书、裁决书等）及其他证明。被保险人或其允许的驾驶人根据有关法律法规规定选择自行协商方式处理交通事故的，被保险人应当提供依照《道路交通事故处理程序规定》签订记录交通事故情况的协议书。

被保险机动车被盗抢的，被保险人索赔时，须提供保险单、损失清单、有关费用单据、《机动车登记证书》、机动车来历凭证以及出险当地县级以上公安刑侦部门出具的盗抢立案证明。

第四十一条 保险人按照本保险合同的约定，认为被保险人索赔提供的有关证明和资料不完整的，应当及时一次性通知被保险人补充提供。

第四十二条 保险人收到被保险人的赔偿请求后，应当及时作出核定；情形复杂的，应当在 30 日内作出核定。保险人应当将核定结果通知被保险人；对属于保险责任的，在与被保险人达成赔偿协议后 10 日内，履行赔偿义务。保险合同对赔偿期限另有约定的，保险人应当按照约定履行赔偿义务。

保险人未及时履行前款约定义务的，除支付赔款外，应当赔偿被保险人因此受到的损失。

第四十三条 保险人依照本条款第四十二条的约定作出核定后，对不属于保险责任的，应当自作出核定之日起 3 日内向被保险人发出拒绝赔偿通知书，并说明理由。

第四十四条 保险人自收到赔偿请求和有关证明、资料之日起 60 日内，对其赔偿数额不能确定的，应当根据已有证明和资料可以确定的数额先予支付；保险人最终确定赔偿数额后，应当支付相应的差额。

第四十五条 保险人受理报案、现场查勘、核定损失、参与诉讼、进行抗辩、要求被保险人提供证明和资料、向被保险人提供专业建议等行为，均不构成保险人对赔偿责任的承诺。

第四十六条 在保险期间内，被保险机动车转让他人的，受让人承继被保险人的权利和义务。被保险人或者受让人应当及时通知保险人，并及时办理保险合同变更手续。

因被保险机动车转让导致被保险机动车危险程度发生显著变化的，保险人自收到前款约定的通知之日起 30 日内，可以相应调整保险费或者解除本保险合同。

第四十七条 保险责任开始前，投保人要求解除本保险合同的，应当向保险人支付应交保险费金额 3% 的退保手续费，保险人应当退还保险费。

保险责任开始后，投保人要求解除本保险合同的，自通知保险人之日起，本保险合同解除。保险人按日收取自保险责任开始之日起至合同解除之日止期间的保险费，并退还剩余部分保险费。

第四十八条 因履行本保险合同发生的争议，由当事人协商解决，协商不成的，由当事人从下列两种合同争议解决方式中选择一种，并在本保险合同中载明：

（一）提交保险单载明的仲裁委员会仲裁；

（二）依法向人民法院起诉。

本保险合同适用中华人民共和国法律（不含港、澳、台地区法律）。

附加险

附加险条款的法律效力优于主险条款。附加险条款未尽事宜，以主险条款为准。除附加险条款另有约定外，主险中的责任免除、双方义务同样适用于附加险。主险保险责任终止的，其相应的附加险保险责任同时终止。

1. 附加绝对免赔率特约条款；
2. 附加车轮单独损失险；
3. 附加新增加设备损失险；
4. 附加车身划痕损失险；
5. 附加修理期间费用补偿险；

6. 附加发动机进水损坏除外特约条款；
7. 附加车上货物责任险；
8. 附加精神损害抚慰金责任险；
9. 附加法定节假日限额翻倍险；
10. 附加医保外医疗费用责任险；
11. 附加机动车增值服务特约条款。

<h3 style="text-align:center">附加绝对免赔率特约条款</h3>

绝对免赔率为5%、10%、15%、20%，由投保人和保险人在投保时协商确定，具体以保险单载明为准。

被保险机动车发生主险约定的保险事故，保险人按照主险的约定计算赔款后，扣减本特约条款约定的免赔。即：

主险实际赔款＝按主险约定计算的赔款×（1-绝对免赔率）

<h3 style="text-align:center">附加车轮单独损失险</h3>

投保了机动车损失保险的机动车，可投保本附加险。

第一条 保险责任。

保险期间内，被保险人或被保险机动车驾驶人在使用被保险机动车过程中，因自然灾害、意外事故，导致被保险机动车未发生其他部位的损失，仅有车轮（含轮胎、轮毂、轮毂罩）单独的直接损失，且不属于免除保险人责任的范围，保险人依照本附加险合同的约定负责赔偿。

第二条 责任免除。

（一）车轮（含轮胎、轮毂、轮毂罩）的自然磨损、朽蚀、腐蚀、故障、本身质量缺陷；

（二）未发生全车盗抢，仅车轮单独丢失。

第三条 保险金额。

保险金额由投保人和保险人在投保时协商确定。

第四条 赔偿处理。

（一）发生保险事故后，保险人依据本条款约定在保险责任范围内承担赔偿责任。赔偿方式由保险人与被保险人协商确定。

（二）赔款＝实际修复费用-被保险人已从第三方获得的赔偿金额。

（三）在保险期间内，累计赔款金额达到保险金额，本附加险保险责任终止。

<h3 style="text-align:center">附加新增加设备损失险</h3>

投保了机动车损失保险的机动车，可投保本附加险。

第一条 保险责任。

保险期间内，投保了本附加险的被保险机动车因发生机动车损失保险责任范围内的事故，造成车上新增加设备的直接损毁，保险人在保险单载明的本附加险的保险金额内，按照实际损失计算赔偿。

第二条 保险金额。

保险金额根据新增加设备投保时的实际价值确定。新增加设备的实际价值是指新增加设备的购置价减去折旧金额后的金额。

第三条 赔偿处理。

发生保险事故后,保险人依据本条款约定在保险责任范围内承担赔偿责任。赔偿方式由保险人与被保险人协商确定。

赔款=实际修复费用-被保险人已从第三方获得的赔偿金额

<h2 style="text-align:center;">附加车身划痕损失险</h2>

投保了机动车损失保险的机动车,可投保本附加险。

第一条 保险责任。

保险期间内,被保险机动车在被保险人或被保险机动车驾驶人使用过程中,发生无明显碰撞痕迹的车身划痕损失,保险人按照保险合同约定负责赔偿。

第二条 责任免除。

(一)被保险人及其家庭成员、驾驶人及其家庭成员的故意行为造成的损失;

(二)因投保人、被保险人与他人的民事、经济纠纷导致的任何损失;

(三)车身表面自然老化、损坏,腐蚀造成的任何损失。

第三条 保险金额。

保险金额为2000元、5000元、10 000元或20 000元,由投保人和保险人在投保时协商确定。

第四条 赔偿处理。

(一)发生保险事故后,保险人依据本条款约定在保险责任范围内承担赔偿责任,赔偿方式由保险人与被保险人协商确定。

赔款=实际修复费用-被保险人已从第三方获得的赔偿金额

(二)在保险期间内,累计赔款金额达到保险金额,本附加险保险责任终止。

<h2 style="text-align:center;">附加修理期间费用补偿险</h2>

投保了机动车损失保险的机动车,可投保本附加险。

第一条 保险责任。

保险期间内,投保了本条款的机动车在使用过程中,发生机动车损失保险责任范围内的事故,造成车身损毁,致使被保险机动车停驶,保险人按保险合同约定,在保险金额内向被保险人补偿修理期间费用,作为代步车费用或弥补停驶损失。

第二条 责任免除。

下列情况下,保险人不承担修理期间费用补偿:

(一)因机动车损失保险责任范围以外的事故而致被保险机动车的损毁或修理;

(二)非在保险人认可的修理厂修理时,因车辆修理质量不合要求造成返修;

(三)被保险人或驾驶人拖延车辆送修期间。

第三条 保险金额。

本附加险保险金额=补偿天数×日补偿金额。补偿天数及日补偿金额由投保人与保险人协商确定并在保险合同中载明,保险期间内约定的补偿天数最高不超过90天。

第四条 赔偿处理。

全车损失,按保险单载明的保险金额计算赔偿;部分损失,在保险金额内按约定的日补偿金额乘以从送修之日起至修复之日止的实际天数计算赔偿,实际天数超过双方约定修理天数的,以双方约定的修理天数为准。

保险期间内，累计赔款金额达到保险单载明的保险金额，本附加险保险责任终止。

附加发动机进水损坏除外特约条款

投保了机动车损失保险的机动车，可投保本附加险。

保险期间内，投保了本附加险的被保险机动车在使用过程中，因发动机进水后导致的发动机的直接损毁，保险人不负责赔偿。

附加车上货物责任险

投保了机动车第三者责任保险的营业货车（含挂车），可投保本附加险。

第一条 保险责任。

保险期间内，发生意外事故致使被保险机动车所载货物遭受直接损毁，依法应由被保险人承担的损害赔偿责任，保险人负责赔偿。

第二条 责任免除。

（一）偷盗、哄抢、自然损耗、本身缺陷、短少、死亡、腐烂、变质、串味、生锈，动物走失、飞失、货物自身起火燃烧或爆炸造成的货物损失；

（二）违法、违章载运造成的损失；

（三）因包装、紧固不善，装载、遮盖不当导致的任何损失；

（四）车上人员携带的私人物品的损失；

（五）保险事故导致的货物减值、运输延迟、营业损失及其他各种间接损失；

（六）法律、行政法规禁止运输的货物的损失。

第三条 责任限额。

责任限额由投保人和保险人在投保时协商确定。

第四条 赔偿处理。

（一）被保险人索赔时，应提供运单、起运地货物价格证明等相关单据。保险人在责任限额内按起运地价格计算赔偿。

（二）发生保险事故后，保险人依据本条款约定在保险责任范围内承担赔偿责任，赔偿方式由保险人与被保险人协商确定。

附加精神损害抚慰金责任险

投保了机动车第三者责任保险或机动车车上人员责任保险的机动车，可投保本附加险。

在投保人仅投保机动车第三者责任保险的基础上附加本附加险时，保险人只负责赔偿第三者的精神损害抚慰金；在投保人仅投保机动车车上人员责任保险的基础上附加本附加险时，保险人只负责赔偿车上人员的精神损害抚慰金。

第一条 保险责任。

保险期间内，被保险人或其允许的驾驶人在使用被保险机动车的过程中，发生投保的主险约定的保险责任内的事故，造成第三者或车上人员的人身伤亡，受害人据此提出精神损害赔偿请求，保险人依据法院判决及保险合同约定，对应由被保险人或被保险机动车驾驶人支付的精神损害抚慰金，在扣除机动车交通事故责任强制保险应当支付的赔款后，在本保险赔偿限额内负责赔偿。

第二条 责任免除。

（一）根据被保险人与他人的合同协议，应由他人承担的精神损害抚慰金；

（二）未发生交通事故，仅因第三者或本车人员的惊恐而引起的损害；

(三) 怀孕妇女的流产发生在交通事故发生之日起 30 天以外的。

第三条 赔偿限额。

本保险每次事故赔偿限额由保险人和投保人在投保时协商确定。

第四条 赔偿处理。

本附加险赔偿金额依据生效法律文书或当事人达成且经保险人认可的赔付协议，在保险单所载明的赔偿限额内计算赔偿。

附加法定节假日限额翻倍险

投保了机动车第三者责任保险的家庭自用汽车，可投保本附加险。

保险期间内，被保险人或其允许的驾驶人在法定节假日期间使用被保险机动车发生机动车第三者责任保险范围内的事故，并经公安部门或保险人查勘确认的，被保险机动车第三者责任保险所适用的责任限额在保险单载明的基础上增加一倍。

附加医保外医疗费用责任险

投保了机动车第三者责任保险或机动车车上人员责任保险的机动车，可投保本附加险。

第一条 保险责任。

保险期间内，被保险人或其允许的驾驶人在使用被保险机动车的过程中，发生主险保险事故，对于被保险人依照中华人民共和国法律（不含港、澳、台地区法律）应对第三者或车上人员承担的医疗费用，保险人对超出《道路交通事故受伤人员临床诊疗指南》和国家基本医疗保险同类医疗费用标准的部分负责赔偿。

第二条 责任免除。

下列损失、费用，保险人不负责赔偿：

(一) 在相同保障的其他保险项下可获得赔偿的部分；

(二) 所诊治伤情与主险保险事故无关联的医疗、医药费用；

(三) 特需医疗类费用。

第三条 赔偿限额。

赔偿限额由投保人和保险人在投保时协商确定，并在保险单中载明。

第四条 赔偿处理。

被保险人索赔时，应提供由具备医疗机构执业许可的医院或药品经营许可的药店出具的、足以证明各项费用赔偿金额的相关单据。保险人根据被保险人实际承担的责任，在保险单载明的责任限额内计算赔偿。

附加机动车增值服务特约条款

第一条 投保了机动车保险后，可投保本特约条款。

第二条 本特约条款包括道路救援服务特约条款、车辆安全检测特约条款、代为驾驶服务特约条款、代为送检服务特约条款共四个独立的特约条款，投保人可以选择投保全部特约条款，也可以选择投保其中部分特约条款。保险人依照保险合同的约定，按照承保特约条款分别提供增值服务。

第一章 道路救援服务特约条款

第三条 服务范围。

保险期间内，被保险机动车在使用过程中发生故障而丧失行驶能力时，保险人或其受托人根据被保险人请求，向被保险人提供如下道路救援服务：

（一）单程50公里以内拖车；
（二）送油、送水、送防冻液、搭电；
（三）轮胎充气、更换轮胎；
（四）车辆脱离困境所需的拖拽、吊车。

第四条 责任免除。

（一）根据所在地法律法规、行政管理部门的规定，无法开展相关服务项目的情形；
（二）送油、更换轮胎等服务过程中产生的油料、防冻液、配件、辅料等材料费用；
（三）被保险人或驾驶人的故意行为。

第五条 责任限额。

保险期间内，保险人提供2次免费服务，超出2次的，由投保人和保险人在签订保险合同时协商确定，分为5次、10次、15次、20次四档。

第二章 车辆安全检测特约条款

第六条 服务范围。

保险期间内，为保障车辆安全运行，保险人或其受托人根据被保险人请求，为被保险机动车提供车辆安全检测服务，车辆安全检测项目包括：

（一）发动机检测（机油、空滤、燃油、冷却等）；
（二）变速器检测；
（三）转向系统检测（含车轮定位测试、轮胎动平衡测试）；
（四）底盘检测；
（五）轮胎检测；
（六）汽车玻璃检测；
（七）汽车电子系统检测（全车电控电器系统检测）；
（八）车内环境检测；
（九）蓄电池检测；
（十）车辆综合安全检测。

第七条 责任免除。

（一）检测中发现的问题部件的更换、维修费用；
（二）洗车、打蜡等常规保养费用；
（三）车辆运输费用。

第八条 责任限额。

保险期间内，本特约条款的检测项目及服务次数上限由投保人和保险人在签订保险合同时协商确定。

第三章 代为驾驶服务特约条款

第九条 服务范围。

保险期间内，保险人或其受托人根据被保险人请求，在被保险人或其允许的驾驶人因饮酒、服用药物等原因无法驾驶或存在重大安全驾驶隐患时提供单程30公里以内的短途代驾服务。

第十条 责任免除。

根据所在地法律法规、行政管理部门的要求，无法开展相关服务项目的情形。

第十一条　责任限额。

保险期间内，本特约条款的服务次数上限由投保人和保险人在签订保险合同时协商确定。

第四章　代为送检服务特约条款

第十二条　服务范围。

保险期间内，按照《中华人民共和国道路交通安全法实施条例》，被保险机动车需由机动车安全技术检验机构实施安全技术检验时，根据被保险人请求，由保险人或其受托人代替车辆所有人进行车辆送检。

第十三条　责任免除。

（一）根据所在地法律法规、行政管理部门的要求，无法开展相关服务项目的情形；

（二）车辆检验费用及罚款；

（三）维修费用。

释　义

【使用被保险机动车过程】指被保险机动车作为一种工具被使用的整个过程，包括行驶、停放及作业，但不包括在营业场所被维修养护期间、被营业单位拖带或被吊装等施救期间。

【自然灾害】指对人类以及人类赖以生存的环境造成破坏性影响的自然现象，包括雷击、暴风、暴雨、洪水、龙卷风、冰雹、台风、热带风暴、地陷、崖崩、滑坡、泥石流、雪崩、冰陷、暴雪、冰凌、沙尘暴、地震及其次生灾害等。

【意外事故】指被保险人不可预料、无法控制的突发性事件，但不包括战争、军事冲突、恐怖活动、暴乱、污染（含放射性污染）、核反应、核辐射等。

【交通肇事逃逸】是指发生道路交通事故后，当事人为逃避法律责任，驾驶或者遗弃车辆逃离道路交通事故现场以及潜逃藏匿的行为。

【车轮单独损失】指未发生被保险机动车其他部位的损失，因自然灾害、意外事故，仅发生轮胎、轮毂、轮毂罩的分别单独损失，或上述三者之中任意二者的共同损失，或三者的共同损失。

【车身划痕】仅发生被保险机动车车身表面油漆的损坏，且无明显碰撞痕迹。

【新增加设备】指被保险机动车出厂时原有设备以外的，另外加装的设备和设施。

【新车购置价】指本保险合同签订地购置与被保险机动车同类型新车的价格，无同类型新车市场销售价格的，由投保人与保险人协商确定。

【全部损失】指被保险机动车发生事故后灭失，或者受到严重损坏完全失去原有形体、效用，或者不能再归被保险人所拥有的，为实际全损；或被保险机动车发生事故后，认为实际全损已经不可避免，或者为避免发生实际全损所需支付的费用超过实际价值的，为推定全损。

【家庭成员】指配偶、父母、子女和其他共同生活的近亲属。

【市场公允价值】指熟悉市场情况的买卖双方在公平交易的条件下和自愿的情况下所确定的价格，或无关联的双方在公平交易的条件下一项资产可以被买卖或者一项负债可以被清偿的成交价格。

【参考折旧系数表】

参考折旧系数

车辆种类	月折旧系数			
	家庭自用/%	非营业/%	营业	
			出租/%	其他/%
9座以下客车	0.60	0.60	1.10	0.90
10座以上客车	0.90	0.90	1.10	0.90
微型载货汽车	/	0.90	1.10	1.10
带拖挂的载货汽车	/	0.90	1.10	1.10
低速货车和三轮汽车	/	1.10	1.40	1.40
其他车辆	/	0.90	1.10	0.90

折旧按月计算,不足一个月的部分,不计折旧。最高折旧金额不超过投保时被保险机动车新车购置价的80%。

折旧金额=新车购置价×被保险机动车已使用月数×月折旧系数

【饮酒】指驾驶人饮用含有酒精的饮料,驾驶机动车时血液中的酒精含量大于等于20mg/100mL 的。

【法定节假日】法定节假日包括:中华人民共和国国务院规定的元旦、春节、清明节、劳动节、端午节、中秋节和国庆节放假调休日期,及星期六、星期日,具体以国务院公布的文件为准。

法定节假日不包括:

1. 因国务院安排调休形成的工作日;
2. 国务院规定的一次性全国假日;
3. 地方性假日。

【污染(含放射性污染)】指被保险机动车正常使用过程中或发生事故时,由于油料、尾气、货物或其他污染物的泄漏、飞溅、排放、散落等造成的被保险机动车和第三方财产的污损、状况恶化或人身伤亡。

【特需医疗类费用】指医院的特需医疗部门/中心/病房,包括但不限于特需医疗部、外宾医疗部、VIP部、国际医疗中心、联合医院、联合病房、干部病房、A级病房、家庭病房、套房等不属于社会基本医疗保险范畴的高等级病房产生的费用,以及名医门诊、指定专家团队门诊、特需门诊、国际门诊等产生的费用。

二、车险综合改革新增附加险内容

车险综合改革后新增了6个附加险,其基本内容见表4-10,附加机动车增值服务特约条款的服务范围见表4-11。

表 4-10　车险综合改革新增附加险内容

新增附加险内容	
条款	内容
附加绝对免赔率特约条款	绝对免赔率为 5%、10%、15%、20%，由投保人和保险人在投保时协商确定，具体以保险单载明为准
	被保险机动车发生主险约定的保险事故，保险人按照主险的约定计算赔款后，扣减本特约条款约定的免赔。即：主险实际赔款=按主险约定计算的赔款×(1-绝对免赔率)
附加车轮单独损失险	保险期间内，被保险人或被保险机动车驾驶人在使用被保险机动车过程中，因自然灾害、意外事故或被盗窃、抢劫、抢夺，导致被保险机动车未发生其他部位的损失、仅有车轮（含轮胎、轮毂、轮毂罩）单独的直接损失，且不属于免除保险人责任的范围，保险人依照本附加险合同的约定负责赔偿
附加发动机损坏除外特约条款	保险期间内，投保了本附加的被保险机动车在使过程中，因发动机进水后导致的发动机的直接损毁，保险人不负责赔偿
附加医保外用药责任险	保险期间内，被保险人或其允许的驾驶人在使被保险机动车的过程中，发生主保险事故，对于被保险人依照中华人民共和国法律（不含港、澳、台地区法律）应对第三者或车上人员承担的医疗费用，保险人对超出《道路交通事故受伤人员临床诊疗指南》和国家基本医疗保险同类医疗费标准的部分负责赔偿
附加法定节假日限额翻倍险	保险期间内，被保险人或其允许的驾驶人在法定节假日期间使用被保险机动车发生机动车第三者责任保险范围内的事故，并经公安部门或保险人查勘确认的，被保险机动车第三者责任保险所适用的责任限额在保险单载明的基础上增加一倍
附加机动车增值服务特约条款	投保了机动车保险后，可投保本特约条款
	本特约条款包括道路救援服务特约条款、车辆安全检测特约条款、代为驾驶服务特约条款、代为送检服务特约条款共四个独立的特约条款，投保人可以选择投保全部特约条款，也可以选择投保其中部分特约条款。保险人依照保险合同的约定，按照承保特约条款分别提供增值服务

表 4-11　附加机动车增值服务特约条款服务范围

附加机动车增值服务特约条款	
条款	服务范围
道路救援服务	保险期间内，被保险机动车在使用过程中发生故障而丧失行驶能力时，保险人或其受托人根据被保险人请求，向被保险人提供如下道路救援服务： ①单程 50 公里以内拖车； ②送油、送水、送防冻液、搭电； ③轮胎充气、更换轮胎； ④车辆脱离困境所需的拖拽、吊车

续表

附加机动车增值服务特约条款	
条款	服务范围
车辆安全检测	保险期间内，为保障车辆安全运行，保险人或其受托人根据被保险人请求，为被保险机动车提供车辆安全检测服务，车辆安全检测项目包括： ①发动机检测（机油、空滤、燃油、冷却等）； ②变速器检测； ③转向系统检测（含车轮定位、轮胎动平衡）； ④底盘检测； ⑤轮胎检测； ⑥汽车电子系统检测（全车电控系统检测）； ⑦车内环境检测； ⑧蓄电池检测； ⑨车辆综合安全检测
代为驾驶服务	保险期间内，保险人或其受托人根据被保险人请求，在被保险人或其允许的驾驶人因饮酒、服用药物等原因无法驾驶或存在重大安全驾驶隐患时提供单程30公里以内的短途代驾服务
代为送检服务	保险期间内，按照《中华人民共和国道路交通安全法实施条例》，被保险机动车需由机动车安全技术检验机构实施安全技术检验时，根据被保险人请求，由保险人或其受托人代替车辆所有人进行车辆送检

三、汽车保险的特征

汽车保险的基本特征，可以概括为以下几点：

1. 保险标的出险率较高

汽车是陆地的主要交通工具。由于其经常处于运动状态，很容易发生碰撞及其他意外事故，造成人身伤亡或财产损失。由于车辆数量的迅速增加，一些国家交通设施及管理水平跟不上车辆的发展速度，再加上驾驶人的疏忽、过失等人为原因，交通事故发生频繁，汽车出险率较高。

2. 业务量大，投保率高

由于汽车出险率较高，汽车的所有者需要以保险方式转嫁风险。各国政府在不断改善交通设施，严格制定交通规章的同时，为了保障受害人的利益，大多对第三者责任保险实施强制保险。

保险人为适应投保人转嫁风险的不同需要，为被保险人提供了更全面的保障，在开展车辆损失险和第三者责任险的基础上，推出了一系列附加险，使汽车保险成为财产保险中业务量较大、投保率较高的一个险种。

3. 扩大保险利益

汽车保险中，针对汽车的所有者与使用者不同的特点，汽车保险条款一般规定：不仅被保险人本人使用车辆时发生保险事故保险人要承担赔偿责任，而且凡是被保险人允许的驾驶人使用车辆时，也视为其对保险标的具有保险利益，如果发生保险单上约定的事故，保险人同样要承担事故造成的损失。

此规定是为了对被保险人提供更充分的保障，并非违背保险利益原则。但如果在保险合同有效期内，被保险人将保险车辆转卖、转让、赠送他人，被保险人应当书面通知保险人并申请办理批改。否则，保险事故发生时，保险人对被保险人不承担赔偿责任。

4. 被保险人自负责任与无赔款优待

为了促使被保险人注意维护、养护车辆，使其保持安全行驶技术状态，并督促驾驶人注意安全行车，以减少交通事故，保险合同上一般规定：驾驶人在交通事故中所负责任，车辆损失险和第三者责任险在符合赔偿规定的金额内实行绝对免赔率；保险车辆在保险期限内无赔款，续保时可以按保险费的一定比例享受无赔款优待。以上两项规定，虽然分别是对被保险人的惩罚和优待，但要达到的目的是一致的。

项目四测试

项目五
汽车税费管理法律法规认知

税收是指国家为了向社会提供公共产品、满足社会共同需要、参与社会产品的分配，按照法律的规定，强制、无偿取得财政收入的一种规范形式。税收是一种非常重要的政策工具，也是市场经济中灵敏的调节杠杆。汽车产业是国家税收的重要来源之一，汽车税费政策是引导汽车产业健康发展不可或缺的重要政策，对汽车产业可持续发展将产生重大影响。我国汽车产业税收体系，除了消费税，汽车在生产、购买、使用、保有、进出口等环节都会涉及各种各样的税费。目前，我国汽车税费体系相对比较完整，对汽车产业的发展起到了引导、鼓励和一定的调整作用。

大禹治税

任务一 税收法律法规认知

"国之税收，民惟邦本"，税收和我们的日常生活息息相关！税收是改善民生的重要保障，对于税收我们要给予足够的重视。国家只有获得足够的税收，才能更好地为社会的健康发展提供强有力的保障。社会的正常运行，不仅需要和平发展的环境，更需要足够的财力。社会各项公共设施的维护、公共服务的提供，处处离不开"钱"。没钱不仅我们自己过不去，对于国家同样如此！

无论什么时代，税收对于国家的作用一直是至关重要的存在。我们不仅要了解税收的作用，更应该做一个合格的纳税人。

素质目标
1. 强化守法意识;
2. 强化对税收"取之于民,用之于民"性质的理解。

知识目标
了解税收的概念、特征和分类。

技能目标
能够理解税收的作用。

根据任务描述税收和税法相关知识,能够理解税收的作用。

学习领域	税收		
学习情境	不了解税收的相关知识	学习时间	
工作任务	能够理解税收的种类、作用、税率等相关概念	学习地点	
课前预习	了解税法的概念和税法法律关系及构成要素		
知识准备 (1) 税收的特征有哪些? (2) 简述税收的种类。 (3) 什么是税目和税率? 完成任务 用自己的理解说一说税收的作用。			
学习笔记	"取之于民,用之于民"是我国社会主义税收体现的分配关系性质。请从这一视角,简述汽车税收的意义和内涵。		
成绩			

任务评价表

指标	参考标准	分值
任务完成度（5分）	能够充分利用教材和网络资源准确完成任务单的知识准备和任务，了解税收的作用、特征和分类	
素质养成度（5分）	在知识学习和任务完成过程中，能够强化守法意识，强化对税收"取之于民，用之于民"性质的理解	

一、汽车税收概述

1. 税收的概念与作用

（1）税收的概念

税收是国家为了满足一般的社会共同需要，凭借政治的权力，按照国家法律规定的标准，强制地、无偿地取得财政收入的一种分配形式。

（2）税收的作用

税收具有组织收入、调节经济、维护国家政权和国家利益等方面的重要作用。

①税收是国家组织财政收入的主要形式。税收组织财政收入的作用主要表现在三个方面：一是税收具有强制性、无偿性和固定性，因而能保证其收入的稳定；二是税收按年、按季、按月征收，均匀入库，有利于财力调度，满足日常财政支出；三是税收的税源十分广泛，多税种、多税目、多层次、全方位的课税制度，能从多方面筹集财政收入。

②税收是国家调控经济运行的重要手段。经济决定税收，税收反作用于经济。国家通过税种的设置，以及加成征收或减免税等手段来影响社会成员的经济利益，改变社会财富分配状况，对资源配置和社会经济发展产生影响，调节社会生产、交换、分配和消费，从而达到调解经济运行的目的，促进社会经济健康发展。

③税收具有维护国家政权的作用。国家政权是税收产生和存在的必要条件，而国家政权的存在又有赖于税收的存在。同时，税收不是按照等价原则和所有权原则分配的，而是凭借政治权力对物质利益进行调节，从而达到巩固国家政权的政治目的。

④税收是国际经济交往中维护国家利益的可靠保证。在国际经济交往中，任何国家对本国境内从事生产经营的外国企业和个人都拥有税收管辖权，这是国家权益的具体体现。

2. 税收的特征

税收具有强制性、无偿性和固定性三大特征。

（1）强制性

税收是国家以社会管理者身份，凭借政治权力，通过颁布法律或政令来进行强制征收。

负有纳税义务的社会集团和社会成员,都必须遵守国家强制性的税收法令,依法纳税,否则就要受到法律制裁。

(2) 无偿性

税收是国家凭借政治权力,将社会集团和社会成员的一部分收入归国家所有,国家不向原纳税人支付任何报酬或代价,也不再直接偿还给原来的纳税人。

(3) 固定性

税收是按照国家法令预定的标准征收的,即征收对象、税目、税率、纳税义务人、计算纳税办法和期限等都是税收法规预先规定了的,有一个比较稳定的适用期限,是国家的一种固定的连续性收入。

3. 税收的分类

我国对税收的分类,依据不同的标准,通常有以下几种主要分类方法:

(1) 按征税对象分类,可将全部税收划分为流转税类、所得税类、财产税类、资源税类和行为税类五种类型

①流转税是以商品生产、商品流通和劳动服务的流转额为征税对象的一类税收。流转额包括两种,一是商品流转额,即商品交易的金额或数量;二是非商品流转额,即各种劳务收入或服务性业务收入的金额。我国现行的流转税主要包括增值税、消费税、营业税和关税等。

②所得税也称收益税,是以纳税人的各种收益额为征税对象的一类税收。所得税类税收属于终端税种,它体现了量能负担的原则,即所得多的多征,所得少的少征,无所得的不征。所得税类税收的特点是:征税对象不是一般收入,而是总收入减除准予扣除项目后的余额,即应纳税所得额,征税数额受成本、费用、利润高低的影响较大。现阶段我国所得税主要包括企业所得税、个人所得税等。

③财产税是以纳税人拥有的财产数量或财产价值为征税对象的一类税收。财产税类税收的特点是:税收负担与财产价值、数量关系密切,体现调节财富、合理分配的原则。我国现行的财产税主要包括房产税、城市房地产税、车船税、车船使用牌照税、船舶吨税、城镇土地使用税等。

④资源税是以自然资源和某些社会资源为征税对象的税收。其特点是:税负高低与资源级差收益水平关系密切,征税范围的选择比较灵活。

⑤行为税也称特定行为目的税。它是国家为了实现某种特定目的,以纳税人的某些特定行为为征税对象的一类税收。其特点是:征税的选择性较为明显,税种较多,具有较强的时效性,包括印花税、车辆购置税、城市维护建设税、契税、耕地占用税等。

(2) 按征收管理的分工体系分类,可分为工商税类、关税类

①工商税类是我国现行税制的主体部分。该类税收由税务机关负责征收管理。主要包括增值税、消费税、营业税、资源税、企业所得税、个人所得税、城市维护建设税、房产税、城市房地产税、车船税、车船使用牌照税、土地增值税、城镇土地使用税、印花税、车辆购置税等税种。

②关税类是国家授权海关以出入关境的货物和物品为征税对象的税收,主要包括:进出口关税、由海关代征的进口环节增值税、消费税和船舶吨位税。

(3) 按照税收征收权限和收入支配权限分类,可分为中央税、地方税和中央地方共

享税

①中央税是指由中央政府征收和管理使用或者地方政府征税后全部划解中央，由中央所有和支配的税收，主要包括关税、消费税（含进口环节由海关代征的部分）、海关代征的进口环节增值税等。

②地方税是指由地方政府征收、管理和支配的一类税收，主要包括城镇土地使用税、耕地占用税、土地增值税、房产税、车船使用税、契税等。

③中央地方共享税是指税收收入由中央和地方按比例分享的税收，主要包括增值税（不含进口环节增值税）、营业税、企业所得税、个人所得税等。

（4）按照计税标准不同进行的分类，可分为从价税、从量税和复合税

①从价税是指以征税对象的价值或价格为计税依据征收的一种税，一般采用比例税率和累进税率，税收负担比较合理。如我国现行的增值税、营业税、企业所得税、个人所得税等税种。

②从量税是指以征税对象的实物量作为计税依据征收的一种税，一般采用定额税率，如我国现行的车船使用税、土地使用税、消费税中的啤酒和黄酒等。

③复合税对征税对象采取从价和从量相结合的复合计税方法，如对卷烟、白酒征收的消费税。

二、税法的概述

1. 税法的概念

税法是国家制定的用以调整国家与纳税人之间在征纳税方面的权利及义务关系的法律规范总称。其内容主要包括各税种的法律法规以及为了保证这些税法得以实施的税收征管制度和税收管理体制。其目的是保障国家利益和纳税人的合法权益，维护正常的税收秩序，保证国家的财政收入。其中，税法是税收制度的核心内容。

税法与税收制度是密不可分的，税法是税收制度的法律表现形式，而税法所确定的具体内容则是税收制度。

2. 税收法律关系的构成

税收法律关系总体上跟其他法律关系一样，由权利主体、权利客体和其内容三方面构成。

（1）权利主体

权利主体是指税收法律关系中享有权利和承担义务的当事人。在我国税收法律关系中，权利主体一方是代表国家行使征税职责的国家税务机关，另一方是履行纳税义务的人。

（2）权利客体

权利客体是指税收法律关系主体双方的权利和义务所指向的对象，也就是征税对象。征税对象是区分不同税种的主要标志，我国现行税收法律、法规都有自己特定的征税对象。

（3）税收法律关系的内容

税收法律关系的内容就是权利主体所享有的权利和所应承担的义务。

①税务机关的权利主要表现在依法进行征税、税务检查以及对违章者进行处罚；其义务主要是向纳税人宣传、辅导、解读税法，及时把征收的税款解缴国库，依法受理纳税人对税收争议的申诉等。

②纳税义务人的权利主要有多缴税款申请退还权、延期纳税权、依法申请减免税权、申请复议和提起诉讼权等。其义务主要是按税法规定办理税务登记、进行纳税申报、接受税务检查、依法缴纳税款等。

3. 税法的构成要素

（1）纳税义务人

纳税义务人有两种基本形式：自然人和法人。自然人和法人是两个相对称的法律概念。自然人是基于自然规律而出生的，有民事权利和义务的主体，包括本国公民，也包括外国人和无国籍人。法人是自然人的对称，根据《中华人民共和国民法典》规定，法人是基于法律规定享有权利能力和行为能力，具有独立的财产和经费，依法独立承担民事责任的社会组织。我国的法人主要有四种：机关法人、事业法人、企业法人和社团法人。

（2）代扣代缴义务人

代扣代缴义务人是指虽不承担纳税义务，但依照有关规定，在向纳税人支付收入、结算货款、收取费用时有义务代扣代缴其应纳税款的单位和个人。

（3）代收代缴义务人

代收代缴义务人是指虽不承担纳税义务，但依照有关规定，在向纳税人收取商品或劳务收入时，有义务代收代缴其应纳税款的单位和个人。如消费税条例规定，委托加工的应税消费品，由受托方在向委托方交货时代收代缴委托方应该缴纳的消费税。

（4）税基

税基又称计税依据，是据以计算征税对象应纳税款的直接数量依据，它解决对征税对象课税的计算问题，是对课税对象的量的规定。

（5）征税对象

征税对象又称课税对象、征税客体，是指对何种客体征税，即征税的标的物。如消费税的征税对象就是消费品（如烟、酒等），房产税的征税对象就是房屋。征税对象是税法的最基本要素，是区分不同税种的主要标志。

（6）税目

税目是征税对象的具体化，是税法中对征税对象分类规定的具体征税品种和项目。如消费税就设有烟、酒和酒精、化妆品等税目。

（7）计税单位

计税单位亦称计税标准、课税单位。它是课税对象的计量单位和缴纳标准，是课税对象的量化。计税单位分为从价计税、从量计税和混合计税三种。

（8）税率

税率是指应纳税额与征税对象数额之间的比例。税率是计算应纳税额的尺度，反映税负水平的高低。我国现行税率分为三种：比例税率、累进税率和定额税率。

1）比例税率

比例税率指按照固定比例确定的税率，即不论征税对象数额大小，只按一个固定比例征税。如增值税、营业税、企业所得税等均实行比例税率。

①单一比例税率，是指对同一征税对象的所有纳税人都适用同一比例税率。

②差别比例税率，是指对同一征税对象的不同纳税人适用不同的比例征税。

③幅度比例税率，是指对同一征税对象，税法只规定最低税率和最高税率，各地区在该

幅度内确定具体的适用税率。

2）累进税率

累进税率指根据征税对象数额大小而确定不同等级的税率，征税对象数额越大，税率越高；反之，征税对象数额越小，税率越低，如个人所得税税率的确定。

3）定额税率

定额税率又称固定税率，指按单位征税对象规定固定纳税额的税率，如在消费税中，每升无铅汽油征税 0.20 元，每升含铅汽油征税 0.28 元。

三、中华人民共和国税收征收管理法

根据 2015 年 4 月 24 日第十二届全国人民代表大会常务委员会第十四次会议《关于修改〈中华人民共和国港口法〉等七部法律的决定》第三次修正。《中华人民共和国税收征收管理法》原文如下：

第一章　总　则

第一条　为了加强税收征收管理，规范税收征收和缴纳行为，保障国家税收收入，保护纳税人的合法权益，促进经济和社会发展，制定本法。

第二条　凡依法由税务机关征收的各种税收的征收管理，均适用本法。

第三条　税收的开征、停征以及减税、免税、退税、补税，依照法律的规定执行；法律授权国务院规定的，依照国务院制定的行政法规的规定执行。

任何机关、单位和个人不得违反法律、行政法规的规定，擅自作出税收开征、停征以及减税、免税、退税、补税和其他同税收法律、行政法规相抵触的决定。

第四条　法律、行政法规规定负有纳税义务的单位和个人为纳税人。

法律、行政法规规定负有代扣代缴、代收代缴税款义务的单位和个人为扣缴义务人。

纳税人、扣缴义务人必须依照法律、行政法规的规定缴纳税款、代扣代缴、代收代缴税款。

第五条　国务院税务主管部门主管全国税收征收管理工作。各地国家税务局和地方税务局应当按照国务院规定的税收征收管理范围分别进行征收管理。

地方各级人民政府应当依法加强对本行政区域内税收征收管理工作的领导或者协调，支持税务机关依法执行职务，依照法定税率计算税额，依法征收税款。

各有关部门和单位应当支持、协助税务机关依法执行职务。

税务机关依法执行职务，任何单位和个人不得阻挠。

第六条　国家有计划地用现代信息技术装备各级税务机关，加强税收征收管理信息系统的现代化建设，建立、健全税务机关与政府其他管理机关的信息共享制度。

纳税人、扣缴义务人和其他有关单位应当按照国家有关规定如实向税务机关提供与纳税和代扣代缴、代收代缴税款有关的信息。

第七条　税务机关应当广泛宣传税收法律、行政法规，普及纳税知识，无偿地为纳税人提供纳税咨询服务。

第八条　纳税人、扣缴义务人有权向税务机关了解国家税收法律、行政法规的规定以及与纳税程序有关的情况。

纳税人、扣缴义务人有权要求税务机关为纳税人、扣缴义务人的情况保密。税务机关应当依法为纳税人、扣缴义务人的情况保密。

纳税人依法享有申请减税、免税、退税的权利。

纳税人、扣缴义务人对税务机关所作出的决定，享有陈述权、申辩权；依法享有申请行政复议、提起行政诉讼、请求国家赔偿等权利。

纳税人、扣缴义务人有权控告和检举税务机关、税务人员的违法违纪行为。

第九条 税务机关应当加强队伍建设，提高税务人员的政治业务素质。

税务机关、税务人员必须秉公执法，忠于职守，清正廉洁，礼貌待人，文明服务，尊重和保护纳税人、扣缴义务人的权利，依法接受监督。

税务人员不得索贿受贿、徇私舞弊、玩忽职守、不征或者少征应征税款；不得滥用职权多征税款或者故意刁难纳税人和扣缴义务人。

第十条 各级税务机关应当建立、健全内部制约和监督管理制度。

上级税务机关应当对下级税务机关的执法活动依法进行监督。

各级税务机关应当对其工作人员执行法律、行政法规和廉洁自律准则的情况进行监督检查。

第十一条 税务机关负责征收、管理、稽查、行政复议的人员的职责应当明确，并相互分离、相互制约。

第十二条 税务人员征收税款和查处税收违法案件，与纳税人、扣缴义务人或者税收违法案件有利害关系的，应当回避。

第十三条 任何单位和个人都有权检举违反税收法律、行政法规的行为。收到检举的机关和负责查处的机关应当为检举人保密。税务机关应当按照规定对检举人给予奖励。

第十四条 本法所称税务机关是指各级税务局、税务分局、税务所和按照国务院规定设立的并向社会公告的税务机构。

第二章 税务管理
第一节 税务登记

第十五条 企业，企业在外地设立的分支机构和从事生产、经营的场所，个体工商户和从事生产、经营的事业单位（以下统称从事生产、经营的纳税人）自领取营业执照之日起三十日内，持有关证件，向税务机关申报办理税务登记。税务机关应当于收到申报的当日办理登记并发给税务登记证件。

工商行政管理机关应当将办理登记注册、核发营业执照的情况，定期向税务机关通报。

本条第一款规定以外的纳税人办理税务登记和扣缴义务人办理扣缴税款登记的范围和办法，由国务院规定。

第十六条 从事生产、经营的纳税人，税务登记内容发生变化的，自工商行政管理机关办理变更登记之日起三十日内或者在向工商行政管理机关申请办理注销登记之前，持有关证件向税务机关申报办理变更或者注销税务登记。

第十七条 从事生产、经营的纳税人应当按照国家有关规定，持税务登记证件，在银行或者其他金融机构开立基本存款账户和其他存款账户，并将其全部账号向税务机关报告。

银行和其他金融机构应当在从事生产、经营的纳税人的账户中登录税务登记证件号码，并在税务登记证件中登录从事生产、经营的纳税人的账户账号。

税务机关依法查询从事生产、经营的纳税人开立账户的情况时，有关银行和其他金融机构应当予以协助。

第十八条 纳税人按照国务院税务主管部门的规定使用税务登记证件。税务登记证件不得转借、涂改、损毁、买卖或者伪造。

第二节 账簿、凭证管理

第十九条 纳税人、扣缴义务人按照有关法律、行政法规和国务院财政、税务主管部门的规定设置账簿，根据合法、有效凭证记账，进行核算。

第二十条 从事生产、经营的纳税人的财务、会计制度或者财务、会计处理办法和会计核算软件，应当报送税务机关备案。

纳税人、扣缴义务人的财务、会计制度或者财务、会计处理办法与国务院或者国务院财政、税务主管部门有关税收的规定抵触的，依照国务院或者国务院财政、税务主管部门有关税收的规定计算应纳税款、代扣代缴和代收代缴税款。

第二十一条 税务机关是发票的主管机关，负责发票印制、领购、开具、取得、保管、缴销的管理和监督。

单位、个人在购销商品、提供或者接受经营服务以及从事其他经营活动中，应当按照规定开具、使用、取得发票。

发票的管理办法由国务院规定。

第二十二条 增值税专用发票由国务院税务主管部门指定的企业印制；其他发票，按照国务院税务主管部门的规定，分别由省、自治区、直辖市国家税务局、地方税务局指定企业印制。

未经前款规定的税务机关指定，不得印制发票。

第二十三条 国家根据税收征收管理的需要，积极推广使用税控装置。纳税人应当按照规定安装、使用税控装置，不得损毁或者擅自改动税控装置。

第二十四条 从事生产、经营的纳税人、扣缴义务人必须按照国务院财政、税务主管部门规定的保管期限保管账簿、记账凭证、完税凭证及其他有关资料。

账簿、记账凭证、完税凭证及其他有关资料不得伪造、变造或者擅自损毁。

第三节 纳税申报

第二十五条 纳税人必须依照法律、行政法规规定或者税务机关依照法律、行政法规的规定确定的申报期限、申报内容如实办理纳税申报，报送纳税申报表、财务会计报表以及税务机关根据实际需要要求纳税人报送的其他纳税资料。

扣缴义务人必须依照法律、行政法规规定或者税务机关依照法律、行政法规的规定确定的申报期限、申报内容如实报送代扣代缴、代收代缴税款报告表以及税务机关根据实际需要要求扣缴义务人报送的其他有关资料。

第二十六条 纳税人、扣缴义务人可以直接到税务机关办理纳税申报或者报送代扣代缴、代收代缴税款报告表，也可以按照规定采取邮寄、数据电文或者其他方式办理上述申报、报送事项。

第二十七条 纳税人、扣缴义务人不能按期办理纳税申报或者报送代扣代缴、代收代缴税款报告表的，经税务机关核准，可以延期申报。

经核准延期办理前款规定的申报、报送事项的，应当在纳税期内按照上期实际缴纳的税额或者税务机关核定的税额预缴税款，并在核准的延期内办理税款结算。

第三章 税款征收

第二十八条 税务机关依照法律、行政法规的规定征收税款，不得违反法律、行政法规的规定开征、停征、多征、少征、提前征收、延缓征收或者摊派税款。

农业税应纳税额按照法律、行政法规的规定核定。

第二十九条 除税务机关、税务人员以及经税务机关依照法律、行政法规委托的单位和人员外，任何单位和个人不得进行税款征收活动。

第三十条 扣缴义务人依照法律、行政法规的规定履行代扣、代收税款的义务。对法律、行政法规没有规定负有代扣、代收税款义务的单位和个人，税务机关不得要求其履行代扣、代收税款义务。

扣缴义务人依法履行代扣、代收税款义务时，纳税人不得拒绝。纳税人拒绝的，扣缴义务人应当及时报告税务机关处理。

税务机关按照规定付给扣缴义务人代扣、代收手续费。

第三十一条 纳税人、扣缴义务人按照法律、行政法规规定或者税务机关依照法律、行政法规的规定确定的期限，缴纳或者解缴税款。

纳税人因有特殊困难，不能按期缴纳税款的，经省、自治区、直辖市国家税务局、地方税务局批准，可以延期缴纳税款，但是最长不得超过三个月。

第三十二条 纳税人未按照规定期限缴纳税款的，扣缴义务人未按照规定期限解缴税款的，税务机关除责令限期缴纳外，从滞纳税款之日起，按日加收滞纳税款万分之五的滞纳金。

第三十三条 纳税人依照法律、行政法规的规定办理减税、免税。

地方各级人民政府、各级人民政府主管部门、单位和个人违反法律、行政法规规定，擅自作出的减税、免税决定无效，税务机关不得执行，并向上级税务机关报告。

第三十四条 税务机关征收税款时，必须给纳税人开具完税凭证。扣缴义务人代扣、代收税款时，纳税人要求扣缴义务人开具代扣、代收税款凭证的，扣缴义务人应当开具。

第三十五条 纳税人有下列情形之一的，税务机关有权核定其应纳税额：

（一）依照法律、行政法规的规定可以不设置账簿的；

（二）依照法律、行政法规的规定应当设置账簿但未设置的；

（三）擅自销毁账簿或者拒不提供纳税资料的；

（四）虽设置账簿，但账目混乱或者成本资料、收入凭证、费用凭证残缺不全，难以查账的；

（五）发生纳税义务，未按照规定的期限办理纳税申报，经税务机关责令限期申报，逾期仍不申报的；

（六）纳税人申报的计税依据明显偏低，又无正当理由的。

税务机关核定应纳税额的具体程序和方法由国务院税务主管部门规定。

第三十六条 企业或者外国企业在中国境内设立的从事生产、经营的机构、场所与其关联企业之间的业务往来，应当按照独立企业之间的业务往来收取或者支付价款、费用；不按照独立企业之间的业务往来收取或者支付价款、费用，而减少其应纳税的收入或者所得额的，税务机关有权进行合理调整。

第三十七条 对未按照规定办理税务登记的从事生产、经营的纳税人以及临时从事经营的纳税人，由税务机关核定其应纳税额，责令缴纳；不缴纳的，税务机关可以扣押其价值相当于应纳税款的商品、货物。扣押后缴纳应纳税款的，税务机关必须立即解除扣押，并归还所扣押的商品、货物；扣押后仍不缴纳应纳税款的，经县以上税务局（分局）局长批准，依法拍卖或者变卖所扣押的商品、货物，以拍卖或者变卖所得抵缴税款。

第三十八条 税务机关有根据认为从事生产、经营的纳税人有逃避纳税义务行为的，可以在规定的纳税期之前，责令限期缴纳应纳税款；在限期内发现纳税人有明显的转移、隐匿其应纳税的商品、货物以及其他财产或者应纳税的收入的迹象的，税务机关可以责成纳税人提供纳税担保。如果纳税人不能提供纳税担保，经县以上税务局（分局）局长批准，税务机关可以采取下列税收保全措施：

（一）书面通知纳税人开户银行或者其他金融机构冻结纳税人的金额相当于应纳税款的存款；

（二）扣押、查封纳税人的价值相当于应纳税款的商品、货物或者其他财产。

纳税人在前款规定的限期内缴纳税款的，税务机关必须立即解除税收保全措施；限期期满仍未缴纳税款的，经县以上税务局（分局）局长批准，税务机关可以书面通知纳税人开户银行或者其他金融机构从其冻结的存款中扣缴税款，或者依法拍卖或者变卖所扣押、查封的商品、货物或者其他财产，以拍卖或者变卖所得抵缴税款。

个人及其所扶养家属维持生活必需的住房和用品，不在税收保全措施的范围之内。

第三十九条 纳税人在限期内已缴纳税款，税务机关未立即解除税收保全措施，使纳税人的合法利益遭受损失的，税务机关应当承担赔偿责任。

第四十条 从事生产、经营的纳税人、扣缴义务人未按照规定的期限缴纳或者解缴税款，纳税担保人未按照规定的期限缴纳所担保的税款，由税务机关责令限期缴纳，逾期仍未缴纳的，经县以上税务局（分局）局长批准，税务机关可以采取下列强制执行措施：

（一）书面通知其开户银行或者其他金融机构从其存款中扣缴税款；

（二）扣押、查封、依法拍卖或者变卖其价值相当于应纳税款的商品、货物或者其他财产，以拍卖或者变卖所得抵缴税款。

税务机关采取强制执行措施时，对前款所列纳税人、扣缴义务人、纳税担保人未缴纳的滞纳金同时强制执行。

个人及其所扶养家属维持生活必需的住房和用品，不在强制执行措施的范围之内。

第四十一条 本法第三十七条、第三十八条、第四十条规定的采取税收保全措施、强制执行措施的权力，不得由法定的税务机关以外的单位和个人行使。

第四十二条 税务机关采取税收保全措施和强制执行措施必须依照法定权限和法定程序，不得查封、扣押纳税人个人及其所扶养家属维持生活必需的住房和用品。

第四十三条 税务机关滥用职权违法采取税收保全措施、强制执行措施，或者采取税收保全措施、强制执行措施不当，使纳税人、扣缴义务人或纳税担保人的合法权益遭受损失的，应当依法承担赔偿责任。

第四十四条 欠缴税款的纳税人或者他的法定代表人需要出境的，应当在出境前向税务机关结清应纳税款、滞纳金或者提供担保。未结清税款、滞纳金，又不提供担保的，税务机关可以通知出境管理机关阻止其出境。

第四十五条 税务机关征收税款，税收优先于无担保债权，法律另有规定的除外；纳税人欠缴的税款发生在纳税人以其财产设定抵押、质押或者纳税人的财产被留置之前的，税收应当先于抵押权、质权、留置权执行。

纳税人欠缴税款，同时又被行政机关决定处以罚款、没收违法所得的，税收优先于罚款、没收违法所得。

税务机关应当对纳税人欠缴税款的情况定期予以公告。

第四十六条 纳税人有欠税情形而以其财产设定抵押、质押的，应当向抵押权人、质权人说明其欠税情况。抵押权人、质权人可以请求税务机关提供有关的欠税情况。

第四十七条 税务机关扣押商品、货物或者其他财产时，必须开付收据；查封商品、货物或者其他财产时，必须开付清单。

第四十八条 纳税人有合并、分立情形的，应当向税务机关报告，并依法缴清税款。纳税人合并时未缴清税款的，应当由合并后的纳税人继续履行未履行的纳税义务；纳税人分立时未缴清税款的，分立后的纳税人对未履行的纳税义务应当承担连带责任。

第四十九条 欠缴税款数额较大的纳税人在处分其不动产或者大额资产之前，应当向税务机关报告。

第五十条 欠缴税款的纳税人因怠于行使到期债权，或者放弃到期债权，或者无偿转让财产，或者以明显不合理的低价转让财产而受让人知道该情形，对国家税收造成损害的，税务机关可以依照合同法第七十三条、第七十四条的规定行使代位权、撤销权。

税务机关依照前款规定行使代位权、撤销权的，不免除欠缴税款的纳税人尚未履行的纳税义务和应承担的法律责任。

第五十一条 纳税人超过应纳税额缴纳的税款，税务机关发现后应当立即退还；纳税人自结算缴纳税款之日起三年内发现的，可以向税务机关要求退还多缴的税款并加算银行同期存款利息，税务机关及时查实后应当立即退还；涉及从国库中退库的，依照法律、行政法规有关国库管理的规定退还。

第五十二条 因税务机关的责任，致使纳税人、扣缴义务人未缴或者少缴税款的，税务机关在三年内可以要求纳税人、扣缴义务人补缴税款，但是不得加收滞纳金。

因纳税人、扣缴义务人计算错误等失误，未缴或者少缴税款的，税务机关在三年内可以追征税款、滞纳金；有特殊情况的，追征期可以延长到五年。

对偷税、抗税、骗税的，税务机关追征其未缴或者少缴的税款、滞纳金或者所骗取的税款，不受前款规定期限的限制。

第五十三条 国家税务局和地方税务局应当按照国家规定的税收征收管理范围和税款入库预算级次，将征收的税款缴入国库。

对审计机关、财政机关依法查出的税收违法行为，税务机关应当根据有关机关的决定、意见书，依法将应收的税款、滞纳金按照税款入库预算级次缴入国库，并将结果及时回复有关机关。

第四章 税务检查

第五十四条 税务机关有权进行下列税务检查：

（一）检查纳税人的账簿、记账凭证、报表和有关资料，检查扣缴义务人代扣代缴、代收代缴税款账簿、记账凭证和有关资料；

（二）到纳税人的生产、经营场所和货物存放地检查纳税人应纳税的商品、货物或者其他财产，检查扣缴义务人与代扣代缴、代收代缴税款有关的经营情况；

（三）责成纳税人、扣缴义务人提供与纳税或者代扣代缴、代收代缴税款有关的文件、证明材料和有关资料；

（四）询问纳税人、扣缴义务人与纳税或者代扣代缴、代收代缴税款有关的问题和情况；

（五）到车站、码头、机场、邮政企业及其分支机构检查纳税人托运、邮寄应纳税商品、货物或者其他财产的有关单据、凭证和有关资料；

（六）经县以上税务局（分局）局长批准，凭全国统一格式的检查存款账户许可证明，查询从事生产、经营的纳税人、扣缴义务人在银行或者其他金融机构的存款账户。税务机关在调查税收违法案件时，经设区的市、自治州以上税务局（分局）局长批准，可以查询案件涉嫌人员的储蓄存款。税务机关查询所获得的资料，不得用于税收以外的用途。

第五十五条 税务机关对从事生产、经营的纳税人以前纳税期的纳税情况依法进行税务检查时，发现纳税人有逃避纳税义务行为，并有明显的转移、隐匿其应纳税的商品、货物以及其他财产或者应纳税的收入的迹象的，可以按照本法规定的批准权限采取税收保全措施或者强制执行措施。

第五十六条 纳税人、扣缴义务人必须接受税务机关依法进行的税务检查，如实反映情况，提供有关资料，不得拒绝、隐瞒。

第五十七条 税务机关依法进行税务检查时，有权向有关单位和个人调查纳税人、扣缴义务人和其他当事人与纳税或者代扣代缴、代收代缴税款有关的情况，有关单位和个人有义务向税务机关如实提供有关资料及证明材料。

第五十八条 税务机关调查税务违法案件时，对与案件有关的情况和资料，可以记录、录音、录像、照相和复制。

第五十九条 税务机关派出的人员进行税务检查时，应当出示税务检查证和税务检查通知书，并有责任为被检查人保守秘密；未出示税务检查证和税务检查通知书的，被检查人有权拒绝检查。

第五章 法律责任

第六十条 纳税人有下列行为之一的，由税务机关责令限期改正，可以处二千元以下的罚款；情节严重的，处二千元以上一万元以下的罚款：

（一）未按照规定的期限申报办理税务登记、变更或者注销登记的；

（二）未按照规定设置、保管账簿或者保管记账凭证和有关资料的；

（三）未按照规定将财务、会计制度或者财务、会计处理办法和会计核算软件报送税务机关备查的；

（四）未按照规定将其全部银行账号向税务机关报告的；

（五）未按照规定安装、使用税控装置，或者损毁或者擅自改动税控装置的。

纳税人不办理税务登记的，由税务机关责令限期改正；逾期不改正的，经税务机关提请，由工商行政管理机关吊销其营业执照。

纳税人未按照规定使用税务登记证件，或者转借、涂改、损毁、买卖、伪造税务登记证件的，处二千元以上一万元以下的罚款；情节严重的，处一万元以上五万元以下的罚款。

第六十一条　扣缴义务人未按照规定设置、保管代扣代缴、代收代缴税款账簿或者保管代扣代缴、代收代缴税款记账凭证及有关资料的，由税务机关责令限期改正，可以处二千元以下的罚款；情节严重的，处二千元以上五千元以下的罚款。

第六十二条　纳税人未按照规定的期限办理纳税申报和报送纳税资料的，或者扣缴义务人未按照规定的期限向税务机关报送代扣代缴、代收代缴税款报告表和有关资料的，由税务机关责令限期改正，可以处二千元以下的罚款；情节严重的，可以处二千元以上一万元以下的罚款。

第六十三条　纳税人伪造、变造、隐匿、擅自销毁账簿、记账凭证，或者在账簿上多列支出或者不列、少列收入，或者经税务机关通知申报而拒不申报或者进行虚假的纳税申报，不缴或者少缴应纳税款的，是偷税。对纳税人偷税的，由税务机关追缴其不缴或者少缴的税款、滞纳金，并处不缴或者少缴的税款百分之五十以上五倍以下的罚款；构成犯罪的，依法追究刑事责任。

扣缴义务人采取前款所列手段，不缴或者少缴已扣、已收税款，由税务机关追缴其不缴或者少缴的税款、滞纳金，并处不缴或者少缴的税款百分之五十以上五倍以下的罚款；构成犯罪的，依法追究刑事责任。

第六十四条　纳税人、扣缴义务人编造虚假计税依据的，由税务机关责令限期改正，并处五万元以下的罚款。

纳税人不进行纳税申报，不缴或者少缴应纳税款的，由税务机关追缴其不缴或者少缴的税款、滞纳金，并处不缴或者少缴的税款百分之五十以上五倍以下的罚款。

第六十五条　纳税人欠缴应纳税款，采取转移或者隐匿财产的手段，妨碍税务机关追缴欠缴的税款的，由税务机关追缴欠缴的税款、滞纳金，并处欠缴税款百分之五十以上五倍以下的罚款；构成犯罪的，依法追究刑事责任。

第六十六条　以假报出口或者其他欺骗手段，骗取国家出口退税款的，由税务机关追缴其骗取的退税款，并处骗取税款一倍以上五倍以下的罚款；构成犯罪的，依法追究刑事责任。

对骗取国家出口退税款的，税务机关可以在规定期间内停止为其办理出口退税。

第六十七条　以暴力、威胁方法拒不缴纳税款的，是抗税，除由税务机关追缴其拒缴的税款、滞纳金外，依法追究刑事责任。情节轻微，未构成犯罪的，由税务机关追缴其拒缴的税款、滞纳金，并处拒缴税款一倍以上五倍以下的罚款。

第六十八条　纳税人、扣缴义务人在规定期限内不缴或者少缴应纳或者应解缴的税款，经税务机关责令限期缴纳，逾期仍未缴纳的，税务机关除依照本法第四十条的规定采取强制执行措施追缴其不缴或者少缴的税款外，可以处不缴或者少缴的税款百分之五十以上五倍以下的罚款。

第六十九条　扣缴义务人应扣未扣、应收而不收税款的，由税务机关向纳税人追缴税款，对扣缴义务人处应扣未扣、应收未收税款百分之五十以上三倍以下的罚款。

第七十条　纳税人、扣缴义务人逃避、拒绝或者以其他方式阻挠税务机关检查的，由税务机关责令改正，可以处一万元以下的罚款；情节严重的，处一万元以上五万元以下的罚款。

第七十一条　违反本法第二十二条规定，非法印制发票的，由税务机关销毁非法印制的发票，没收违法所得和作案工具，并处一万元以上五万元以下的罚款；构成犯罪的，依法追究刑事责任。

第七十二条　从事生产、经营的纳税人、扣缴义务人有本法规定的税收违法行为，拒不接受税务机关处理的，税务机关可以收缴其发票或者停止向其发售发票。

第七十三条　纳税人、扣缴义务人的开户银行或者其他金融机构拒绝接受税务机关依法检查纳税人、扣缴义务人存款账户，或者拒绝执行税务机关作出的冻结存款或者扣缴税款的决定，或者在接到税务机关的书面通知后帮助纳税人、扣缴义务人转移存款，造成税款流失的，由税务机关处十万元以上五十万元以下的罚款，对直接负责的主管人员和其他直接责任人员处一千元以上一万元以下的罚款。

第七十四条　本法规定的行政处罚，罚款额在二千元以下的，可以由税务所决定。

第七十五条　税务机关和司法机关的涉税罚没收入，应当按照税款入库预算级次上缴国库。

第七十六条　税务机关违反规定擅自改变税收征收管理范围和税款入库预算级次的，责令限期改正，对直接负责的主管人员和其他直接责任人员依法给予降级或者撤职的行政处分。

第七十七条　纳税人、扣缴义务人有本法第六十三条、第六十五条、第六十六条、第六十七条、第七十一条规定的行为涉嫌犯罪的，税务机关应当依法移交司法机关追究刑事责任。

税务人员徇私舞弊，对依法应当移交司法机关追究刑事责任的不移交，情节严重的，依法追究刑事责任。

第七十八条　未经税务机关依法委托征收税款的，责令退还收取的财物，依法给予行政处分或者行政处罚；致使他人合法权益受到损失的，依法承担赔偿责任；构成犯罪的，依法追究刑事责任。

第七十九条　税务机关、税务人员查封、扣押纳税人个人及其所扶养家属维持生活必需的住房和用品的，责令退还，依法给予行政处分；构成犯罪的，依法追究刑事责任。

第八十条　税务人员与纳税人、扣缴义务人勾结，唆使或者协助纳税人、扣缴义务人有本法第六十三条、第六十五条、第六十六条规定的行为，构成犯罪的，依法追究刑事责任；尚不构成犯罪的，依法给予行政处分。

第八十一条　税务人员利用职务上的便利，收受或者索取纳税人、扣缴义务人财物或者谋取其他不正当利益，构成犯罪的，依法追究刑事责任；尚不构成犯罪的，依法给予行政处分。

第八十二条　税务人员徇私舞弊或者玩忽职守，不征或者少征应征税款，致使国家税收遭受重大损失，构成犯罪的，依法追究刑事责任；尚不构成犯罪的，依法给予行政处分。

税务人员滥用职权，故意刁难纳税人、扣缴义务人的，调离税收工作岗位，并依法给予行政处分。

税务人员对控告、检举税收违法违纪行为的纳税人、扣缴义务人以及其他检举人进行打击报复的，依法给予行政处分；构成犯罪的，依法追究刑事责任。

税务人员违反法律、行政法规的规定，故意高估或者低估农业税计税产量，致使多征或者少征税款，侵犯农民合法权益或者损害国家利益，构成犯罪的，依法追究刑事责任；尚不构成犯罪的，依法给予行政处分。

第八十三条　违反法律、行政法规的规定提前征收、延缓征收或者摊派税款的，由其上级机关或者行政监察机关责令改正，对直接负责的主管人员和其他直接责任人员依法给予行政处分。

第八十四条　违反法律、行政法规的规定，擅自作出税收的开征、停征或者减税、免税、退税、补税以及其他同税收法律、行政法规相抵触的决定的，除依照本法规定撤销其擅自作出的决定外，补征应征未征税款，退还不应征收而征收的税款，并由上级机关追究直接负责的主管人员和其他直接责任人员的行政责任；构成犯罪的，依法追究刑事责任。

第八十五条　税务人员在征收税款或者查处税收违法案件时，未按照本法规定进行回避的，对直接负责的主管人员和其他直接责任人员，依法给予行政处分。

第八十六条　违反税收法律、行政法规应当给予行政处罚的行为，在五年内未被发现的，不再给予行政处罚。

第八十七条　未按照本法规定为纳税人、扣缴义务人、检举人保密的，对直接负责的主管人员和其他直接责任人员，由所在单位或者有关单位依法给予行政处分。

第八十八条　纳税人、扣缴义务人、纳税担保人同税务机关在纳税上发生争议时，必须先依照税务机关的纳税决定缴纳或者解缴税款及滞纳金或者提供相应的担保，然后可以依法申请行政复议；对行政复议决定不服的，可以依法向人民法院起诉。

当事人对税务机关的处罚决定、强制执行措施或者税收保全措施不服的，可以依法申请行政复议，也可以依法向人民法院起诉。

当事人对税务机关的处罚决定逾期不申请行政复议也不向人民法院起诉、又不履行的，作出处罚决定的税务机关可以采取本法第四十条规定的强制执行措施，或者申请人民法院强制执行。

第六章　附　则

第八十九条　纳税人、扣缴义务人可以委托税务代理人代为办理税务事宜。

第九十条　耕地占用税、契税、农业税、牧业税征收管理的具体办法，由国务院另行制定。

关税及海关代征税收的征收管理，依照法律、行政法规的有关规定执行。

第九十一条　中华人民共和国同外国缔结的有关税收的条约、协定同本法有不同规定的，依照条约、协定的规定办理。

第九十二条　本法施行前颁布的税收法律与本法有不同规定的，适用本法规定。

第九十三条　国务院根据本法制定实施细则。

第九十四条　本法自2001年5月1日起施行。

任务二　汽车税收法律法规认知

客户王强来到红旗体验中心，通过销售顾问李想的介绍，最终订购了一辆2023款2.0T智联旗领四驱版极夜黑红旗HS5，经过协商最终以20万元成交，作为销售顾问的李想需要了解汽车相关的税种，并能为客户王强计算车辆购置税。

素质目标
1. 树立服务意识；
2. 强化对税收"取之于民，用之于民"性质的理解。

知识目标
1. 了解税收的作用、特征和分类；
2. 掌握我国汽车税收的组成。

技能目标
能够根据实际情况计算车辆的税收组成及金额，并向客户说明。

根据任务背景和最新增购置税税率，为客户计算车辆购置税。

学习领域	汽车税费管理		
学习情境	不了解汽车税费相关知识	学习时间	
工作任务	能够理解汽车税费的种类、作用、税率等相关概念，并能为客户计算车辆购置税	学习地点	
课前预习	了解税法的概念和税法法律关系及构成要素		
知识准备	（1）我国汽车税收由哪几部分组成？		

续表

（2）简述汽车消费税的征收管理办法。

（3）简述车船税的征收管理办法。

（4）简述汽车增值税和车辆购置税的计算方法。

完成任务
为客户王强计算车辆购置税。

学习笔记	以客户利益、需求为导向是现代服务理念的关键。请从这一视角谈一谈在为客户申报车辆购置税时应注意哪些问题。
成绩	

任务评价表

指标	参考标准	分值
任务完成度 （5分）	能够充分利用教材和网络资源准确完成任务单的知识准备和任务，了解税收的作用、特征和分类；能够掌握我国汽车税收的组成；能够根据实际情况计算车辆的税收组成及金额，并向客户说明	
素质养成度 （5分）	在知识学习和任务完成过程中，能够树立服务意识，强化对税收"取之于民，用之于民"性质的理解。	

一辆车的最后价格由购置税、消费税、增值税组成，而进口车还要需要关税，使用中还

有燃油税。

一、汽车消费税

中华人民共和国国务院令第 539 号《中华人民共和国消费税暂行条例》已经于 2008 年 11 月 5 日国务院第 34 次常务会议修订通过，修订后的《中华人民共和国消费税暂行条例》自 2009 年 1 月 1 日起执行。

1. 汽车消费税的概念

汽车消费税是 1994 年国家税制改革中新设置的一个税种，它是在对货物普遍征收增值税的基础上，对少数消费品再征收一道消费税，一般都是在生产端收费，目的是通过国家宏观调控汽车消费税税率，从而调控不同排气量汽车的生产和销售。

2. 消费税税目税率

消费税是在对货物普遍征收增值税的基础上，选择少数消费品再征收的一个税种，主要是为了调节产品结构，引导消费方向，保证国家财政收入。现行消费税的征收范围主要包括烟、酒及酒精、鞭炮、焰火、化妆品、成品油、贵重首饰及珠宝玉石、高尔夫球及球具、高档手表、游艇、木制一次性筷子、实木地板、汽车轮胎、摩托车、小汽车等税目，有的税目还进一步划分为若干子项目。消费税实行价内税，只在应税消费品的生产、委托加工和进口环节缴纳，在以后的批发、零售等环节，因为价款中已包含消费税，因此不用再缴纳消费税，税款最终由消费者承担。消费税的税目及税率如表 5-1 所示。

表 5-1　消费税的税目及税率

税目	税率
一、烟 1. 卷烟 （1）甲类卷烟 （2）乙类卷烟 （3）批发环节 2. 雪茄烟 3. 烟丝 4. 电子烟	 56%加 0.003 元/支（生产环节） 36%加 0.003 元/支（生产环节） 11%加 0.005 元/支 36% 30% 36%（生产环节） 11%（批发环节）
二、酒及酒精 1. 白酒 2. 黄酒 3. 啤酒 （1）甲类啤酒 （2）乙类啤酒 4. 其他酒	 20%加 0.5 元/500 克（或者 500 毫升） 240 元/吨 250 元/吨 220 元/吨 10%
三、高档化妆品	15%

续表

税目	税率
四、贵重首饰及珠宝玉石 1. 金银首饰、铂金首饰和钻石及钻石饰品 2. 其他贵重首饰和珠宝玉石	 5% 10%
五、鞭炮、焰火	15%
六、成品油 1. 汽油 2. 柴油 3. 航空煤油 4. 石脑油 5. 溶剂油 6. 润滑油 7. 燃料油	 1.52元/升 1.2元/升 1.2元/升 1.52元/升 1.52元/升 1.52元/升 1.2元/升
七、摩托车 1. 气缸容量250毫升的 2. 气缸容量在250毫升（不含）以上的	 3% 10%
八、小汽车 1. 乘坐用车 （1）气缸容量（排气量，下同）在1.0升（含1.0升）以下的 （2）气缸容量在1.0升以上至1.5升（含1.5升）的 （3）气缸容量在1.5升以上至2.0升（含2.0升）的 （4）气缸容量在2.0升以上至2.5升（含2.5升）的 （5）气缸容量在2.5升以上至3.0升（含3.0升）的 （6）气缸容量在3.0升以上至4.0升（含4.0升）的 （7）气缸容量在4.0升以上的 2. 中轻型商用客车 3. 超豪华小汽车［每辆零售价格130万元（不含增值税）及以上的乘用车和中轻型商用客车］	 1% 3% 5% 9% 12% 25% 40% 5% 10%（零售环节）
九、高尔夫球及球具	10%
十、高档手表	20%
十一、游艇	10%
十二、木制一次性筷子	5%
十三、实木地板	5%
十四、涂料	4%
十五、电池	4%

3. 汽车消费税的作用

汽车消费税的作用是：调节汽车消费结构，缓解供求矛盾；限制汽车消费规模，引导汽车消费方向；保证财政收入；缩小贫富差距，缓解社会分配不公。

4. 征收汽车消费税的影响

汽车消费税已根据汽车的类型和排气量的大小区别征税。2008年的调整加大了调节力度，一是提高大排量车的消费税税率，二是降低了小排量车的消费税税率。这意味着抑制大排量汽车生产和消费，鼓励小排量汽车的生产和消费，有利于降低汽、柴油消耗以及减少空气污染，促进节能减排目标的实现。

5. 汽车消费税的征收管理办法

（1）税率

①实行从价定律办法计算。

$$应纳税额 = 应税消费品的销售额 \times 适用税率$$

应税消费品的销售额是指纳税人销售应税消费品向购买方收取的全部价款和价外费用。销售额包含消费税税额，但不包含向购买方收取的增值税税额。

汽车消费税税率与排量的关系如图5-1所示。

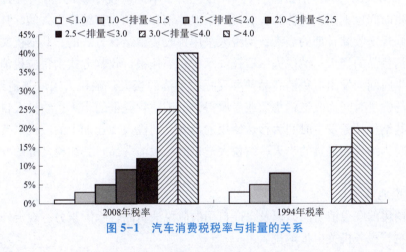

图5-1 汽车消费税税率与排量的关系

从2008年9月1日起调整后乘用车消费税税税率：

税目税率：

排气量在1.0升以下（含1.0升）的1%；

排气量在1.0升以上至1.5升（含1.5升）的3%；

排气量在1.5升以上至2.0升（含2.0升）的5%；

排气量在2.0升以上至2.5升（含2.5升）的9%；

排气量在2.5升以上至3.0升（含3.0升）的12%；

排气量在3.0升以上至4.0升（含4.0升）的25%；

排气量在4.0升以上的40%。

进口汽车的计算公式为：

$$应纳税额 = 组成计税价格 \times 消费税税率$$

$$组成计税价格 = (关税完税价格 + 关税) \div (1 - 消费税税率)$$

由于征收消费税的范围也属于征收增值税的范围,所以对从价定律征收消费税的应税消费品,确定消费税的销售额与确定增值税的销售额是一致的。价外费用的内容与增值税规定相同。

②定额从量征收。

$$应纳税额 = 销售数量 \times 单位税额$$

销售数量是指纳税人实际销售、使用、收回或进口的汽车数量。

③从价定率和从量定率混合征收。

$$应纳税额 = 销售额 \times 适用税率 + 销售数量 \times 单位税额$$

进口汽车的计算公式为:

$$应纳税额 = 组成计税价格 \times 消费税税率 + 进口数量 \times 单位税额$$

$$组成计税价格 = (关税完税价格 + 关税 + 定额税) \div (1 - 消费税税率)$$

④特殊规定。

自产自用的应税车辆用于连续生产时,不计税;用于其他地方时要纳税。计税原则按下列顺序确定:按当月同类消费品的平均销售价格确定、按组成计税价格确定。

(2) 纳税时间

根据《中华人民共和国消费税暂行条例》,由于不同应税车辆的生产、销售方式不同,纳税义务发生时间也不同,具体为:纳税人采取赊销和分期收款结算方式的,其纳税义务发生时间为合同规定收款日期的当天;纳税人采用预收货款结算方式的,其纳税义务发生时间为发出应税消费品的当天;纳税人采取托收承付和委托银行收款方式销售应税消费品的,其纳税义务发生时间为发出应税消费品并办妥托收手续的当天;纳税人采取其他结算方式的,其纳税义务的发生时间为收讫销售款或者取得索取销售款凭据的当天;纳税人自产自用的应税消费品,其纳税义务发生时间为移送使用的当天;纳税人委托加工的应税消费品,其纳税义务发生时间为纳税人提货的当天;纳税人进口的应税消费品,其纳税义务的发生时间为报关进口的当天。

(3) 纳税地点

纳税人销售的应税消费品,以及自产自用的应税消费品,除国家另有规定外,应当向纳税人核算地主管税务机关申报纳税。

①纳税人到外县(市)销售应税消费品或者委托外县(市)代销自产应税消费品的,应于应税消费品销售后,回纳税人核算地或所在地缴纳消费税。

②纳税人的总机构和分支机构不在同一县(市)的,应在生产应税消费品的分支机构所在地缴纳消费税。但经国家税务总局及所属税务分局批准,纳税人分支机构应纳消费税税款也可由总机构汇总向总机构所在地主管税务机关缴纳。具体来讲,对于纳税人的总机构和分支机构不在同一省(自治区、直辖市)的,如需改由总机构汇总向总机构所住地纳税的,需经国家税务总局批准;对于纳税人的总机构与分支机构在同一省(自治区、直辖市)的,如需改由总机构汇总向总机构所在地纳税的,须经国家税务总局所属分局批准。

③委托加工的应税消费品,由受托方向所在地主管税务机关缴纳。但纳税人委托个体经营者加工应税消费品的,一律由委托方收回后向委托方所在地主管税务机关申报纳税。

④进口的应税消费品,由进口报关人或其代理人向报关地海关申报纳税。

⑤个人携带入境或邮寄入境的应税消费品的消费税,连同关税一并计征。

二、车船税

最早对私人拥有的车辆和舟船征税是在汉代初年。武帝元光六年（前 129 年），汉朝就颁布了征收车船税的规定，当时叫"算商车"，"算"为征税基本单位，一算为 120 钱，这时的征收对象还只局限于载货的商船和商车。元狩四年（前 119 年），开始把非商业性的车船也列入征税范围。法令规定，非商业用车每辆征税一算，商业用车征税加倍；舟船五丈以上征税一算，"三老"（掌管教化的乡官）和"骑士"（由各郡训练的骑兵）免征车船税。同时规定，对隐瞒不报或呈报不实的人给以处罚，对告发的人进行奖励。元封元年（公元前 110 年），车船税停止征收。

1. 车船税概述

（1）车船税的概念

车船税是以车船为征税对象，向拥有车船的单位和个人征收的一种税。车船税属于财产税，地方税务机关负责征收管理。车船税税额计入管理费用开支，可以在企业所得税税前扣除。

车船税

（2）车船税的作用

1）为地方政府筹集财政资金

开征车船税，能够将分散在车船所有人或使用人手中的部分资金集中起来，增加地方财源，增加地方政府的财政收入。

2）有利于车船的管理与合理配置

随着经济发展，社会拥有车船的数量急剧增加，开征车船税后，购置、使用车船越多，应缴纳的车船税越多，促使纳税人加强对自己拥有的车船的管理和核算，改善资源配置，合理使用车船。

3）有利于调节财富差异

在国外，车船税属于对不动产的征税范围，这类税收除了筹集地方财政收入外，另一重要功能是对个人拥有的财产或财富进行调节，缓解财富分配不公，随着我国经济增长，部分先富起来的个人拥有车船的情况将会日益增加，我国征收车船税的财富再分配作用亦会更加重要。

（3）车船税的纳税人

在中华人民共和国境内，车辆、船舶的所有人或者管理人为车船税的纳税人。

（4）车船税的税收优惠

1）法定减免以下车船税

①非机动车船（不包括非机动驳船）。非机动车，是指以人力或者畜力驱动的车辆，以及符合国家有关标准的残疾人机动轮椅车、电动自行车等车辆。

②拖拉机。拖拉机是指在农业（农业机械）部门登记为拖拉机的车辆。

③捕捞、养殖渔船。捕捞、养殖渔船，不包括在渔业船舶管理部门登记为捕捞船或者养殖船以外类型的渔业船舶。

④军队、武警专用的车船。

⑤警用车船。警用车船，是指公安机关、国家安全机关、监狱、劳动教养管理机关和人民法院、人民检察院领取警用牌照的车辆和执行警务的专用船舶。

⑥按照有关规定已经缴纳船舶吨税的船舶。

⑦依照我国有关法律和我国缔结或者参加国际条约的规定应当予以免税的外国驻华使馆、领事馆和国际组织驻华机构及其有关人员的车船。

2）特定减免

对尚未在车辆管理部门办理登记，属于应减免税的新购置车辆，车辆所有人或管理人可提出减免税申请，并提供机构或个人身份证明文件和车辆权属证明文件以及地方税务机关要求的其他相关资料。经税务机关审验符合车船税减免条件的，税务机关可为纳税人出具该纳税年度的减免税证明，以方便纳税人购买机动车交通事故责任强制保险。新购置应予减免税的车辆所有人或管理人在购买机动车交通事故责任强制保险时已缴纳车船税的，在办理车辆登记手续后可向税务机关提出减免税申请，经税务机关审验符合车船税减免税条件的，税务机关应退还纳税人多缴纳的税款。

省、自治区、直辖市人民政府可以根据当地实际情况，对城市、农村公共交通车船给予定期减税、免税。

（5）车船税的税基

1）车辆

车辆包括机动车辆和非机动车辆。机动车辆，指依靠燃油、电力等能源作为动力运行的车辆，如汽车、拖拉机、无轨电车等；非机动车辆，指依靠人力、畜力运行的车辆，如三轮车、自行车、畜力驾驶车等，但非机动车辆属于目前的免税项目。

2）船舶

船舶包括机动船舶和非机动船舶。机动船舶，指依靠燃料等能源作为动力运行的船舶，如客轮、货轮、气垫船等；非机动船舶，指依靠人力或者其他力量运行的船舶，如木船、帆船、舢板等。

（6）车船税的税率

为平衡不同种类、等级车辆与船舶的税收负担，结合我国的经济发展水平，车船税采用分类分级幅度定额税率，各省税率也不同。

2. 车船税的征收管理办法

（1）缴纳时间

车船税纳税义务发生时间为取得车船所有权或者管理权的当月。车艇税按年申报缴纳，具体申报纳税期限由省、自治区、直辖市人民政府决定。

（2）缴纳方式

从机动车第三者责任强制保险的保险机构给机动车车船税的扣缴义务人，应当在收取保险费时依法代收车船税，并出具代收税款凭证。

（3）缴纳地点

车船税的纳税地点为车船的登记地或者车船税扣缴义务人所在地。依法不需要办理登记的车船，车船税的纳税地点为车船的所有人或者管理人所在地。

（4）申报资料

在缴纳车船税时，纳税人应持有相关资料去保险机构或税务机关缴纳车船税，具体资料如下：

①车船登记证书原件及复印件（原件与复印件核对相符后退回原件，留存复印件，下

同);不能提供车船登记证书的,提供车船出厂合格证明或进口凭证等其他有关车船技术指标证明的原件及复印件。

不能提供以上资料的,车船技术指标由主管税务机关参照国家相关标准核定,没有国家相关标准的参照同类车船核定。

②纳税人身份证明复印件。

③办理税务登记证的单位应提供税务登记副本及复印件。

④已完税的机动车,提供纳税人主管地税务机关出具的完税务凭证及车船税纳税申报表附表。

⑤主管地税务机关要求的其他资料。

⑥新购置车船除提供上述资料外,还须提供机动车销售统一发票或购买船舶发票等记录车船取得时间的证明材料原件及复印件。

3. 纳税额计算

(1) 购置新车船纳税额的计算

购置车船当年的应纳税额自纳税义务发生的当月起按月计算,计算公式为:

$$应纳税额=年应纳税额÷12×应纳税月份数$$

(2) 特殊情况下车船税应纳税额的计算

特殊情况包括短期交强险、已税减免、欠缴补税和滞纳金四种情况。

1) 购买短期"交强险"的车辆

对于境外机动车临时入境、机动车临时上道路行驶、机动车距规定报废期限不足一年而购买短期"交强险"的车辆,保单中"当年应缴"项目的计算公式为:

$$当年应缴=计税单位×年单位税额×应纳税月份数÷12$$

2) 已向税务机关缴税的车辆或税务机关已批准减免税的车辆

对于已向税务机关缴税或税务机关已经批准免税的车辆,保单中"当年应缴"的项目为0;对于税务机关已批准减税的机动车,保单中"当年应缴"项目应根据减税前的应纳税额扣除依据减税证明中注明的减税幅度计算的减税额确定,计算公式为:

$$减税车辆应纳税额=减税前应纳税额×(1-减税幅度)$$

3) 欠缴车船税的车辆补缴税额计算

从2008年7月1日起,保险机构代收代缴车船税时,应根据纳税义务人提供的前次保险单,查验纳税义务人以前年度的完税情况。对于以前年度有欠缴车船税的,保险机构应代收代缴以前年度应纳税额。具体分为以下两种情况:

a. 对于2007年1月1日前购置的车辆或曾经缴纳过车船税的车辆,保单中"往年补缴"项目的计算公式为:

$$往年补缴税额=计税单位×年单位税额×(本次缴税年度-前次缴税年度-1)$$

b. 对于2007年1月1日以后购置的车辆,纳税义务人从购置时起已知未缴纳车船税的,保单中"往年补缴"项目的计算公式为:

$$往年补缴额=购置当年欠缴税额+购置年度以后欠缴税额$$
$$购置当年欠缴税额=计税单位×年单位税额×应纳税月份数÷12$$
$$购置年度以后欠缴税额=计税单位×年单位税额×(本次缴税年度-前次缴税年度-1)$$

4）滞纳金的计算

对于纳税义务人在应购买交强险截止日期以后购买交强险的，或以前年度没有缴纳车船税的，保险机构在代收代缴税款的同时，还应代收代缴欠缴税款的滞纳金，保单中滞纳金项目为各年度欠税应加收滞纳金之和，即：

$$每一年度欠税加收的滞纳金 = 欠税金额 \times 滞纳天数 \times 0.5\%$$

滞纳天数的计算自应购买交强险截止日期的次日起到纳税义务人购买交强险当日止。纳税义务人连续两年以上欠缴车船税的，应分别计算每一年度欠税应加收的滞纳金。

4. 车船税的退税

以下情况可以申请车船税的退税：

（1）在一个纳税年度内，已完税的车船被盗、报废、灭失的，纳税人可以凭有关管理机关出具的证明和完税证明，向纳税所在地的主管地方税务机关申请退还被盗抢、报废、灭失月份起至该纳税年度终了期间的税款。

（2）已办理退税的被盗抢车船又找回的，纳税人应从公安机关出具相关证明的当月起计算缴纳车船税。

5. 《中华人民共和国车船税法》全文

《中华人民共和国车船税法》于2011年2月25日第十一届全国人民代表大会常务委员会第十九次会议通过，根据2019年4月23日第十三届全国人民代表大会常务委员会第十次会议《关于修改〈中华人民共和国建筑法〉等八部法律的决定》修正。该法的原文如下：

第一条 在中华人民共和国境内属于本法所附《车船税税目税额表》规定的车辆、船舶（以下简称"车船"）的所有人或者管理人，为车船税的纳税人，应当依照本法缴纳车船税。

第二条 车船的适用税额依照本法所附《车船税税目税额表》执行。

车辆的具体适用税额由省、自治区、直辖市人民政府依照本法所附《车船税税目税额表》规定的税额幅度和国务院的规定确定。

船舶的具体适用税额由国务院在本法所附《车船税税目税额表》规定的税额幅度内确定。

第三条 下列车船免征车船税：

（一）捕捞、养殖渔船；

（二）军队、武装警察部队专用的车船；

（三）警用车船；

（四）悬挂应急救援专用号牌的国家综合性消防救援车辆和国家综合性消防救援专用船舶；

（五）依照法律规定应当予以免税的外国驻华使领馆、国际组织驻华代表机构及其有关人员的车船。

第四条 对节约能源、使用新能源的车船可以减征或者免征车船税；对受严重自然灾害影响纳税困难以及有其他特殊原因确需减税、免税的，可以减征或者免征车船税。具体办法由国务院规定，并报全国人民代表大会常务委员会备案。

第五条 省、自治区、直辖市人民政府根据当地实际情况，可以对公共交通车船，农村居民拥有并主要在农村地区使用的摩托车、三轮汽车和低速载货汽车定期减征或者免征车船税。

第六条 从事机动车第三者责任强制保险业务的保险机构为机动车车船税的扣缴义务人,应当在收取保险费时依法代收车船税,并出具代收税款凭证。

第七条 车船税的纳税地点为车船的登记地或者车船税扣缴义务人所在地。依法不需要办理登记的车船,车船税的纳税地点为车船的所有人或者管理人所在地。

第八条 车船税纳税义务发生时间为取得车船所有权或者管理权的当月。

第九条 车船税按年申报缴纳。具体申报纳税期限由省、自治区、直辖市人民政府规定。

第十条 公安、交通运输、农业、渔业等车船登记管理部门、船舶检验机构和车船税扣缴义务人的行业主管部门应当在提供车船有关信息等方面,协助税务机关加强车船税的征收管理。

车辆所有人或者管理人在申请办理车辆相关登记、定期检验手续时,应当向公安机关交通管理部门提交依法纳税或者免税证明。公安机关交通管理部门核查后办理相关手续。

第十一条 车船税的征收管理,依照本法和《中华人民共和国税收征收管理法》的规定执行。

第十二条 国务院根据本法制定实施条例。

第十三条 本法自 2012 年 1 月 1 日起施行。2006 年 12 月 29 日国务院公布的《中华人民共和国车船税暂行条例》同时废止。

附:车船税税目税额表

车船税税目税额

税目		税计单位	年基准税额	备注
乘用车[按发动机气缸容量(排气量)分档]	1.0 升(含)以下的	每辆	60 元至 360 元	核定载客人数 9 人(含)以下的
	1.0 升以上至 1.6 升(含)的		300 元至 540 元	
	1.6 升以上至 2.0 升(含)的		360 元至 660 元	
	2.0 升以上至 2.5 升(含)的		660 元至 1200 元	
	2.5 升以上至 3.0 升(含)的		1200 元至 2400 元	
	3.0 升以上至 4.0 升(含)的		2400 元至 3600 元	
	4.0 升以上的		3600 元至 5400 元	
商用车	客车	每辆	480 元至 1440 元	核定载客人数 9 人以上,包括电车
	货车	整备质量每吨	16 元至 120 元	包括半挂牵引车,三轮汽车和低速载货汽车等

续表

税目		税计单位	年基准税额	备注
挂车		整备质量每吨	按照货车税额的50%计算	
其他车辆	专用作业车	整备质量每吨	16元至120元	不包括拖拉机
	轮式专用机械车		16元至120元	
摩托车		每辆	36元至180元	
船舶	机动船舶	净吨位每吨	3元至6元	拖船、非机动驳船分别按照机动船舶税额的50%计算
	游艇	艇身长度每米	600元至2000元	

三、增值税

根据《中华人民共和国增值税暂行条例》规定，在中华人民共和国境内销售货物或者提供加工、修理修配、劳务以及进口货物的单位和个人，为增值税的纳税义务人，应当依照《条例》缴纳增值税。国产汽车和进口汽车均要缴纳增值税。2019年4月1后税率从16%降至13%。

1. 增值税实行"价外税"

价外税是根据不含税价格作为计税依据的税，税金和价格是分开的，在价格上涨时，是价动还是税动，界限分明，责任清楚，有利于制约纳税人的提价动机，也便于消费者对价格的监督，采用价外税的形式，价格和税金是多少，清楚明了。

2. 增值税税款由购方承担

增值税虽然实行的是价外税，税款单独在价格以外由购方承担，但是按惯例现在我国一般来说商品的报价都是指的含税价，比如你去超市买商品，付钱的时候都是按标价付钱，超市不可能让你在商品的基础上再付一笔税款。又比如一辆车报价10万元，那这个价格就是指含税价，经销商一般不会在这个基础上再叫你单独将税款给他，不过事先说明为不含税价的除外，一般如没特别说明是不含税价的话都是指含税价。

3. 汽车增值税计算方法

增值税是普遍征收的"流转税"。汽车在销售时计征，每有一次销售都会征收一次。

$$增值税 = 计税依据 \times 13\%$$

四、车辆购置税

1.《中华人民共和国车辆购置税法》原文（2018年12月29日第十三届全国人民代表大会常务委员会第七次会议通过）

第一条　在中华人民共和国境内购置汽车、有轨电车、汽车挂车、排气量超过一百五十毫升的摩托车（以下统称"应税车辆"）的单位和个人，为车辆购置税的纳税人，应当依照本法规定缴纳车辆购置税。

第二条　本法所称购置，是指以购买、进口、自产、受赠、获奖或者其他方式取得并自用应税车辆的行为。

汽车购置税

第三条　车辆购置税实行一次性征收。购置已征车辆购置税的车辆，不再征收车辆购置税。

第四条　车辆购置税的税率为百分之十。

第五条　车辆购置税的应纳税额按照应税车辆的计税价格乘以税率计算。

第六条　应税车辆的计税价格，按照下列规定确定：

（一）纳税人购买自用应税车辆的计税价格，为纳税人实际支付给销售者的全部价款，不包括增值税税款；

（二）纳税人进口自用应税车辆的计税价格，为关税完税价格加上关税和消费税；

（三）纳税人自产自用应税车辆的计税价格，按照纳税人生产的同类应税车辆的销售价格确定，不包括增值税税款；

（四）纳税人以受赠、获奖或者其他方式取得自用应税车辆的计税价格，按照购置应税车辆时相关凭证载明的价格确定，不包括增值税税款。

第七条　纳税人申报的应税车辆计税价格明显偏低，又无正当理由的，由税务机关依照《中华人民共和国税收征收管理法》的规定核定其应纳税额。

第八条　纳税人以外汇结算应税车辆价款的，按照申报纳税之日的人民币汇率中间价折合成人民币计算缴纳税款。

第九条　下列车辆免征车辆购置税：

（一）依照法律规定应当予以免税的外国驻华使馆、领事馆和国际组织驻华机构及其有关人员自用的车辆；

（二）中国人民解放军和中国人民武装警察部队列入装备订货计划的车辆；

（三）悬挂应急救援专用号牌的国家综合性消防救援车辆；

（四）设有固定装置的非运输专用作业车辆；

（五）城市公交企业购置的公共汽电车辆。

根据国民经济和社会发展的需要，国务院可以规定减征或者其他免征车辆购置税的情形，报全国人民代表大会常务委员会备案。

第十条　车辆购置税由税务机关负责征收。

第十一条　纳税人购置应税车辆，应当向车辆登记地的主管税务机关申报缴纳车辆购置税；购置不需要办理车辆登记的应税车辆的，应当向纳税人所在地的主管税务机关申报缴纳车辆购置税。

第十二条　车辆购置税的纳税义务发生时间为纳税人购置应税车辆的当日。纳税人应当自纳税义务发生之日起六十日内申报缴纳车辆购置税。

第十三条　纳税人应当在向公安机关交通管理部门办理车辆注册登记前，缴纳车辆购置税。

公安机关交通管理部门办理车辆注册登记，应当根据税务机关提供的应税车辆完税或者免税电子信息对纳税人申请登记的车辆信息进行核对，核对无误后依法办理车辆注册登记。

第十四条 免税、减税车辆因转让、改变用途等原因不再属于免税、减税范围的，纳税人应当在办理车辆转移登记或者变更登记前缴纳车辆购置税。计税价格以免税、减税车辆初次办理纳税申报时确定的计税价格为基准，每满一年扣减百分之十。

第十五条 纳税人将已征车辆购置税的车辆退回车辆生产企业或者销售企业的，可以向主管税务机关申请退还车辆购置税。退税额以已缴税款为基准，自缴纳税款之日至申请退税之日，每满一年扣减百分之十。

第十六条 税务机关和公安、商务、海关、工业和信息化等部门应当建立应税车辆信息共享和工作配合机制，及时交换应税车辆和纳税信息资料。

第十七条 车辆购置税的征收管理，依照本法和《中华人民共和国税收征收管理法》的规定执行。

第十八条 纳税人、税务机关及其工作人员违反本法规定的，依照《中华人民共和国税收征收管理法》和有关法律法规的规定追究法律责任。

第十九条 本法自2019年7月1日起施行。2000年10月22日国务院公布的《中华人民共和国车辆购置税暂行条例》同时废止。

2. 新能源汽车免征车辆购置税政策

近几年，国家大力扶植新能源汽车的发展，从2018年1月1日至2023年12月31日，对购置的新能源汽车免征车辆购置税。在此基础上，新能源汽车车辆购置税减免政策再延续和优化。

财政部、税务总局、工业和信息化部《关于延续和优化新能源汽车车辆购置税减免政策的公告》（财政部 税务总局 工业和信息化部公告2023年第10号）如下：

①对购置日期在2024年1月1日至2025年12月31日期间的新能源汽车免征车辆购置税，其中，每辆新能源乘用车免税额不超过3万元；对购置日期在2026年1月1日至2027年12月31日期间的新能源汽车减半征收车辆购置税，其中，每辆新能源乘用车减税额不超过1.5万元。

购置日期按照机动车销售统一发票或海关关税专用缴款书等有效凭证的开具日期确定。

享受车辆购置税减免政策的新能源汽车，是指符合新能源汽车产品技术要求的纯电动汽车、插电式混合动力（含增程式）汽车、燃料电池汽车。新能源汽车产品技术要求由工业和信息化部会同财政部、税务总局根据新能源汽车技术进步、标准体系发展和车型变化情况制定。

新能源乘用车，是指在设计、制造和技术特性上主要用于载运乘客及其随身行李和（或）临时物品，包括驾驶员座位在内最多不超过9个座位的新能源汽车。

②销售方销售"换电模式"新能源汽车时，不含动力电池的新能源汽车与动力电池分别核算销售额并分别开具发票的，依购车人购置不含动力电池的新能源汽车取得的机动车销售统一发票载明的不含税价作为车辆购置税计税价格。

"换电模式"新能源汽车应当满足换电相关技术标准和要求，且新能源汽车生产企业能够自行或委托第三方为用户提供换电服务。

③为加强和规范管理，工业和信息化部、税务总局通过发布《减免车辆购置税的新能源汽车车型目录》（以下简称《目录》）对享受减免车辆购置税的新能源汽车车型实施管

理。《目录》发布后，购置列入《目录》的新能源汽车可按规定享受车辆购置税减免政策。

对已列入《目录》的新能源汽车，新能源汽车生产企业或进口新能源汽车经销商（以下简称"汽车企业"）在上传机动车整车出厂合格证或进口机动车车辆电子信息单（以下简称"车辆电子信息"）时，在"是否符合减免车辆购置税条件"字段标注"是"（即减免税标识）；对已列入《目录》的"换电模式"新能源汽车，还应在"是否为'换电模式'新能源汽车"字段标注"是"（即换电模式标识）。工业和信息化部对汽车企业上传的车辆电子信息中的减免税标识和换电模式标识进行校验，并将通过校验的信息传送至税务总局。税务机关依据工业和信息化部校验后的减免税标识、换电模式标识和机动车销售统一发票（或有效凭证），办理车辆购置税减免税手续。

④汽车企业应当保证车辆电子信息与车辆产品相一致，销售方应当如实开具发票，对因提供虚假信息或资料造成车辆购置税税款流失的，依照《中华人民共和国税收征收管理法》及其实施细则予以处理。

项目五测试

项目六
汽车售后服务法律法规认知

汽车服务包括汽车售前、售中、售后三方面的服务。汽车售后服务是汽车领域中至关重要的一环,它涵盖了维修、养护、信息咨询、救援等多个方面。汽车售后服务的重要性不言而喻,它不仅关乎车主的用车体验,更直接关系到汽车的安全和性能。

感动中国——归侨科学家陈清泉的故事

任务一 产品质量法认知

汽车产品和其他产品一样都必须符合保障人体健康和人身、财产安全的国家标准、行业标准,同时具备产品应当具备的使用性能。虽然设计、生产要符合各项标准,但产品也有不良率,产品的质量由谁负责监督呢?如果出现质量问题,生产者和销售者对产品质量又有哪些义务?

素质目标
1. 认同并遵守《中华人民共和国产品质量法》;
2. 强化法治意识;

3. 培养法治思维。

知识目标

1. 掌握产品的概念和产品质量法的适用范围；
2. 明确产品质量监督体制和制度；
3. 掌握生产者、销售者的产品质量责任和义务；
4. 掌握生产、销售的产品质量不符合国家规定应承担的赔偿责任和法律责任。

技能目标

能够根据产品质量法辨析生产者和销售者的产品质量义务。

根据任务背景，通过互联网和教材资料查找《中华人民共和国产品质量法》，总结产品质量监督、生产者和销售者的产品质量义务。

学习领域	产品质量法认知		
学习情境	不了解产品质量法	学习时间	
工作任务	掌握产品的概念和产品质量法的适用范围；明确产品质量监督体制和制度；掌握生产者、销售者的产品质量责任和义务	学习地点	
课前预习	了解产品质量法		
知识准备			
(1) 写出产品的概念和产品质量法的适用范围。			
(2) 写出产品质量监督体制和制度。			
完成任务			
产品的质量谁负责监督呢？如果出现质量问题，生产者和销售者对产品质量又有哪些义务？			
学习笔记	"立善法于天下，则天下治，立善法于一国，则一国治"，出自王安石《周公》。"全面依法治国是国家治理的一场深刻革命，关系党执政兴国，关系人民幸福安康，关系党和国家长治久安。"党的二十大报告对全面依法治国的重大意义作出了深刻阐述。请从依法治国的角度谈谈，产品质量法的作用和意义。		
成绩			

任务评价表

指标	评价内容	分值
任务完成度 （5分）	能够充分利用教材和网络资源准确完成任务单的知识准备和任务，掌握产品的概念和产品质量法的适用范围，明确产品质量监督体制和制度；能够掌握生产者、销售者的产品质量责任和义务，掌握生产、销售的产品质量不符合国家规定应承担的赔偿责任和法律责任；能够根据产品质量法辨析生产者和销售者的产品质量义务	
素质养成度 （5分）	在知识学习和任务完成过程中，能够认同并遵守我国产品质量法，增强对法律认可、崇尚、遵守和服从的法治意识，培养法治思维	

一、中华人民共和国产品质量法

《中华人民共和国产品质量法》于 1993 年 2 月 22 日由第七届全国人民代表大会常务委员会第三十次会议通过，根据 2000 年 7 月 8 日第九届全国人民代表大会常务委员会第十六次会议《关于修改〈中华人民共和国产品质量法〉的决定》第一次修正，根据 2009 年 8 月 27 日第十一届全国人民代表大会常务委员会第十次会议《关于修改部分法律的决定》第二次修正，根据 2018 年 12 月 29 日第十三届全国人民代表大会常务委员会第七次会议《关于修改〈中华人民共和国产品质量法〉等五部法律的决定》第三次修正。

全文共六章，分别是：总则；产品质量的监督；生产者、销售者的产品质量责任和义务；生产者的产品质量责任和义务；销售者的产品质量责任和义务；损害赔偿；罚则；附则。

（一）《中华人民共和国产品质量法》全文

第一章 总 则

第一条 为了加强对产品质量的监督管理，提高产品质量水平，明确产品质量责任，保护消费者的合法权益，维护社会经济秩序，制定本法。

第二条 在中华人民共和国境内从事产品生产、销售活动，必须遵守本法。

本法所称产品是指经过加工、制作，用于销售的产品。

建设工程不适用本法规定；但是，建设工程使用的建筑材料、建筑构配件和设备，属于前款规定的产品范围的，适用本法规定。

第三条 生产者、销售者应当建立健全内部产品质量管理制度，严格实施岗位质量规范、质量责任以及相应的考核办法。

第四条 生产者、销售者依照本法规定承担产品质量责任。

第五条 禁止伪造或者冒用认证标志等质量标志；禁止伪造产品的产地，伪造或者冒用他人的厂名、厂址；禁止在生产、销售的产品中掺杂、掺假，以假充真，以次充好。

第六条 国家鼓励推行科学的质量管理方法，采用先进的科学技术，鼓励企业产品质量达到并且超过行业标准、国家标准和国际标准。

对产品质量管理先进和产品质量达到国际先进水平、成绩显著的单位和个人，给予奖励。

第七条 各级人民政府应当把提高产品质量纳入国民经济和社会发展规划，加强对产品质量工作的统筹规划和组织领导，引导、督促生产者、销售者加强产品质量管理，提高产品质量，组织各有关部门依法采取措施，制止产品生产、销售中违反本法规定的行为，保障本法的施行。

第八条 国务院市场监督管理部门主管全国产品质量监督工作。国务院有关部门在各自的职责范围内负责产品质量监督工作。

县级以上地方市场监督管理部门主管本行政区域内的产品质量监督工作。县级以上地方人民政府有关部门在各自的职责范围内负责产品质量监督工作。

法律对产品质量的监督部门另有规定的，依照有关法律的规定执行。

第九条 各级人民政府工作人员和其他国家机关工作人员不得滥用职权、玩忽职守或者徇私舞弊，包庇、放纵本地区、本系统发生的产品生产、销售中违反本法规定的行为，或者阻挠、干预依法对产品生产、销售中违反本法规定的行为进行查处。

各级地方人民政府和其他国家机关有包庇、放纵产品生产、销售中违反本法规定的行为的，依法追究其主要负责人的法律责任。

第十条 任何单位和个人有权对违反本法规定的行为，向市场监督管理部门或者其他有关部门检举。

市场监督管理部门和有关部门应当为检举人保密，并按照省、自治区、直辖市人民政府的规定给予奖励。

第十一条 任何单位和个人不得排斥非本地区或者非本系统企业生产的质量合格产品进入本地区、本系统。

第二章 产品质量的监督

第十二条 产品质量应当检验合格，不得以不合格产品冒充合格产品。

第十三条 可能危及人体健康和人身、财产安全的工业产品，必须符合保障人体健康和人身、财产安全的国家标准、行业标准；未制定国家标准、行业标准的，必须符合保障人体健康和人身、财产安全的要求。

禁止生产、销售不符合保障人体健康和人身、财产安全的标准和要求的工业产品。具体管理办法由国务院规定。

第十四条 国家根据国际通用的质量管理标准，推行企业质量体系认证制度。企业根据自愿原则可以向国务院市场监督管理部门认可的或者国务院市场监督管理部门授权的部门认可的认证机构申请企业质量体系认证。经认证合格的，由认证机构颁发企业质量体系认证证书。

国家参照国际先进的产品标准和技术要求，推行产品质量认证制度。企业根据自愿原则可以向国务院市场监督管理部门认可的或者国务院市场监督管理部门授权的部门认可的认证机构申请产品质量认证。经认证合格的，由认证机构颁发产品质量认证证书，准许企业在产品或者其包装上使用产品质量认证标志。

第十五条 国家对产品质量实行以抽查为主要方式的监督检查制度，对可能危及人体健康和人身、财产安全的产品，影响国计民生的重要工业产品以及消费者、有关组织反映有质量问题的产品进行抽查。抽查的样品应当在市场上或者企业成品仓库内的待销产品中随机抽取。监督抽查工作由国务院市场监督管理部门规划和组织。县级以上地方市场监督管理部门在本行政区域内也可以组织监督抽查。法律对产品质量的监督检查另有规定的，依照有关法律的规定执行。

国家监督抽查的产品，地方不得另行重复抽查；上级监督抽查的产品，下级不得另行重复抽查。

根据监督抽查的需要，可以对产品进行检验。检验抽取样品的数量不得超过检验的合理需要，并不得向被检查人收取检验费用。监督抽查所需检验费用按照国务院规定列支。

生产者、销售者对抽查检验的结果有异议的，可以自收到检验结果之日起 15 日内向实施监督抽查的市场监督管理部门或者其上级市场监督管理部门申请复检，由受理复检的市场监督管理部门作出复检结论。

第十六条 对依法进行的产品质量监督检查，生产者、销售者不得拒绝。

第十七条 依照本法规定进行监督抽查的产品质量不合格的，由实施监督抽查的市场监督管理部门责令其生产者、销售者限期改正。逾期不改正的，由省级以上人民政府市场监督管理部门予以公告；公告后经复查仍不合格的，责令停业，限期整顿；整顿期满后经复查产品质量仍不合格的，吊销营业执照。

监督抽查的产品有严重质量问题的，依照本法第五章的有关规定处罚。

第十八条 县级以上市场监督管理部门根据已经取得的违法嫌疑证据或者举报，对涉嫌违反本法规定的行为进行查处时，可以行使下列职权：

（一）对当事人涉嫌从事违反本法的生产、销售活动的场所实施现场检查；

（二）向当事人的法定代表人、主要负责人和其他有关人员调查、了解与涉嫌从事违反本法的生产、销售活动有关的情况；

（三）查阅、复制当事人有关的合同、发票、账簿以及其他有关资料；

（四）对有根据认为不符合保障人体健康和人身、财产安全的国家标准、行业标准的产品或者有其他严重质量问题的产品，以及直接用于生产、销售该项产品的原辅材料、包装物、生产工具，予以查封或者扣押。

第十九条 产品质量检验机构必须具备相应的检测条件和能力，经省级以上人民政府市场监督管理部门或者其授权的部门考核合格后，方可承担产品质量检验工作。法律、行政法规对产品质量检验机构另有规定的，依照有关法律、行政法规的规定执行。

第二十条 从事产品质量检验、认证的社会中介机构必须依法设立，不得与行政机关和其他国家机关存在隶属关系或者其他利益关系。

第二十一条 产品质量检验机构、认证机构必须依法按照有关标准，客观、公正地出具检验结果或者认证证明。

产品质量认证机构应当依照国家规定对准许使用认证标志的产品进行认证后的跟踪检查；对不符合认证标准而使用认证标志的，要求其改正；情节严重的，取消其使用认证标志的资格。

第二十二条 消费者有权就产品质量问题，向产品的生产者、销售者查询；向市场监督管理部门及有关部门申诉，接受申诉的部门应当负责处理。

第二十三条 保护消费者权益的社会组织可以就消费者反映的产品质量问题建议有关部门负责处理，支持消费者对因产品质量造成的损害向人民法院起诉。

第二十四条 国务院和省、自治区、直辖市人民政府的市场监督管理部门应当定期发布其监督抽查的产品的质量状况公告。

第二十五条 市场监督管理部门或者其他国家机关以及产品质量检验机构不得向社会推荐生产者的产品；不得以对产品进行监制、监销等方式参与产品经营活动。

第三章 生产者、销售者的产品质量责任和义务
第一节 生产者的产品质量责任和义务

第二十六条 生产者应当对其生产的产品质量负责。

产品质量应当符合下列要求：

（一）不存在危及人身、财产安全的不合理的危险，有保障人体健康和人身、财产安全的国家标准、行业标准的，应当符合该标准；

（二）具备产品应当具备的使用性能，但是，对产品存在使用性能的瑕疵作出说明的除外；

（三）符合在产品或者其包装上注明采用的产品标准，符合以产品说明、实物样品等方式表明的质量状况。

第二十七条 产品或者其包装上的标识必须真实，并符合下列要求：

（一）有产品质量检验合格证明；

（二）有中文标明的产品名称、生产厂厂名和厂址；

（三）根据产品的特点和使用要求，需要标明产品规格、等级、所含主要成份的名称和含量的，用中文相应予以标明；需要事先让消费者知晓的，应当在外包装上标明，或者预先向消费者提供有关资料；

（四）限期使用的产品，应当在显著位置清晰地标明生产日期和安全使用期或者失效日期；

（五）使用不当，容易造成产品本身损坏或者可能危及人身、财产安全的产品，应当有警示标志或者中文警示说明。

裸装的食品和其他根据产品的特点难以附加标识的裸装产品，可以不附加产品标识。

第二十八条 易碎、易燃、易爆、有毒、有腐蚀性、有放射性等危险物品以及储运中不能倒置和其他有特殊要求的产品，其包装质量必须符合相应要求，依照国家有关规定作出警示标志或者中文警示说明，标明储运注意事项。

第二十九条 生产者不得生产国家明令淘汰的产品。

第三十条 生产者不得伪造产地，不得伪造或者冒用他人的厂名、厂址。

第三十一条　生产者不得伪造或者冒用认证标志等质量标志。

第三十二条　生产者生产产品，不得掺杂、掺假，不得以假充真、以次充好，不得以不合格产品冒充合格产品。

第二节　销售者的产品质量责任和义务

第三十三条　销售者应当建立并执行进货检查验收制度，验明产品合格证明和其他标识。

第三十四条　销售者应当采取措施，保持销售产品的质量。

第三十五条　销售者不得销售国家明令淘汰并停止销售的产品和失效、变质的产品。

第三十六条　销售者销售的产品的标识应当符合本法第二十七条的规定。

第三十七条　销售者不得伪造产地，不得伪造或者冒用他人的厂名、厂址。

第三十八条　销售者不得伪造或者冒用认证标志等质量标志。

第三十九条　销售者销售产品，不得掺杂、掺假，不得以假充真、以次充好，不得以不合格产品冒充合格产品。

第四章　损害赔偿

第四十条　售出的产品有下列情形之一的，销售者应当负责修理、更换、退货；给购买产品的消费者造成损失的，销售者应当赔偿损失：

（一）不具备产品应当具备的使用性能而事先未作说明的；

（二）不符合在产品或者其包装上注明采用的产品标准的；

（三）不符合以产品说明、实物样品等方式表明的质量状况的。

销售者依照前款规定负责修理、更换、退货、赔偿损失后，属于生产者的责任或者属于向销售者提供产品的其他销售者（以下简称供货者）的责任的，销售者有权向生产者、供货者追偿。

销售者未按照第一款规定给予修理、更换、退货或者赔偿损失的，由市场监督管理部门责令改正。

生产者之间，销售者之间，生产者与销售者之间订立的买卖合同、承揽合同有不同约定的，合同当事人按照合同约定执行。

第四十一条　因产品存在缺陷造成人身、缺陷产品以外的其他财产（以下简称他人财产）损害的，生产者应当承担赔偿责任。

生产者能够证明有下列情形之一的，不承担赔偿责任：

（一）未将产品投入流通的；

（二）产品投入流通时，引起损害的缺陷尚不存在的；

（三）将产品投入流通时的科学技术水平尚不能发现缺陷的存在的。

第四十二条　由于销售者的过错使产品存在缺陷，造成人身、他人财产损害的，销售者应当承担赔偿责任。

销售者不能指明缺陷产品的生产者也不能指明缺陷产品的供货者的，销售者应当承担赔偿责任。

第四十三条　因产品存在缺陷造成人身、他人财产损害的，受害人可以向产品的生产者要求赔偿，也可以向产品的销售者要求赔偿。属于产品的生产者的责任，产品的销售者赔偿的，产品的销售者有权向产品的生产者追偿。属于产品的销售者的责任，产品的生产者赔偿的，产品的生产者有权向产品的销售者追偿。

第四十四条 因产品存在缺陷造成受害人人身伤害的，侵害人应当赔偿医疗费、治疗期间的护理费、因误工减少的收入等费用；造成残疾的，还应当支付残疾者生活自助具费、生活补助费、残疾赔偿金以及由其扶养的人所必需的生活费等费用；造成受害人死亡的，并应当支付丧葬费、死亡赔偿金以及由死者生前扶养的人所必需的生活费等费用。

因产品存在缺陷造成受害人财产损失的，侵害人应当恢复原状或者折价赔偿。受害人因此遭受其他重大损失的，侵害人应当赔偿损失。

第四十五条 因产品存在缺陷造成损害要求赔偿的诉讼时效期间为2年，自当事人知道或者应当知道其权益受到损害时起计算。

因产品存在缺陷造成损害要求赔偿的请求权，在造成损害的缺陷产品交付最初消费者满10年丧失；但是，尚未超过明示的安全使用期的除外。

第四十六条 本法所称缺陷，是指产品存在危及人身、他人财产安全的不合理的危险；产品有保障人体健康和人身、财产安全的国家标准、行业标准的，是指不符合该标准。

第四十七条 因产品质量发生民事纠纷时，当事人可以通过协商或者调解解决。当事人不愿通过协商、调解解决或者协商、调解不成的，可以根据当事人各方的协议向仲裁机构申请仲裁；当事人各方没有达成仲裁协议或者仲裁协议无效的，可以直接向人民法院起诉。

第四十八条 仲裁机构或者人民法院可以委托本法第十九条规定的产品质量检验机构，对有关产品质量进行检验。

第五章 罚 则

第四十九条 生产、销售不符合保障人体健康和人身、财产安全的国家标准、行业标准的产品的，责令停止生产、销售，没收违法生产、销售的产品，并处违法生产、销售产品（包括已售出和未售出的产品，下同）货值金额等值以上3倍以下的罚款；有违法所得的，并处没收违法所得；情节严重的，吊销营业执照；构成犯罪的，依法追究刑事责任。

第五十条 在产品中掺杂、掺假，以假充真，以次充好，或者以不合格产品冒充合格产品的，责令停止生产、销售，没收违法生产、销售的产品，并处违法生产、销售产品货值金额50%以上3倍以下的罚款；有违法所得的，并处没收违法所得；情节严重的，吊销营业执照；构成犯罪的，依法追究刑事责任。

第五十一条 生产国家明令淘汰的产品的，销售国家明令淘汰并停止销售的产品的，责令停止生产、销售，没收违法生产、销售的产品，并处违法生产、销售产品货值金额等值以下的罚款；有违法所得的，并处没收违法所得；情节严重的，吊销营业执照。

第五十二条 销售失效、变质的产品的，责令停止销售，没收违法销售的产品，并处违法销售产品货值金额2倍以下的罚款；有违法所得的，并处没收违法所得；情节严重的，吊销营业执照；构成犯罪的，依法追究刑事责任。

第五十三条 伪造产品产地的，伪造或者冒用他人厂名、厂址的，伪造或者冒用认证标志等质量标志的，责令改正，没收违法生产、销售的产品，并处违法生产、销售产品货值金额等值以下的罚款；有违法所得的，并处没收违法所得；情节严重的，吊销营业执照。

第五十四条 产品标识不符合本法第二十七条规定的，责令改正；有包装的产品标识不符合本法第二十七条第（四）项、第（五）项规定，情节严重的，责令停止生产、销售，并处违法生产、销售产品货值金额30%以下的罚款；有违法所得的，并处没收违法所得。

第五十五条　销售者销售本法第四十九条至第五十三条规定禁止销售的产品，有充分证据证明其不知道该产品为禁止销售的产品并如实说明其进货来源的，可以从轻或者减轻处罚。

第五十六条　拒绝接受依法进行的产品质量监督检查的，给予警告，责令改正；拒不改正的，责令停业整顿；情节特别严重的，吊销营业执照。

第五十七条　产品质量检验机构、认证机构伪造检验结果或者出具虚假证明的，责令改正，对单位处5万元以上10万元以下的罚款，对直接负责的主管人员和其他直接责任人员处1万元以上5万元以下的罚款；有违法所得的，并处没收违法所得；情节严重的，取消其检验资格、认证资格；构成犯罪的，依法追究刑事责任。

产品质量检验机构、认证机构出具的检验结果或者证明不实，造成损失的，应当承担相应的赔偿责任；造成重大损失的，撤销其检验资格、认证资格。

产品质量认证机构违反本法第二十一条第二款的规定，对不符合认证标准而使用认证标志的产品，未依法要求其改正或者取消其使用认证标志资格的，对因产品不符合认证标准给消费者造成的损失，与产品的生产者、销售者承担连带责任；情节严重的，撤销其认证资格。

第五十八条　社会团体、社会中介机构对产品质量作出承诺、保证，而该产品又不符合其承诺、保证的质量要求，给消费者造成损失的，与产品的生产者、销售者承担连带责任。

第五十九条　在广告中对产品质量作虚假宣传，欺骗和误导消费者的，依照《中华人民共和国广告法》的规定追究法律责任。

第六十条　对生产者专门用于生产本法第四十九条、第五十一条所列的产品或者以假充真的产品的原辅材料、包装物、生产工具，应当予以没收。

第六十一条　知道或者应当知道属于本法规定禁止生产、销售的产品而为其提供运输、保管、仓储等便利条件的，或者为以假充真的产品提供制假生产技术的，没收全部运输、保管、仓储或者提供制假生产技术的收入，并处违法收入50%以上3倍以下的罚款；构成犯罪的，依法追究刑事责任。

第六十二条　服务业的经营者将本法第四十九条至第五十二条规定禁止销售的产品用于经营性服务的，责令停止使用；对知道或者应当知道所使用的产品属于本法规定禁止销售的产品的，按照违法使用的产品（包括已使用和尚未使用的产品）的货值金额，依照本法对销售者的处罚规定处罚。

第六十三条　隐匿、转移、变卖、损毁被市场监督管理部门查封、扣押的物品的，处被隐匿、转移、变卖、损毁物品货值金额等值以上3倍以下的罚款；有违法所得的，并处没收违法所得。

第六十四条　违反本法规定，应当承担民事赔偿责任和缴纳罚款、罚金，其财产不足以同时支付时，先承担民事赔偿责任。

第六十五条　各级人民政府工作人员和其他国家机关工作人员有下列情形之一的，依法给予行政处分；构成犯罪的，依法追究刑事责任：

（一）包庇、放纵产品生产、销售中违反本法规定行为的；

（二）向从事违反本法规定的生产、销售活动的当事人通风报信，帮助其逃避查处的；

（三）阻挠、干预市场监督管理部门依法对产品生产、销售中违反本法规定的行为进行查处，造成严重后果的。

第六十六条 市场监督管理部门在产品质量监督抽查中超过规定的数量索取样品或者向被检查人收取检验费用的，由上级市场监督管理部门或者监察机关责令退还；情节严重的，对直接负责的主管人员和其他直接责任人员依法给予行政处分。

第六十七条 市场监督管理部门或者其他国家机关违反本法第二十五条的规定，向社会推荐生产者的产品或者以监制、监销等方式参与产品经营活动的，由其上级机关或者监察机关责令改正，消除影响，有违法收入的予以没收；情节严重的，对直接负责的主管人员和其他直接责任人员依法给予行政处分。

产品质量检验机构有前款所列违法行为的，由市场监督管理部门责令改正，消除影响，有违法收入的予以没收，可以并处违法收入一倍以下的罚款；情节严重的，撤销其质量检验资格。

第六十八条 市场监督管理部门的工作人员滥用职权、玩忽职守、徇私舞弊，构成犯罪的，依法追究刑事责任；尚不构成犯罪的，依法给予行政处分。

第六十九条 以暴力、威胁方法阻碍市场监督管理部门的工作人员依法执行职务的，依法追究刑事责任；拒绝、阻碍未使用暴力、威胁方法的，由公安机关依照治安管理处罚法的规定处罚。

第七十条 本法第四十九条至第五十七条、第六十条至第六十三条规定的行政处罚由市场监督管理部门决定。法律、行政法规对行使行政处罚权的机关另有规定的，依照有关法律、行政法规的规定执行。

第七十一条 对依照本法规定没收的产品，依照国家有关规定进行销毁或者采取其他方式处理。

第七十二条 本法第四十九条至第五十四条、第六十二条、第六十三条所规定的货值金额以违法生产、销售产品的标价计算；没有标价的，按照同类产品的市场价格计算。

第六章 附 则

第七十三条 军工产品质量监督管理办法，由国务院、中央军事委员会另行制定。

因核设施、核产品造成损害的赔偿责任，法律、行政法规另有规定的，依照其规定。

第七十四条 本法自1993年9月1日起施行。

二、产品质量法解读

1. 产品质量法概述

（1）产品质量法的概念、立法宗旨和适用范围

1）产品质量法的概念和适用范围

①产品质量法的概念。

产品质量法是指调整产品质量管理关系和产品质量责任关系的法律规范的总称。

②我国产品质量法的立法宗旨。

我国产品质量法要达到两个方面的目标：第一，国家对产品质量实行监督管理，属于行政行为的范畴；第二，明确生产者、销售者承担产品质量的义务与责任，属于市场行为的范畴。

③产品质量法的适用范围。

在中华人民共和国境内从事产品生产、销售活动,必须遵守本法。

不适用范围:军工产品,核设施,核产品(军工企业生产的民用产品例外)。

(2) 产品与产品质量

1) 产品的概念

我国《产品质量法》规定,产品是指经过加工、制作、用于销售的产品。(建筑工程不适用本法,建筑材料适用)。

①产品质量法调整的产品,是经过加工制作的物质产品(知识产权的精神产品、矿产品、农产品不是;电力、煤气是);

②必须用于销售为目的(纯科学研究、纯为自己用的不是;销售为目的不一定经过销售渠道:赠与、试用、买一赠一、买大赠小等属于);

③经过加工、制作用于销售的产品仅限于生产。

2) 产品质量

产生质量是指产品具有人们需要的各种特性,包括产品的适用性、安全性、可靠性、可维修性、经济性等。

2. 产品质量监督管理制度

(1) 产品质量监督管理体制

我国确立了统一管理与分工管理、层次管理与区域管理相结合的产品质量监督管理体制。

1) 层次管理、区域管理

国务院产品质量监督部门主管全国产品质量监督工作。国务院有关部门在各自的职责范围内负责产品质量监督工作。

县级以上地方产品质量监督部门主管本行政区域内的产品质量监督工作。县级以上地方人民政府有关部门在各自的职责范围内负责产品质量监督工作。

2) 分工管理

质监局:标准化、计量、质量。

工商行政管理部门:经销掺假和冒牌行为。

3) 原则

同一问题不能重复检查、重复处理。

(2) 产品质量检验制度

产品质量检验:检验机构根据一定标准对产品品质进行检测,并判断合格与否的活动。

企业产品质量检验是产品质量的自我检验,具有自主性和合法性的特点。

(3) 产品生产许可证制度

国家对生产关系公共安全、人体健康、生命财产安全的重要工业产品的企业实施生产许可证制度。

(4) 产品质量的标准化监督制度

根据我国《标准化法》的规定,企业生产的产品分为国家标准、行业标准、地方标准和企业标准。国家标准、行业标准分为强制性标准和推荐性标准。

其中,保障人体健康和人身、财产安全的工业产品和法律、行政法规规定强制执行的标准是强制性标准,其他标准是推荐性标准。

(5) 企业质量体系认证制度和产品质量认证制度

1) 企业质量体系认证

企业质量体系认证是认证机构依据国际通用的质量管理标准，对企业质量体系进行检查和确认，并通过国家颁发证书的形式，证明企业质量管理和质量保证能力符合相应要求的活动。

我国企业质量体系认证采用自愿原则。企业在申请认证问题上享有自主权和选择权，但是，对于认证所依据的标准，必须遵守法律的规定，企业无权选择与变更。

2) 产品质量认证制度

产品质量认证是依据产品标准和相应的技术要求，经认证机构确认并通过颁发认证证书和认证标志来证明某产品符合相应技术要求的活动。产品认证分为安全认证和合格认证。

产品质量认证采用自愿原则。

产品质量认证不同于企业质量体系认证。产品质量认证的对象是某种特定的产品，企业质量体系认证的对象是企业保证产品质量的综合能力。仅获得企业质量体系认证证书的企业，不得在其产品上使用产品质量认证标志。

(6) 产品质量的监督检查制度

国家对产品质量实行以抽查为主要方式的监督检查制度。

产品质量抽查的内容：

第一，抽查的对象。可能危及人体健康和人身、财产安全的产品，影响国计民生的重要工业产品以及消费者、有关组织反映有质量问题的产品。

第二，抽查的样品。抽查的样品应当在市场上或企业成品仓库内的代销产品中随机抽取。

第三，抽查的机构。监督抽查工作由国务院产品质量监督部门规划和组织。县级以上地方产品质量监督部门在本行政区域内也可以组织监督抽查。

第四，禁止重复抽查的原则。国家监督抽查的产品，地方不得重查；上级监督抽查的产品，下级不得重查。

第五，抽查费用。抽查费用不得向被检查人收取。

生产者、销售者对抽查检验结果有异议的，可以自收到检验结果之日起 15 日内向实施监督抽查的产品质量监督部门申请复检。

(7) 产品质量的社会监督和消费者监督

社会监督，是保护消费者权益的社会组织、其他有关组织以及大众传播媒介对产品质量的监督。

消费者的监督，是一种个体监督方式。一般针对某一种产品进行查询、提出意见、检举等。

3. 产品责任

(1) 产品责任的内涵

产品责任又称产品缺陷责任，是指产品的生产者、销售者因其生产或销售的产品有缺陷，造成消费者、使用者或其他人人身、财产的损害而应承担的一种民事赔偿责任。

产品责任成立，须同时具备以下条件：

①产品存在质量缺陷；

②缺陷在生产或销售环节已经存在；

③损害事实客观存在，即已经造成了他人人身或财产上的损害；

④产品缺陷是损害发生的原因。

产品责任不同于产品质量责任。产品质量责任是指产品生产者、销售者以及其他相关的第三人违反其应承担的产品质量义务时应承担的法律责任，是一种综合责任，包括因产品缺陷造成他人人身财产损失，由生产者销售者依法承担产品责任；违反合同法、标准化法、计量法以及规范产品质量的其他法律规定应当承担的责任；合同瑕疵担保责任、行政责任和刑事责任。

(2) 生产者的产品质量义务

1) 生产者保证产品内在质量的义务

产品的内在质量应当符合下列要求：

①不存在危及人身、财产安全的不合理危险，有保障人体健康和人身、财产安全的国际标准、行业标准的，应当符合该标准；

②具备产品应当具备的使用性能，但是，对产品存在使用性能的瑕疵做出说明的除外；

③符合在产品或者其包装上注明采用的产品标准，符合以产品说明、实物样品等方式表明的质量状况。

2) 生产者的产品标识应当符合法律要求

产品标识是表明产品的名称、产地、质量状况等信息的表述和标示。生产者应当在其生产的产品或产品包装上附加产品标识，产品标识必须真实，并符合以下要求：

①有产品质量检验合格证明；

②有中文标明的产品名称、生产厂名和厂址；

③根据产品的特点和使用要求，需要标明产品规格、等级、所含主要成份的名称和含量的，用中文相应予以标明；需要事先让消费者知晓的，应当在外包装上标明，或者预先向消费者提供有关资料；

④限期使用的产品，应当在显著位置清晰地标明生产日期和安全使用期或者失效日期；

⑤使用不当，容易造成产品本身损坏或者可能危及人身、财产安全的产品，应当有警示标志或者中文警示说明。

根据《产品质量法》规定，裸装的食品和其他根据产品的特点难以附加标识的裸装产品，可以不附加产品标识。

3) 特定产品的包装质量符合要求

易碎、易燃、易爆、有毒、有腐蚀性、有放射性等危险物品以及储运中不能倒置和其他有特殊要求的产品，其包装质量必须符合相应要求，依照国家有关规定作出警示标志或者中文警示说明，标明储运注意事项。

4) 产品生产的禁止性规定

生产者不得生产国家明令淘汰的产品；不得伪造产地，不得伪造或冒用他人的厂名、厂址；不得伪造或冒用认证标志等质量标志；不得掺杂、掺假，不得以假充真、以次充好，不得以不合格产品冒充合格产品。

(3) 销售者的产品质量义务

1) 进货检查验收义务

销售者应当建立并执行进货检查验收制度，验明产品合格证明和其他标识。

2) 保持产品质量的义务

3) 有关产品标识的义务

4）产品销售的禁止性规定

①销售者不得销售国家明令淘汰并停止销售的产品和失效、变质的产品；

②销售者不得伪造产地，不得伪造或者冒用他人的厂名、厂址；

③销售者不得伪造或者冒用认证标志等质量标志；

④销售者销售产品，不得掺杂、掺假，不得以假充真、以次充好，不得以不合格产品冒充合格产品。

(4) 产品缺陷

1）产品缺陷的含义与判断标准

《产品质量法》所称的"产品缺陷"，指产品存在危及人身、他人财产安全的不合理的危险；产品有保障人体健康和人身、财产安全的国家标准、行业标准的，是指不符合该标准。

产品瑕疵指产品不具备良好的特性，不符合明示的产品标准，或者不符合产品说明、实物样品等方式表明的质量状况，但不存在危及人身、财产安全的不合理的危险。

2）产品缺陷与产品瑕疵的区别

第一，产品缺陷是指产品存在危及人身与财产安全的不合理危险；而产品瑕疵则指产品不具备良好的特性，不符合明示的产品标准等方式表明的质量状况，但不存在危及人身、财产安全的不合理危险。

第二，缺陷产品属于禁止流通产品，不得交易；瑕疵产品，因其尚未丧失产品原有的使用价值，消费者可在知悉瑕疵实情的前提下自行决定是否接受。

第三，产品缺陷责任是一种特殊侵权责任，有权主张产品缺陷责任的主体是因产品缺陷遭受人身或财产损害的被侵权人。被侵权人既可向缺陷产品的生产者请求赔偿，也可向缺陷产品的销售者请求赔偿。产品瑕疵责任是一种合同责任，主张该责任必须以当事人之间存在合同关系为前提。

第四，产品缺陷责任承担方式多样，因产品缺陷给被侵权人造成损失的，被侵权人除有权要求损害赔偿外，还有权要求生产者、销售者承担排除妨碍、消除危险、停止侵害、恢复原状等责任；产品瑕疵责任则由销售者依照法律规定或合同约定，负责修理、更换、退货以及赔偿损失。

第五，因产品缺陷造成损害要求赔偿的，诉讼时效期间为2年；在消费买卖中，产品瑕疵责任诉讼时效期限为1年。

3）产品缺陷的类型

①制造缺陷：产品在生产环节中因工艺、质量管理不善等原因而产生的不合理危险性。

②设计缺陷：产品设计未能充分考虑未来产品的安全性致使其存在不合理的危险。如福特汽车公司生产的平托汽车油箱爆炸的索赔案。

③警示缺陷：生产者疏于以适当方式向消费者说明产品在使用方法及危险防止方面应注意的事项。

(5) 产品责任的责任主体

1）生产者

因产品存在缺陷造成人身、缺陷产品以外的其他财产损害的，生产者应当承担赔偿责任。生产者能够证明有下列情形之一的，不承担赔偿责任：

①未将产品投入流通的；

②产品投入流通时,引起损害的缺陷尚不存在的;
③将产品投入流通时的科学技术水平尚不能发现缺陷的存在的。

2) 销售者

由于销售者的过错使产品存在缺陷,造成人身、他人财产损害的,销售者应当承担赔偿责任。销售者不能指明缺陷产品的生产者也不能指明缺陷产品的供货者的,销售者应当承担赔偿责任。

因产品存在缺陷造成人身、他人财产损害的,受害人可以向产品的生产者要求赔偿,也可以向产品的销售者要求赔偿。属于产品的生产者的责任,产品的销售者赔偿的,产品的销售者有权向产品的生产者追偿。属于产品的销售者的责任,产品的生产者赔偿的,产品的生产者有权向产品的销售者追偿。

3) 连带责任人

产品质量认证机构违反产品质量法的规定,对不符合认证标准而使用认证标志的产品,未依法要求其改正或者取消其使用认证标志资格的,对产品不符合认证标准给消费者造成损失,与产品的生产者、销售者承担连带责任。

社会团体、社会中介机构对产品质量作出承诺、保证,而该产品又不符合其承诺、保证的质量要求,给消费者造成损失的,与产品的生产者、销售者承担连带责任。

在广告中对产品质量作虚假宣传,欺骗和误导消费者,使购买商品或接受服务的消费者的合法权益受到损害的,由广告主依法承担民事责任;广告经营者、广告发布者明知或者应知广告虚假仍设计、制作、发布的,应依法承担连带责任。广告经营者、广告发布者不能提供广告主的真实名称、地址的,应当承担全部民事责任。

社会团体、其他组织,在虚假广告中向消费者推荐商品或服务,使消费者的合法权益受到损害的,应当依法承担连带责任。

(6) 产品责任的损害赔偿

1) 损害赔偿的类型

损害赔偿包括人身损害赔偿、财产损害赔偿、精神损害赔偿、惩罚性赔偿。

明知产品存在缺陷仍然生产、销售,造成他人死亡或健康严重损害的,被侵权人有权请求相应的惩罚性赔偿。

2) 赔偿损害请求权的行使期限

因产品存在缺陷造成损害要求赔偿的诉讼时效期间为2年,自当事人知道或者应当知道其权益受到损害时起计算。

因产品存在缺陷造成损害要求赔偿的请求权,在造成损害的缺陷产品交付最初消费者满10年丧失,但是,未超过明示的安全使用期的除外。

任务二 汽车召回制度认知

服务顾问李想收到生产商下发的召回公告,部分车型由于ESP控制单元软件开发过程

中的偏差,在潮湿等环境中以纯电驱动行驶时,驾驶员需要对制动踏板施加比预期更大的力进行减速,如果没有施加足够的力,可能会延长制动距离,从而增加碰撞风险,存在安全隐患。生产商通过其授权经销商免费更新召回范围内车辆的 ESP（车辆稳定行驶系统）控制单元软件,以消除安全隐患。召回实施时间为: 2023-12-29 至 2024-12-29。李想要根据收到的汽车召回公告,通知车主召回信息。如果你是李想,应该怎样通知才能让车主愿意配合汽车召回,同时又不影响车主对品牌的认可度、忠诚度。

素质目标

1. 认同并遵守《缺陷汽车产品召回管理条例》;
2. 增强法治思维;
3. 树立责任和担当意识。

知识目标

1. 掌握汽车召回适用范围;
2. 掌握汽车召回中生产者、销售者的产品质量责任和义务;
3. 了解汽车召回程序;
4. 了解汽车召回罚则的相关条款。

技能目标

能够根据汽车召回管理条例提供解决汽车相关质量问题的途径。

根据任务背景,通过互联网和教材资料查找《缺陷汽车产品召回管理条例》,总结上述问题的解决方法。

学习领域	汽车召回制度认知	
学习情境	不了解汽车召回制度	学习时间
工作任务	能够了解汽车召回制度,并分析什么样的车应该被召回	学习地点
课前预习	了解《缺陷汽车产品召回管理条例》	
知识准备 (1) 简述《缺陷汽车产品召回管理条例》的适用范围。		

续表

(2)《缺陷汽车产品召回管理条例》所称的缺陷是什么?

(3) 生产者隐瞒缺陷情况,根据条例规定会有怎样的处罚?

完成任务
根据收到的汽车召回公告,通知车主召回信息。

学习笔记	汽车召回在一定程度上体现了车企的责任心和担当意识。说到责任与担当,2022年5月10日习近平总书记在庆祝中国共产主义青年团成立100周年大会上说"有责任有担当,青春才会闪光",请从这一视角谈谈,当代青年对社会、对国家的责任与担当。
成绩	

任务评价表

指标	评价内容	分值
任务完成度 (5分)	能够充分利用教材和网络资源准确完成任务单的知识准备和任务,掌握汽车召回适用范围;掌握汽车召回中生产者、销售者的产品质量责任和义务;了解汽车召回程序;了解汽车召回罚则的相关条款;能够根据汽车召回管理条例提供解决汽车相关质量问题的途径	
素质养成度 (5分)	在知识学习和任务完成过程中,能够认认同并遵守《缺陷汽车产品召回管理条例》,增强法治思维,树立责任和担当意识	

汽车召回制度于1966年创建于美国,目前,欧美汽车工业发达的国家和日本都有自己的汽车召回制度。2004年国家质检总局等四部门联合发布了《缺陷汽车召回管理规定》,这是我国第一个汽车召回制度。并于2012年重新修订,《缺陷汽车召回管理条例》于2013年1月1日起实施。

一、《缺陷汽车产品召回管理条例》

《缺陷汽车产品召回管理条例》明确了召回启动程序,确认汽车产品存在缺陷的,应当立即停止生产、销售、进口缺陷汽车产品,并实施召回。

缺陷汽车召回管理规定

《缺陷汽车产品召回管理条例》全文

第一条 为了规范缺陷汽车产品召回,加强监督管理,保障人身、财产安全,制定本条例。

第二条 在中国境内生产、销售的汽车和汽车挂车(以下统称汽车产品)的召回及其监督管理,适用本条例。

第三条 本条例所称缺陷,是指由于设计、制造、标识等原因导致的在同一批次、型号或者类别的汽车产品中普遍存在的不符合保障人身、财产安全的国家标准、行业标准的情形或者其他危及人身、财产安全的不合理的危险。

本条例所称召回,是指汽车产品生产者对其已售出的汽车产品采取措施消除缺陷的活动。

第四条 国务院产品质量监督部门负责全国缺陷汽车产品召回的监督管理工作。

国务院有关部门在各自职责范围内负责缺陷汽车产品召回的相关监督管理工作。

第五条 国务院产品质量监督部门根据工作需要,可以委托省、自治区、直辖市人民政府产品质量监督部门、进出口商品检验机构负责缺陷汽车产品召回监督管理的部分工作。

国务院产品质量监督部门缺陷产品召回技术机构按照国务院产品质量监督部门的规定,承担缺陷汽车产品召回的具体技术工作。

第六条 任何单位和个人有权向产品质量监督部门投诉汽车产品可能存在的缺陷,国务院产品质量监督部门应当以便于公众知晓的方式向社会公布受理投诉的电话、电子邮箱和通信地址。

国务院产品质量监督部门应当建立缺陷汽车产品召回信息管理系统,收集汇总、分析处理有关缺陷汽车产品信息。

产品质量监督部门、汽车产品主管部门、商务主管部门、海关、公安机关交通管理部门、交通运输主管部门、工商行政管理部门等有关部门应当建立汽车产品的生产、销售、进口、登记检验、维修、消费者投诉、召回等信息的共享机制。

第七条 产品质量监督部门和有关部门、机构及其工作人员对履行本条例规定职责所知悉的商业秘密和个人信息,不得泄露。

第八条 对缺陷汽车产品,生产者应当依照本条例全部召回;生产者未实施召回的,国务院产品质量监督部门应当依照本条例责令其召回。

本条例所称生产者,是指在中国境内依法设立的生产汽车产品并以其名义颁发产品合格证的企业。

从中国境外进口汽车产品到境内销售的企业,视为前款所称的生产者。

第九条 生产者应当建立并保存汽车产品设计、制造、标识、检验等方面的信息记录以及汽车产品初次销售的车主信息记录,保存期不得少于10年。

第十条 生产者应当将下列信息报国务院产品质量监督部门备案:

(一)生产者基本信息;

（二）汽车产品技术参数和汽车产品初次销售的车主信息；

（三）因汽车产品存在危及人身、财产安全的故障而发生修理、更换、退货的信息；

（四）汽车产品在中国境外实施召回的信息；

（五）国务院产品质量监督部门要求备案的其他信息。

第十一条 销售、租赁、维修汽车产品的经营者（以下统称经营者）应当按照国务院产品质量监督部门的规定建立并保存汽车产品相关信息记录，保存期不得少于5年。

经营者获知汽车产品存在缺陷的，应当立即停止销售、租赁、使用缺陷汽车产品，并协助生产者实施召回。

经营者应当向国务院产品质量监督部门报告和向生产者通报所获知的汽车产品可能存在缺陷的相关信息。

第十二条 生产者获知汽车产品可能存在缺陷的，应当立即组织调查分析，并如实向国务院产品质量监督部门报告调查分析结果。

生产者确认汽车产品存在缺陷的，应当立即停止生产、销售、进口缺陷汽车产品，并实施召回。

第十三条 国务院产品质量监督部门获知汽车产品可能存在缺陷的，应当立即通知生产者开展调查分析；生产者未按照通知开展调查分析的，国务院产品质量监督部门应当开展缺陷调查。

国务院产品质量监督部门认为汽车产品可能存在会造成严重后果的缺陷的，可以直接开展缺陷调查。

第十四条 国务院产品质量监督部门开展缺陷调查，可以进入生产者、经营者的生产经营场所进行现场调查，查阅、复制相关资料和记录，向相关单位和个人了解汽车产品可能存在缺陷的情况。

生产者应当配合缺陷调查，提供调查需要的有关资料、产品和专用设备。经营者应当配合缺陷调查，提供调查需要的有关资料。

国务院产品质量监督部门不得将生产者、经营者提供的资料、产品和专用设备用于缺陷调查所需的技术检测和鉴定以外的用途。

第十五条 国务院产品质量监督部门调查认为汽车产品存在缺陷的，应当通知生产者实施召回。

生产者认为其汽车产品不存在缺陷的，可以自收到通知之日起15个工作日内向国务院产品质量监督部门提出异议，并提供证明材料。国务院产品质量监督部门应当组织与生产者无利害关系的专家对证明材料进行论证，必要时对汽车产品进行技术检测或者鉴定。

生产者既不按照通知实施召回又不在本条第二款规定期限内提出异议的，或者经国务院产品质量监督部门依照本条第二款规定组织论证、技术检测、鉴定确认汽车产品存在缺陷的，国务院产品质量监督部门应当责令生产者实施召回；生产者应当立即停止生产、销售、进口缺陷汽车产品，并实施召回。

第十六条 生产者实施召回，应当按照国务院产品质量监督部门的规定制定召回计划，并报国务院产品质量监督部门备案。修改已备案的召回计划应当重新备案。

生产者应当按照召回计划实施召回。

第十七条 生产者应当将报国务院产品质量监督部门备案的召回计划同时通报销售者，

销售者应当停止销售缺陷汽车产品。

第十八条　生产者实施召回，应当以便于公众知晓的方式发布信息，告知车主汽车产品存在的缺陷、避免损害发生的应急处置方法和生产者消除缺陷的措施等事项。

国务院产品质量监督部门应当及时向社会公布已经确认的缺陷汽车产品信息以及生产者实施召回的相关信息。

车主应当配合生产者实施召回。

第十九条　对实施召回的缺陷汽车产品，生产者应当及时采取修正或者补充标识、修理、更换、退货等措施消除缺陷。

生产者应当承担消除缺陷的费用和必要的运送缺陷汽车产品的费用。

第二十条　生产者应当按照国务院产品质量监督部门的规定提交召回阶段性报告和召回总结报告。

第二十一条　国务院产品质量监督部门应当对召回实施情况进行监督，并组织与生产者无利害关系的专家对生产者消除缺陷的效果进行评估。

第二十二条　生产者违反本条例规定，有下列情形之一的，由产品质量监督部门责令改正；拒不改正的，处5万元以上20万元以下的罚款：

（一）未按照规定保存有关汽车产品、车主的信息记录；

（二）未按照规定备案有关信息、召回计划；

（三）未按照规定提交有关召回报告。

第二十三条　违反本条例规定，有下列情形之一的，由产品质量监督部门责令改正；拒不改正的，处50万元以上100万元以下的罚款；有违法所得的，并处没收违法所得；情节严重的，由许可机关吊销有关许可：

（一）生产者、经营者不配合产品质量监督部门缺陷调查；

（二）生产者未按照已备案的召回计划实施召回；

（三）生产者未将召回计划通报销售者。

第二十四条　生产者违反本条例规定，有下列情形之一的，由产品质量监督部门责令改正，处缺陷汽车产品货值金额1%以上10%以下的罚款；有违法所得的，并处没收违法所得；情节严重的，由许可机关吊销有关许可：

（一）未停止生产、销售或者进口缺陷汽车产品；

（二）隐瞒缺陷情况；

（三）经责令召回拒不召回。

第二十五条　违反本条例规定，从事缺陷汽车产品召回监督管理工作的人员有下列行为之一的，依法给予处分：

（一）将生产者、经营者提供的资料、产品和专用设备用于缺陷调查所需的技术检测和鉴定以外的用途；

（二）泄露当事人商业秘密或者个人信息；

（三）其他玩忽职守、徇私舞弊、滥用职权行为。

第二十六条　违反本条例规定，构成犯罪的，依法追究刑事责任。

第二十七条　汽车产品出厂时未随车装备的轮胎存在缺陷的，由轮胎的生产者负责召回。具体办法由国务院产品质量监督部门参照本条例制定。

第二十八条 生产者依照本条例召回缺陷汽车产品，不免除其依法应当承担的责任。

汽车产品存在本条例规定的缺陷以外的质量问题的，车主有权依照产品质量法、消费者权益保护法等法律、行政法规和国家有关规定以及合同约定，要求生产者、销售者承担修理、更换、退货、赔偿损失等相应的法律责任。

第二十九条 本条例自 2013 年 1 月 1 日起施行。

二、《缺陷汽车产品召回管理条例实施办法》

为确保《缺陷汽车产品召回管理条例》贯彻实施，制定了《缺陷汽车产品召回管理条例实施办法》，对《缺陷汽车产品召回管理条例》中生产者的信息报告义务、缺陷调查及召回实施程序、监管职责和法律责任等相关内容做进一步细化和明确，使之更具有可操作性，以满足监管需要。

《缺陷汽车产品召回管理条例实施办法》已经于 2015 年 7 月 10 日由国家质量监督检验检疫总局局务会议审议通过，自 2016 年 1 月 1 日起施行。

《缺陷汽车产品召回管理条例实施办法》全文

第一节 总 则

第一条 根据《缺陷汽车产品召回管理条例》，制定本办法。

第二条 在中国境内生产、销售的汽车和汽车挂车（以下统称"汽车产品"）的召回及其监督管理，适用本办法。

第三条 汽车产品生产者（以下简称"生产者"）是缺陷汽车产品的召回主体。汽车产品存在缺陷的，生产者应当依照本办法实施召回。

第四条 国家质量监督检验检疫总局（以下简称"质检总局"）负责全国缺陷汽车产品召回的监督管理工作。各级产品质量监督部门和出入境检验检疫机构依法履行职责。

第五条 质检总局根据工作需要，可以委托省级产品质量监督部门和出入境检验检疫机构（以下统称"省级质检部门"），在本行政区域内按照职责分工分别负责境内生产和进口缺陷汽车产品召回监督管理的部分工作。

质检总局缺陷产品召回技术机构（以下简称"召回技术机构"）按照质检总局的规定承担缺陷汽车产品召回信息管理、缺陷调查、召回管理中的具体技术工作。

第二节 信息管理

第六条 任何单位和个人有权向产品质量监督部门和出入境检验检疫机构投诉汽车产品可能存在的缺陷等有关问题。

第七条 质检总局负责组织建立缺陷汽车产品召回信息管理系统，收集汇总、分析处理有关缺陷汽车产品信息，备案生产者信息，发布缺陷汽车产品信息和召回相关信息。

质检总局负责与国务院有关部门共同建立汽车产品的生产、销售、进口、登记检验、维修、事故、消费者投诉、召回等信息的共享机制。

第八条 地方产品质量监督部门和各地出入境检验检疫机构发现本行政区域内缺陷汽车产品信息的，应当将信息逐级上报。

第九条 生产者应当建立健全汽车产品可追溯信息管理制度，确保能够及时确定缺陷汽车产品的召回范围并通知车主。

第十条 生产者应当保存以下汽车产品设计、制造、标识、检验等方面的信息：

（一）汽车产品设计、制造、标识、检验的相关文件和质量控制信息；
（二）涉及安全的汽车产品零部件生产者及零部件的设计、制造、检验信息；
（三）汽车产品生产批次及技术变更信息；
（四）其他相关信息。

生产者还应当保存车主名称、有效证件号码、通信地址、联系电话、购买日期、车辆识别代码等汽车产品初次销售的车主信息。

第十一条 生产者应当向质检总局备案以下信息：
（一）生产者基本信息；
（二）汽车产品技术参数和汽车产品初次销售的车主信息；
（三）因汽车产品存在危及人身、财产安全的故障而发生修理、更换、退货的信息；
（四）汽车产品在中国境外实施召回的信息；
（五）技术服务通报、公告等信息；
（六）其他需要备案的信息。

生产者依法备案的信息发生变化的，应当在20个工作日内进行更新。

第十二条 销售、租赁、维修汽车产品的经营者（以下统称经营者）应当建立并保存其经营的汽车产品型号、规格、车辆识别代码、数量、流向、购买者信息、租赁、维修等信息。

第十三条 经营者、汽车产品零部件生产者应当向质检总局报告所获知的汽车产品可能存在缺陷的相关信息，并通报生产者。

第三节 缺陷调查

第十四条 生产者获知汽车产品可能存在缺陷的，应当立即组织调查分析，并将调查分析结果报告质检总局。

生产者经调查分析确认汽车产品存在缺陷的，应当立即停止生产、销售、进口缺陷汽车产品，并实施召回；生产者经调查分析认为汽车产品不存在缺陷的，应当在报送的调查分析结果中说明分析过程、方法、风险评估意见以及分析结论等。

第十五条 质检总局负责组织对缺陷汽车产品召回信息管理系统收集的信息、有关单位和个人的投诉信息以及通过其他方式获取的缺陷汽车产品相关信息进行分析，发现汽车产品可能存在缺陷的，应当立即通知生产者开展相关调查分析。

生产者应当按照质检总局通知要求，立即开展调查分析，并如实向质检总局报告调查分析结果。

第十六条 召回技术机构负责组织对生产者报送的调查分析结果进行评估，并将评估结果报告质检总局。

第十七条 存在下列情形之一的，质检总局应当组织开展缺陷调查：
（一）生产者未按照通知要求开展调查分析的；
（二）经评估生产者的调查分析结果不能证明汽车产品不存在缺陷的；
（三）汽车产品可能存在造成严重后果的缺陷的；
（四）经实验检测，同一批次、型号或者类别的汽车产品可能存在不符合保障人身、财产安全的国家标准、行业标准情形的；
（五）其他需要组织开展缺陷调查的情形。

第十八条　质检总局、受委托的省级质检部门开展缺陷调查，可以行使以下职权：

（一）进入生产者、经营者、零部件生产者的生产经营场所进行现场调查；

（二）查阅、复制相关资料和记录，收集相关证据；

（三）向有关单位和个人了解汽车产品可能存在缺陷的情况；

（四）其他依法可以采取的措施。

第十九条　与汽车产品缺陷有关的零部件生产者应当配合缺陷调查，提供调查需要的有关资料。

第二十条　质检总局、受委托的省级质检部门开展缺陷调查，应当对缺陷调查获得的相关信息、资料、实物、实验检测结果和相关证据等进行分析，形成缺陷调查报告。

省级质检部门应当及时将缺陷调查报告报送质检总局。

第二十一条　质检总局可以组织对汽车产品进行风险评估，必要时向社会发布风险预警信息。

第二十二条　质检总局根据缺陷调查报告认为汽车产品存在缺陷的，应当向生产者发出缺陷汽车产品召回通知书，通知生产者实施召回。

生产者认为其汽车产品不存在缺陷的，可以自收到缺陷汽车产品召回通知书之日起15个工作日内向质检总局提出书面异议，并提交相关证明材料。

生产者在15个工作日内提出异议的，质检总局应当组织与生产者无利害关系的专家对生产者提交的证明材料进行论证；必要时质检总局可以组织对汽车产品进行技术检测或者鉴定；生产者申请听证的或者质检总局根据工作需要认为有必要组织听证的，可以组织听证。

第二十三条　生产者既不按照缺陷汽车产品召回通知书要求实施召回，又不在15个工作日内向质检总局提出异议的，或者经组织论证、技术检测、鉴定，确认汽车产品存在缺陷的，质检总局应当责令生产者召回缺陷汽车产品。

第四节　召回实施与管理

第二十四条　生产者实施召回，应当按照质检总局的规定制定召回计划，并自确认汽车产品存在缺陷之日起5个工作日内或者被责令召回之日起5个工作日内向质检总局备案；同时以有效方式通报经营者。

生产者制定召回计划，应当内容全面，客观准确，并对其内容的真实性、准确性及召回措施的有效性负责。

生产者应当按照已备案的召回计划实施召回；生产者修改已备案的召回计划，应当重新向质检总局备案，并提交说明材料。

第二十五条　经营者获知汽车产品存在缺陷的，应当立即停止销售、租赁、使用缺陷汽车产品，并协助生产者实施召回。

第二十六条　生产者应当自召回计划备案之日起5个工作日内，通过报刊、网站、广播、电视等便于公众知晓的方式发布缺陷汽车产品信息和实施召回的相关信息，30个工作日内以挂号信等有效方式，告知车主汽车产品存在的缺陷、避免损害发生的应急处置方法和生产者消除缺陷的措施等事项。

生产者应当通过热线电话、网络平台等方式接受公众咨询。

第二十七条　车主应当积极配合生产者实施召回，消除缺陷。

第二十八条　质检总局应当向社会公布已经确认的缺陷汽车产品信息、生产者召回计划以及生产者实施召回的其他相关信息。

第二十九条　生产者应当保存已实施召回的汽车产品召回记录，保存期不得少于10年。

第三十条　生产者应当自召回实施之日起每3个月向质检总局提交一次召回阶段性报告。质检总局有特殊要求的，生产者应当按要求提交。

生产者应当在完成召回计划后15个工作日内，向质检总局提交召回总结报告。

第三十一条　生产者被责令召回的，应当立即停止生产、销售、进口缺陷汽车产品，并按照本办法的规定实施召回。

第三十二条　生产者完成召回计划后，仍有未召回的缺陷汽车产品的，应当继续实施召回。

第三十三条　对未消除缺陷的汽车产品，生产者和经营者不得销售或者交付使用。

第三十四条　质检总局对生产者召回实施情况进行监督或者委托省级质检部门进行监督，组织与生产者无利害关系的专家对消除缺陷的效果进行评估。

受委托对召回实施情况进行监督的省级质检部门，应当及时将有关情况报告质检总局。

质检总局通过召回实施情况监督和评估发现生产者的召回范围不准确、召回措施无法有效消除缺陷或未能取得预期效果的，应当要求生产者再次实施召回或者采取其他相应补救措施。

第五节　法律责任

第三十五条　生产者违反本办法规定，有下列行为之一的，责令限期改正；逾期未改正的，处以1万元以上3万元以下罚款：

（一）未按规定更新备案信息的；

（二）未按规定提交调查分析结果的；

（三）未按规定保存汽车产品召回记录的；

（四）未按规定发布缺陷汽车产品信息和召回信息的。

第三十六条　零部件生产者违反本办法规定不配合缺陷调查的，责令限期改正；逾期未改正的，处以1万元以上3万元以下罚款。

第三十七条　违反本办法规定，构成《缺陷汽车产品召回管理条例》等有关法律法规规定的违法行为的，依法予以处理。

第三十八条　违反本办法规定，构成犯罪的，依法追究刑事责任。

第三十九条　本办法规定的行政处罚由违法行为发生地具有管辖权的产品质量监督部门和出入境检验检疫机构在职责范围内依法实施；法律、行政法规另有规定的，依照法律、行政法规的规定执行。

第六节　附　则

第四十条　本办法所称汽车产品是指中华人民共和国国家标准《汽车和挂车类型的术语和定义》规定的汽车和挂车。

本办法所称生产者是指在中国境内依法设立的生产汽车产品并以其名义颁发产品合格证的企业。

从中国境外进口汽车产品到境内销售的企业视为前款所称的生产者。

第四十一条　汽车产品出厂时未随车装备的轮胎的召回及其监督管理由质检总局另行规定。

第四十二条 本办法由质检总局负责解释。

第四十三条 本办法自 2016 年 1 月 1 日起施行。

 任务三 汽车三包规定认知与应用

客户王先生在汽车 4S 店购买了一辆新车,行驶了 1 年,20 000 公里时出现车辆跑偏的问题,售后服务顾问李想接待了王先生,经过检查发现是转向系统的转向万向节断裂,经 4S 店维修后,转向恢复正常,使用 3 个月后,又出现同一问题。如果你是李想如何帮助客户解决遇到的问题?

素质目标

1. 认同并遵守《家用汽车产品修理更换退货责任规定》;
2. 增强法治思维;
3. 树立责任和担当意识。

知识目标

1. 掌握汽车三包规定的适用范围;
2. 掌握汽车三包的包修期限、三包有效期限和易损件保质期;
3. 掌握汽车三包生产者、销售者的产品质量责任和义务。

技能目标

能够根据汽车三包规定提供解决汽车相关质量问题的途径。

根据任务背景,通过互联网和教材资料查找《家用汽车产品修理更换退货责任规定》,总结上述问题的解决方法。

学习领域	汽车三包规定认知与应用		
学习情境	不了解汽车三包规定	学习时间	
工作任务	能够掌握汽车三包规定,并运用规定处理相关问题	学习地点	

续表

课前预习	了解《家用汽车产品修理更换退货责任规定》

知识准备

（1）简述汽车三包规定的适用范围，及解决汽车质量问题的方法。

（2）汽车三包的包修期限、三包有效期限分别是指什么期限？分别是多长时间？

（3）汽车易损件有哪些？易损件保质期在哪里能查到？

（4）总结汽车三包规定的三包责任，完成表格。

描述	期限	条件	可选类型		
			修理	换车	退车
易损件质量担保期					
新车 60 日三包有效期					
整车三包有效期					
主要总成或系统质量担保期（包修期）					

完成任务
为王先生提供问题的详细解决方案。

学习笔记	从运用法治思维和法治方式的角度谈谈，如何处理汽车三包问题？
成绩	

任务评价表

指标	评价内容	分值
任务完成度 （5分）	能够充分利用教材和网络资源准确完成任务单的知识准备和任务，掌握汽车三包规定的适用范围；掌握汽车三包的包修期限、三包有效期限和易损件保质期；掌握汽车三包生产者、销售者的产品质量责任和义务；能够根据汽车三包规定提供解决汽车相关质量问题的途径	
素质养成度 （5分）	在知识学习和任务完成过程中，能够认同并遵守家用汽车三包规定，强化法治思维，能运用法律手段解决问题	

家用汽车产品修理更换退货责任规定

《家用汽车产品修理更换退货责任规定》于 2021 年 7 月 22 日由国家市场监督管理总局令第 43 号公布，自 2022 年 1 月 1 日起施行。全文如下：

第一章 总 则

第一条 为了明确家用汽车产品修理、更换、退货（以下统称"三包"）责任，保护消费者合法权益，根据《中华人民共和国产品质量法》《中华人民共和国消费者权益保护法》等法律，制定本规定。

第二条 在中华人民共和国境内销售的家用汽车产品的三包，适用本规定。

第三条 三包责任由销售者依法承担。销售者依照本规定承担三包责任后，属于生产者责任或者其他经营者责任的，销售者有权向生产者、其他经营者追偿。

从中华人民共和国境外进口家用汽车产品到境内销售的企业，视为生产者。

第四条 家用汽车产品经营者之间可以订立合同约定三包责任的承担，但不得侵害消费者合法权益，不得免除或者减轻本规定所规定的质量义务和三包责任。

鼓励经营者作出严于本规定、更有利于保护消费者合法权益的三包承诺。承诺一经作出，应当依法履行。

第五条 家用汽车产品消费者、经营者行使权利、履行义务或者承担责任，应当遵循诚实信用原则。

家用汽车产品经营者不得故意拖延或者无正当理由拒绝消费者提出的符合本规定的三包要求。

第六条 国家市场监督管理总局（以下简称市场监管总局）负责指导协调、监督管理全国家用汽车产品三包工作，建立家用汽车产品三包信息公开制度，委托相关技术机构承担具体技术工作。

县级以上地方市场监督管理部门负责指导协调、监督管理本行政区域内家用汽车产品三包工作。

第二章 经营者义务

第七条 生产者生产的家用汽车产品应当符合法律、法规规定以及当事人约定的质量要求。未经检验合格，不得出厂销售。

第八条 生产者应当为家用汽车产品配备中文产品合格证或者相关证明、产品一致性证书、产品使用说明书、三包凭证、维修保养手册等随车文件。随车提供工具、附件等物品的，还应当附随车物品清单。

第九条 三包凭证应当包括下列内容：

（一）产品品牌、型号、车辆类型、车辆识别代号（VIN）、生产日期；

（二）生产者的名称、地址、邮政编码、客服电话；

（三）销售者的名称、地址、邮政编码、客服电话、开具购车发票的日期、交付车辆的日期；

（四）生产者或者销售者约定的修理者（以下简称修理者）网点信息的查询方式；

（五）家用汽车产品的三包条款、包修期、三包有效期、使用补偿系数；

（六）主要零部件、特殊零部件的种类范围，易损耗零部件的种类范围及其质量保证期；

（七）家用纯电动、插电式混合动力汽车产品的动力蓄电池在包修期、三包有效期内的容量衰减限值；

（八）按照规定需要明示的其他内容。

第十条 生产者应当向市场监管总局备案生产者基本信息、车型信息、约定的销售和修理网点资料、产品使用说明书、三包凭证、维修保养手册和退换车信息等，但生产者已经在缺陷汽车产品召回信息管理系统上备案的信息除外。

备案信息发生变化的，生产者应当自变化之日起20个工作日内更新备案。

第十一条 生产者应当积极配合销售者、修理者履行其义务，不得故意拖延或者无正当理由拒绝销售者、修理者按照本规定提出的协助、追偿等事项。

第十二条 销售者应当建立进货检查验收制度，验明家用汽车产品的随车文件。

第十三条 销售者应当向消费者交付合格的家用汽车产品，并履行下列规定：

（一）与消费者共同查验家用汽车产品的外观、内饰等可以现场查验的质量状况；

（二）向消费者交付随车文件以及购车发票；

（三）按照随车物品清单向消费者交付随车工具、附件等物品；

（四）对照随车文件，告知消费者家用汽车产品的三包条款、包修期、三包有效期、使用补偿系数、修理者网点信息的查询方式；

（五）提醒消费者阅读安全注意事项并按照产品使用说明书的要求使用、维护、保养家用汽车产品。

第十四条 消费者遗失三包凭证的，可以向销售者申请补办。销售者应当及时免费补办。

第十五条 包修期内家用汽车产品因质量问题不能安全行驶的，修理者应当提供免费修理咨询服务；咨询服务无法解决的，应当开展现场服务，并承担必要的车辆拖运费用。

第十六条　包修期内修理者用于修理的零部件应当是生产者提供或者认可的合格零部件，并且其质量不得低于原车配置的零部件质量。

第十七条　修理者应当建立修理记录存档制度。修理记录保存期限不得低于6年。

修理记录应当包括送修时间、行驶里程、消费者质量问题陈述、检查结果、修理项目、更换的零部件名称和编号、材料费、工时及工时费、车辆拖运费用、提供备用车或者交通费用补偿的情况、交车时间、修理者和消费者签名或者盖章等信息，并提供给消费者一份。

消费者因遗失修理记录或者其他原因需要查阅或者复印修理记录，修理者应当提供便利。

第三章　三包责任

第十八条　家用汽车产品的三包有效期不得低于2年或者行驶里程50 000公里，以先到者为准；包修期不得低于3年或者行驶里程60 000公里，以先到者为准。

三包有效期和包修期自销售者开具购车发票之日起计算；开具购车发票日期与交付家用汽车产品日期不一致的，自交付之日起计算。

第十九条　家用汽车产品在包修期内出现质量问题或者易损耗零部件在其质量保证期内出现质量问题的，消费者可以凭三包凭证选择修理者免费修理（包括免除工时费和材料费）。

修理者能够通过查询相关信息系统等方式核实购买信息的，应当免除消费者提供三包凭证的义务。

第二十条　家用汽车产品自三包有效期起算之日起60日内或者行驶里程3000公里之内（以先到者为准），因发动机、变速器、动力蓄电池、行驶驱动电机的主要零部件出现质量问题的，消费者可以凭三包凭证选择更换发动机、变速器、动力蓄电池、行驶驱动电机。修理者应当免费更换。

第二十一条　家用汽车产品在包修期内因质量问题单次修理时间超过5日（包括等待修理零部件时间）的，修理者应当自第6日起为消费者提供备用车，或者向消费者支付合理的交通费用补偿。经营者与消费者另有约定的，按照约定的方式予以补偿。

第二十二条　家用汽车产品自三包有效期起算之日起7日内，因质量问题需要更换发动机、变速器、动力蓄电池、行驶驱动电机或者其主要零部件的，消费者可以凭购车发票、三包凭证选择更换家用汽车产品或者退货。销售者应当免费更换或者退货。

第二十三条　家用汽车产品自三包有效期起算之日起60日内或者行驶里程3000公里之内（以先到者为准），因质量问题出现转向系统失效、制动系统失效、车身开裂、燃油泄漏或者动力蓄电池起火的，消费者可以凭购车发票、三包凭证选择更换家用汽车产品或者退货。销售者应当免费更换或者退货。

第二十四条　家用汽车产品在三包有效期内出现下列情形之一，消费者凭购车发票、三包凭证选择更换家用汽车产品或者退货的，销售者应当更换或者退货：

（一）因严重安全性能故障累计进行2次修理，但仍未排除该故障或者出现新的严重安全性能故障的；

（二）发动机、变速器、动力蓄电池、行驶驱动电机因其质量问题累计更换2次，仍不能正常使用的；

（三）发动机、变速器、动力蓄电池、行驶驱动电机、转向系统、制动系统、悬架系统、传动系统、污染控制装置、车身的同一主要零部件因其质量问题累计更换2次，仍不能正常使用的；

（四）因质量问题累计修理时间超过30日，或者因同一质量问题累计修理超过4次的。

发动机、变速器、动力蓄电池、行驶驱动电机的更换次数与其主要零部件的更换次数不重复计算。

需要根据车辆识别代号（VIN）等定制的防盗系统、全车主线束等特殊零部件和动力蓄电池的运输时间，以及外出救援路途所占用的时间，不计入本条第一款第四项规定的修理时间。

第二十五条 家用汽车产品符合本规定规定的更换条件，销售者无同品牌同型号家用汽车产品的，应当向消费者更换不低于原车配置的家用汽车产品。无不低于原车配置的家用汽车产品，消费者凭购车发票、三包凭证选择退货的，销售者应当退货。

第二十六条 销售者为消费者更换家用汽车产品或者退货，应当赔偿消费者下列损失：

（一）车辆登记费用；

（二）销售者收取的扣除相应折旧后的加装、装饰费用；

（三）销售者向消费者收取的相关服务费用。

相关税费、保险费按照国家有关规定执行。

第二十七条 消费者依照本规定第二十四条第一款规定更换家用汽车产品或者退货的，应当向销售者支付家用汽车产品使用补偿费。补偿费的计算方式为：

$$补偿费 = 车价款（元）\times 行驶里程（公里）/1000（公里）\times n$$

使用补偿系数 n 由生产者确定并明示在三包凭证上。使用补偿系数 n 不得高于0.5%。

第二十八条 三包有效期内销售者收到消费者提出的更换家用汽车产品或者退货要求的，应当自收到相关要求之日起10个工作日内向消费者作出答复。不符合更换或者退货条件的，应当在答复中说明理由。

符合更换或者退货条件的，销售者应当自消费者提出更换或者退货要求之日起20个工作日内为消费者完成更换或者退货，并出具换车证明或者退车证明；20个工作日内不能完成家用汽车产品更换的，消费者可以要求退货，但因消费者原因造成的延迟除外。

第二十九条 按照本规定更换的家用汽车产品，其三包有效期和包修期自更换之日起重新计算。

第三十条 包修期内家用汽车产品所有权发生转移的，三包凭证应当随车转移。三包责任不因家用汽车产品所有权的转移而改变。

第三十一条 经营者合并、分立、变更、破产的，其三包责任按照有关法律、法规的规定执行。

第三十二条 包修期内家用汽车产品有下列情形之一的，可以免除经营者对下列质量问题承担的三包责任：

（一）消费者购买时已经被书面告知家用汽车产品存在不违反法律、法规或者强制性国家标准的瑕疵；

（二）消费者未按照使用说明书或者三包凭证要求，使用、维护、保养家用汽车产品而造成的损坏；

（三）使用说明书明示不得对家用汽车产品进行改装、调整、拆卸，但消费者仍然改装、调整、拆卸而造成的损坏；

（四）发生质量问题，消费者自行处置不当而造成的损坏；

（五）因不可抗力造成的损坏。

经营者不得限制消费者自主选择对家用汽车产品维护、保养的企业，并将其作为拒绝承担三包责任的理由。

第三十三条 销售者销售按照本规定更换、退货的家用汽车产品的，应当检验合格，并书面告知其属于"三包换退车"以及更换、退货的原因。

"三包换退车"的三包责任，按照当事人约定执行。

第四章 争议的处理

第三十四条 发生三包责任争议，可以通过下列途径解决：

（一）协商和解；

（二）请求消费者协会或者依法成立的其他调解组织调解；

（三）向市场监督管理部门等有关行政机关投诉；

（四）根据当事人达成的仲裁协议提请仲裁机构仲裁；

（五）向人民法院提起诉讼。

第三十五条 鼓励有关组织建立第三方家用汽车产品三包责任争议处理机制，为消费者免费提供公正、专业、便捷、高效的汽车三包责任争议处理服务。

第三十六条 市场监督管理部门处理三包责任争议投诉举报，按照市场监督管理部门有关投诉举报处理的规定执行。

省级市场监督管理部门可以建立家用汽车产品三包责任争议处理技术咨询人员库，为处理三包责任争议提供技术支持。

第五章 法律责任

第三十七条 未按照本规定第二章规定履行经营者义务，法律、法规对违法行为处罚有规定的，依照法律、法规执行；法律、法规没有规定的，予以警告，责令限期改正，情节严重的，处1万元以上3万元以下罚款。

第三十八条 故意拖延或者无正当理由拒绝承担本规定第三章规定的三包责任的，依照《中华人民共和国消费者权益保护法》第五十六条执行。

第三十九条 本规定所规定的行政处罚，由县级以上地方市场监督管理部门依法实施。行政处罚信息记入国家企业信用信息公示系统，向社会公示。

第六章 附 则

第四十条 本规定下列用语的含义：

家用汽车产品，指消费者为生活消费需要而购买和使用的乘用车和皮卡车。

乘用车，指按照有关国家标准规定的除专用乘用车以外的乘用车。

质量问题，指家用汽车产品质量不符合法律、法规、强制性国家标准以及企业明示采用的标准或者明示的质量状况，或者存在影响正常使用的其他情形。

严重安全性能故障，指家用汽车产品存在的危及人身、财产安全，致使无法安全使用的质量问题，包括安全装置不能起到应有的保护作用或者存在起火等危险的情形。

单次修理时间，指自消费者与修理者确定修理之时至完成修理之时。以小时计算，每满24小时，为1日；余下时间不足24小时的，以1日计。

累计修理时间，指单次修理时间累加之和。

第四十一条　家用汽车产品的主要零部件、特殊零部件、易损耗零部件的种类范围，按照有关国家标准确定。

第四十二条　本规定自 2022 年 1 月 1 日起施行。2012 年 12 月 29 日原国家质量监督检验检疫总局令第 150 号公布的《家用汽车产品修理、更换、退货责任规定》同时废止。

任务四　汽车维修管理法规认知

由于汽车保有量的快速增长使得汽车维修和养护需求也快速增长，汽车维修行业已经成为我国经济发展的重要行业。那么，经营一家汽车维修厂应符合哪些要求？汽车生产者会公开哪些维修信息呢？

素质目标

1. 认同并遵守《机动车维修管理规定》《汽车维修技术信息公开实施管理办法》；
2. 增强法治思维；
3. 树立诚信观念。

知识目标

掌握汽车维修技术信息公开管理法律法规，了解汽车维修技术信息公开目录。

技能目标

能够根据规定处理汽车维修相关问题。

根据任务背景，结合教材学习《机动车维修管理规定》《汽车维修技术信息公开实施管理办法》。

学习领域	汽车维修管理法规认知	
学习情境	不了解汽车维修管理法规认知	学习时间
工作任务	能够掌握了解汽车维修管理法规，并处理相关问题	学习地点
课前预习	了解汽车维修管理法规	

续表

知识准备 （1）开办经营汽车维修厂应符合哪些要求？ （2）汽车生产者会公开哪些维修信息？ 完成任务 总结经营汽车维修厂的须知事项。	
学习笔记	请从"诚实守信"角度谈一谈，如何从事汽车维修工作或经营一家汽车维修企业？
成绩	

任务评价表

指标	评价内容	分值
任务完成度 （5分）	能够充分利用教材和网络资源准确完成任务单的知识准备和任务，掌握汽车维修技术信息公开管理法律法规，了解汽车维修技术信息公开目录；能够根据规定处理汽车维修相关问题	
素质养成度 （5分）	在知识学习和任务完成过程中，能够认同并遵守《机动车维修管理规定》《汽车维修技术信息公开实施管理办法》，增强法治思维，树立诚信观念	

目前，汽车制造业已进入微利的时代，更多的获利机会将会在贸易服务领域，即汽车后市场中展开。中国汽车后市场还有很大的发展空间和潜力，但是它的发展也是需要一个过程的，在其中首先需要完善汽车后市场的规章、制度、政策规范，促进汽车维修、保养和回收市场的健康、有序的发展。

一、《机动车维修管理规定》全文

《机动车维护管理规定》于 2005 年 6 月 24 日由交通部发布根据 2015 年 8 月 8 日《交通

运输部关于修改〈机动车维修管理规定〉的决定》第一次修正,根据 2016 年 4 月 19 日《交通运输部关于修改〈机动车维修管理规定〉的决定》第二次修正,根据 2019 年 6 月 21 日《交通运输部关于修改〈机动车维修管理规定〉的决定》第三次修正,根据 2021 年 8 月 11 日《交通运输部关于修改〈机动车维修管理规定〉的决定》第四次修正,根据 2023 年 11 月 10 日《交通运输部关于修改〈机动车维修管理规定〉的决定》第五次修正。

汽车维修管理法律认知

第一章 总 则

第一条 为规范机动车维修经营活动,维护机动车维修市场秩序,保护机动车维修各方当事人的合法权益,保障机动车运行安全,保护环境,节约能源,促进机动车维修业的健康发展,根据《中华人民共和国道路运输条例》及有关法律、行政法规的规定,制定本规定。

第二条 从事机动车维修经营的,应当遵守本规定。

本规定所称机动车维修经营,是指以维持或者恢复机动车技术状况和正常功能,延长机动车使用寿命为作业任务所进行的维护、修理以及维修救援等相关经营活动。

第三条 机动车维修经营者应当依法经营,诚实信用,公平竞争,优质服务,落实安全生产主体责任和维修质量主体责任。

第四条 机动车维修管理,应当公平、公正、公开和便民。

第五条 任何单位和个人不得封锁或者垄断机动车维修市场。

托修方有权自主选择维修经营者进行维修。除汽车生产厂家履行缺陷汽车产品召回、汽车质量三包责任外,任何单位和个人不得强制或者变相强制指定维修经营者。

鼓励机动车维修企业实行集约化、专业化、连锁经营,促进机动车维修业的合理分工和协调发展。

鼓励推广应用机动车维修环保、节能、不解体检测和故障诊断技术,推进行业信息化建设和救援、维修服务网络化建设,提高机动车维修行业整体素质,满足社会需要。

鼓励机动车维修企业优先选用具备机动车检测维修国家职业资格的人员,并加强技术培训,提升从业人员素质。

第六条 交通运输部主管全国机动车维修管理工作。

县级以上地方人民政府交通运输主管部门(以下简称"交通运输主管部门")负责本行政区域的机动车维修管理工作。

第二章 经营备案

第七条 从事机动车维修经营业务的,应当在依法向市场监督管理机构办理有关登记手续后,向所在地县级交通运输主管部门进行备案。

交通运输主管部门应当按照《中华人民共和国道路运输条例》和本规定实施机动车维修经营备案。交通运输主管部门不得向机动车维修经营者收取备案相关费用。

第八条 机动车维修经营依据维修车型种类、服务能力和经营项目实行分类备案。

机动车维修经营业务根据维修对象分为汽车维修经营业务、危险货物运输车辆维修经营业务、摩托车维修经营业务和其他机动车维修经营业务四类。

汽车维修经营业务、其他机动车维修经营业务根据经营项目和服务能力分为一类维修经营业务、二类维修经营业务和三类维修经营业务。

摩托车维修经营业务根据经营项目和服务能力分为一类维修经营业务和二类维修经营业务。

第九条 一类、二类汽车维修经营业务或者其他机动车维修经营业务，可以从事相应车型的整车修理、总成修理、整车维护、小修、维修救援、专项修理和维修竣工检验工作；三类汽车维修经营业务（含汽车综合小修）、三类其他机动车维修经营业务，可以分别从事汽车综合小修或者发动机维修、车身维修、电气系统维修、自动变速器维修、轮胎动平衡及修补、四轮定位检测调整、汽车润滑与养护、喷油泵和喷油器维修、曲轴修磨、气缸镗磨、散热器维修、空调维修、汽车美容装潢、汽车玻璃安装及修复等汽车专项维修工作。具体有关经营项目按照《汽车维修业开业条件》(GB/T 16739)相关条款的规定执行。

第十条 一类摩托车维修经营业务，可以从事摩托车整车修理、总成修理、整车维护、小修、专项修理和竣工检验工作；二类摩托车维修经营业务，可以从事摩托车维护、小修和专项修理工作。

第十一条 危险货物运输车辆维修经营业务，除可以从事危险货物运输车辆维修经营业务外，还可以从事一类汽车维修经营业务。

第十二条 从事汽车维修经营业务或者其他机动车维修经营业务的，应当符合下列条件：

（一）有与其经营业务相适应的维修车辆停车场和生产厂房。租用的场地应当有书面的租赁合同，且租赁期限不得少于1年。停车场和生产厂房面积按照国家标准《汽车维修业开业条件》(GB/T 16739)相关条款的规定执行。

（二）有与其经营业务相适应的设备、设施。所配备的计量设备应当符合国家有关技术标准要求，并经法定检定机构检定合格。从事汽车维修经营业务的设备、设施的具体要求按照国家标准《汽车维修业开业条件》(GB/T 16739)相关条款的规定执行；从事其他机动车维修经营业务的设备、设施的具体要求，参照国家标准《汽车维修业开业条件》(GB/T 16739)执行，但所配备设施、设备应与其维修车型相适应。

（三）有必要的技术人员：

1. 从事一类和二类维修业务的应当各配备至少1名技术负责人员、质量检验人员、业务接待人员以及从事机修、电器、钣金、涂漆的维修技术人员。技术负责人员应当熟悉汽车或者其他机动车维修业务，并掌握汽车或者其他机动车维修及相关政策法规和技术规范；质量检验人员应当熟悉各类汽车或者其他机动车维修检测作业规范，掌握汽车或者其他机动车维修故障诊断和质量检验的相关技术，熟悉汽车或者其他机动车维修服务收费标准及相关政策法规和技术规范，并持有与承修车型种类相适应的机动车驾驶证；从事机修、电器、钣金、涂漆的维修技术人员应当熟悉所从事工种的维修技术和操作规范，并了解汽车或者其他机动车维修及相关政策法规。各类技术人员的配备要求按照《汽车维修业开业条件》(GB/T 16739)相关条款的规定执行。

2. 从事三类维修业务的，按照其经营项目分别配备相应的机修、电器、钣金、涂漆的维修技术人员；从事汽车综合小修、发动机维修、车身维修、电气系统维修、自动变速器维修的，还应当配备技术负责人员和质量检验人员。各类技术人员的配备要求按照国家标准《汽车维修业开业条件》(GB/T 16739)相关条款的规定执行。

（四）有健全的维修管理制度。包括质量管理制度、安全生产管理制度、车辆维修档案管理制度、人员培训制度、设备管理制度及配件管理制度。具体要求按照国家标准《汽车维修业开业条件》（GB/T 16739）相关条款的规定执行。

（五）有必要的环境保护措施。具体要求按照国家标准《汽车维修业开业条件》（GB/T 16739）相关条款的规定执行。

第十三条　从事危险货物运输车辆维修的汽车维修经营者，除具备汽车维修经营一类维修经营业务的条件外，还应当具备下列条件：

（一）有与其作业内容相适应的专用维修车间和设备、设施，并设置明显的指示性标志；

（二）有完善的突发事件应急预案，应急预案包括报告程序、应急指挥以及处置措施等内容；

（三）有相应的安全管理人员；

（四）有齐全的安全操作规程。

本规定所称危险货物运输车辆维修，是指对运输易燃、易爆、腐蚀、放射性、剧毒等性质货物的机动车维修，不包含对危险货物运输车辆罐体的维修。

第十四条　从事摩托车维修经营的，应当符合下列条件：

（一）有与其经营业务相适应的摩托车维修停车场和生产厂房。租用的场地应有书面的租赁合同，且租赁期限不得少于1年。停车场和生产厂房的面积按照国家标准《摩托车维修业开业条件》（GB/T 18189）相关条款的规定执行。

（二）有与其经营业务相适应的设备、设施。所配备的计量设备应符合国家有关技术标准要求，并经法定检定机构检定合格。具体要求按照国家标准《摩托车维修业开业条件》（GB/T 18189）相关条款的规定执行。

（三）有必要的技术人员：

1. 从事一类维修业务的应当至少有1名质量检验人员。质量检验人员应当熟悉各类摩托车维修检测作业规范，掌握摩托车维修故障诊断和质量检验的相关技术，熟悉摩托车维修服务收费标准及相关政策法规和技术规范。

2. 按照其经营业务分别配备相应的机修、电器、钣金、涂漆的维修技术人员。机修、电器、钣金、涂漆的维修技术人员应当熟悉所从事工种的维修技术和操作规范，并了解摩托车维修及相关政策法规。

（四）有健全的维修管理制度。包括质量管理制度、安全生产管理制度、摩托车维修档案管理制度、人员培训制度、设备管理制度及配件管理制度。具体要求按照国家标准《摩托车维修业开业条件》（GB/T 18189）相关条款的规定执行。

（五）有必要的环境保护措施。具体要求按照国家标准《摩托车维修业开业条件》（GB/T 18189）相关条款的规定执行。

第十五条　从事机动车维修经营的，应当向所在地的县级交通运输主管部门进行备案，提交《机动车维修经营备案表》（见附件1），并附送符合本规定第十二条、第十三条、第十四条规定条件的下列材料，保证材料真实完整：

（一）维修经营者的营业执照复印件；

（二）经营场地（含生产厂房和业务接待室）、停车场面积材料、土地使用权及产权证明等相关材料；

（三）技术人员汇总表，以及各相关人员的学历、技术职称或职业资格证明等相关材料；

（四）维修设备设施汇总表，维修检测设备及计量设备检定合格证明等相关材料；

（五）维修管理制度等相关材料；

（六）环境保护措施等相关材料。

第十六条 从事机动车维修连锁经营服务的，其机动车维修连锁经营企业总部应先完成备案。

机动车维修连锁经营服务网点可由机动车维修连锁经营企业总部向连锁经营服务网点所在地县级交通运输主管部门进行备案，提交《机动车维修经营备案表》，附送下列材料，并对材料真实性承担相应的法律责任：

（一）连锁经营协议书副本；

（二）连锁经营的作业标准和管理手册；

（三）连锁经营服务网点符合机动车维修经营相应条件的承诺书。

连锁经营服务网点的备案经营项目应当在机动车维修连锁经营企业总部备案经营项目范围内。

第十七条 交通运输主管部门收到备案材料后，对材料齐全且符合备案要求的应当予以备案，并编号归档；对材料不全或者不符合备案要求的，应当场或者自收到备案材料之日起5日内一次性书面通知备案人需要补充的全部内容。

第十八条 机动车维修经营者名称、法定代表人、经营范围、经营地址等备案事项发生变化的，应当向原办理备案的交通运输主管部门办理备案变更。

机动车维修经营者需要终止经营的，应当在终止经营前30日告知原备案机构。

第十九条 交通运输主管部门应当向社会公布已备案的机动车维修经营者名单并及时更新，便于社会查询和监督。

第三章　维修经营

第二十条 机动车维修经营者应当按照备案的经营范围开展维修服务。

第二十一条 机动车维修经营者应当将《机动车维修标志牌》（见附件2）悬挂在经营场所的醒目位置。

《机动车维修标志牌》由机动车维修经营者按照统一式样和要求自行制作。

第二十二条 机动车维修经营者不得擅自改装机动车，不得承修已报废的机动车，不得利用配件拼装机动车。

托修方要改变机动车车身颜色，更换发动机、车身和车架的，应当按照有关法律、法规的规定办理相关手续，机动车维修经营者在查看相关手续后方可承修。

第二十三条 机动车维修经营者应当加强对从业人员的安全教育和职业道德教育，确保安全生产。

机动车维修从业人员应当执行机动车维修安全生产操作规程，不得违章作业。

第二十四条 机动车维修产生的废弃物，应当按照国家的有关规定进行处理。

第二十五条 机动车维修经营者应当公布机动车维修工时定额和收费标准，合理收取费用。

机动车维修工时定额可按各省机动车维修协会等行业中介组织统一制定的标准执行，也可按机动车维修经营者报所在地交通运输主管部门备案后的标准执行，也可按机动车生产厂家公布的标准执行。当上述标准不一致时，优先适用机动车维修经营者备案的标准。

机动车维修经营者应当将其执行的机动车维修工时单价标准报所在地交通运输主管部门备案。

机动车生产、进口企业应当在新车型投放市场后6个月内，向社会公布其生产、进口机动车车型的维修技术信息和工时定额。具体要求按照国家有关部门关于汽车维修技术信息公开的规定执行。

第二十六条 机动车维修经营者应当使用规定的结算票据，并向托修方交付维修结算清单，作为托修方追责依据。维修结算清单中，工时费与材料费应当分项计算。维修结算清单应当符合交通运输部有关标准要求，维修结算清单内容应包括托修方信息、承修方信息、维修费用明细单等。

机动车维修经营者不出具规定的结算票据和结算清单的，托修方有权拒绝支付费用。

第二十七条 机动车维修经营者应当按照规定，向交通运输主管部门报送统计资料。

交通运输主管部门应当为机动车维修经营者保守商业秘密。

第二十八条 机动车维修连锁经营企业总部应当按照统一采购、统一配送、统一标识、统一经营方针、统一服务规范和价格的要求，建立连锁经营的作业标准和管理手册，加强对连锁经营服务网点经营行为的监管和约束，杜绝不规范的商业行为。

第四章 质量管理

第二十九条 机动车维修经营者应当按照国家、行业或者地方的维修标准规范和机动车生产、进口企业公开的维修技术信息进行维修。尚无标准或规范的，可参照机动车生产企业提供的维修手册、使用说明书和有关技术资料进行维修。

机动车维修经营者不得通过临时更换机动车污染控制装置、破坏机动车车载排放诊断系统等维修作业，使机动车通过排放检验。

第三十条 机动车维修经营者不得使用假冒伪劣配件维修机动车。

机动车维修配件实行追溯制度。机动车维修经营者应当记录配件采购、使用信息，查验产品合格证等相关证明，并按规定留存配件来源凭证。

托修方、维修经营者可以使用同质配件维修机动车。同质配件是指，产品质量等同或者高于装车零部件标准要求，且具有良好装车性能的配件。

机动车维修经营者对于换下的配件、总成，应当交托修方自行处理。

机动车维修经营者应当将原厂配件、同质配件和修复配件分别标识，明码标价，供用户选择。

第三十一条 机动车维修经营者对机动车进行二级维护、总成修理、整车修理的，应当实行维修前诊断检验、维修过程检验和竣工质量检验制度。

承担机动车维修竣工质量检验的机动车维修企业或机动车检验检测机构应当使用符合有关标准并在检定有效期内的设备，按照有关标准进行检测，如实提供检测结果证明，并对检测结果承担法律责任。

第三十二条 机动车维修竣工质量检验合格的，维修质量检验人员应当签发《机动车维修竣工出厂合格证》（见附件3）；未签发机动车维修竣工出厂合格证的机动车，不得交付使用，车主可以拒绝交费或接车。

第三十三条 机动车维修经营者应当建立机动车维修档案，并实行档案电子化管理。维修档案应当包括：维修合同（托修单）、维修项目、维修人员及维修结算清单等。对机动车进行二级维护、总成修理、整车修理的，维修档案还应当包括：质量检验单、质量检验人员、竣工出厂合格证（副本）等。

机动车维修经营者应当按照规定如实填报、及时上传承修机动车的维修电子数据记录至国家有关汽车维修电子健康档案系统。机动车生产厂家或者第三方开发、提供机动车维修服务管理系统的，应当向汽车维修电子健康档案系统开放相应数据接口。

机动车托修方有权查阅机动车维修档案。

第三十四条 交通运输主管部门应当加强机动车维修从业人员管理，建立健全从业人员信用档案，加强从业人员诚信监管。

机动车维修经营者应当加强从业人员从业行为管理，促进从业人员诚信、规范从业维修。

第三十五条 交通运输主管部门应当加强对机动车维修经营的质量监督和管理，采用定期检查、随机抽样检测检验的方法，对机动车维修经营者维修质量进行监督。

交通运输主管部门可以委托具有法定资格的机动车维修质量监督检验单位，对机动车维修质量进行监督检验。

第三十六条 机动车维修实行竣工出厂质量保证期制度。

汽车和危险货物运输车辆整车修理或总成修理质量保证期为车辆行驶20 000公里或者100日；二级维护质量保证期为车辆行驶5000公里或者30日；一级维护、小修及专项修理质量保证期为车辆行驶2000公里或者10日。

摩托车整车修理或者总成修理质量保证期为摩托车行驶7000公里或者80日；维护、小修及专项修理质量保证期为摩托车行驶800公里或者10日。

其他机动车整车修理或者总成修理质量保证期为机动车行驶6000公里或者60日；维护、小修及专项修理质量保证期为机动车行驶700公里或者7日。

质量保证期中行驶里程和日期指标，以先达到者为准。

机动车维修质量保证期，从维修竣工出厂之日起计算。

第三十七条 在质量保证期和承诺的质量保证期内，因维修质量原因造成机动车无法正常使用，且承修方在3日内不能或者无法提供因非维修原因而造成机动车无法使用的相关证据的，机动车维修经营者应当及时无偿返修，不得故意拖延或者无理拒绝。

在质量保证期内，机动车因同一故障或维修项目经两次修理仍不能正常使用的，机动车维修经营者应当负责联系其他机动车维修经营者，并承担相应修理费用。

第三十八条 机动车维修经营者应当公示承诺的机动车维修质量保证期。所承诺的质量保证期不得低于第三十六条的规定。

第三十九条 交通运输主管部门应当受理机动车维修质量投诉，积极按照维修合同约定和相关规定调解维修质量纠纷。

第四十条 机动车维修质量纠纷双方当事人均有保护当事车辆原始状态的义务。必要时可拆检车辆有关部位，但双方当事人应同时在场，共同认可拆检情况。

第四十一条 对机动车维修质量的责任认定需要进行技术分析和鉴定，且承修方和托修方共同要求交通运输主管部门出面协调的，交通运输主管部门应当组织专家组或委托具有法定检测资格的检测机构作出技术分析和鉴定。鉴定费用由责任方承担。

第四十二条 对机动车维修经营者实行质量信誉考核制度。机动车维修质量信誉考核办法另行制定。

机动车维修质量信誉考核内容应当包括经营者基本情况、经营业绩（含奖励情况）、不良记录等。

第四十三条 交通运输主管部门应当采集机动车维修企业信用信息，并建立机动车维修企业信用档案，除涉及国家秘密、商业秘密外，应当依法公开，供公众查阅。机动车维修质量信誉考核结果、汽车维修电子健康档案系统维修电子数据记录上传情况及车主评价、投诉和处理情况是机动车维修信用档案的重要组成部分。

第四十四条 建立机动车维修经营者和从业人员黑名单制度，县级交通运输主管部门负责认定机动车维修经营者和从业人员黑名单，具体办法由交通运输部另行制定。

第五章 监督检查

第四十五条 交通运输主管部门应当加强对机动车维修经营活动的监督检查。

交通运输主管部门应当依法履行对维修经营者的监管职责，对维修经营者是否依法备案或者备案事项是否属实进行监督检查。

交通运输主管部门的工作人员应当严格按照职责权限和程序进行监督检查，不得滥用职权、徇私舞弊，不得乱收费、乱罚款。

第四十六条 交通运输主管部门应当积极运用信息化技术手段，科学、高效地开展机动车维修管理工作。

第四十七条 交通运输主管部门的执法人员在机动车维修经营场所实施监督检查时，应当有2名以上人员参加，并向当事人出示交通运输部监制的交通行政执法证件。

交通运输主管部门实施监督检查时，可以采取下列措施：

（一）询问当事人或者有关人员，并要求其提供有关资料；

（二）查询、复制与违法行为有关的维修台账、票据、凭证、文件及其他资料，核对与违法行为有关的技术资料；

（三）在违法行为发现场所进行摄影、摄像取证；

（四）检查与违法行为有关的维修设备及相关机具的有关情况。

检查的情况和处理结果应当记录，并按照规定归档。当事人有权查阅监督检查记录。

第四十八条 从事机动车维修经营活动的单位和个人，应当自觉接受交通运输主管部门及其工作人员的检查，如实反映情况，提供有关资料。

第六章 法律责任

第四十九条 违反本规定，从事机动车维修经营业务，未按规定进行备案的，由交通运输主管部门责令改正；拒不改正的，处3000元以上1万元以下的罚款。

第五十条 违反本规定，从事机动车维修经营业务不符合国务院交通运输主管部门制定的机动车维修经营业务标准的，由交通运输主管部门责令改正；情节严重的，由交通运输主管部门责令停业整顿。

第五十一条 违反本规定，机动车维修经营者使用假冒伪劣配件维修机动车，承修已报废的机动车或者擅自改装机动车的，由交通运输主管部门责令改正；有违法所得的，没收违法所得，处违法所得 2 倍以上 10 倍以下的罚款；没有违法所得或者违法所得不足 1 万元的，处 2 万元以上 5 万元以下的罚款，没收假冒伪劣配件及报废车辆；情节严重的，由交通运输主管部门责令停业整顿；构成犯罪的，依法追究刑事责任。

第五十二条　违反本规定，机动车维修经营者签发虚假机动车维修竣工出厂合格证的，由交通运输主管部门责令改正；有违法所得的，没收违法所得，处违法所得 2 倍以上 10 倍以下的罚款；没有违法所得或者违法所得不足 3000 元的，处 5000 元以上 2 万元以下的罚款；情节严重的，由交通运输主管部门责令停业整顿；构成犯罪的，依法追究刑事责任。

第五十三条　违反本规定，有下列行为之一的，由交通运输主管部门责令其限期整改：

（一）机动车维修经营者未按照规定执行机动车维修质量保证期制度的；

（二）机动车维修经营者未按照有关技术规范进行维修作业的；

（三）伪造、转借、倒卖机动车维修竣工出厂合格证的；

（四）机动车维修经营者只收费不维修或者虚列维修作业项目的；

（五）机动车维修经营者未在经营场所醒目位置悬挂机动车维修标志牌的；

（六）机动车维修经营者未在经营场所公布收费项目、工时定额和工时单价的；

（七）机动车维修经营者超出公布的结算工时定额、结算工时单价向托修方收费的；

（八）机动车维修经营者未按规定建立机动车维修档案并实行档案电子化管理，或者未及时上传维修电子数据记录至国家有关汽车维修电子健康档案系统的。

第五十四条　违反本规定，交通运输主管部门的工作人员有下列情形之一的，依法给予行政处分；构成犯罪的，依法追究刑事责任：

（一）不按照规定实施备案和黑名单制度的；

（二）参与或者变相参与机动车维修经营业务的；

（三）发现违法行为不及时查处的；

（四）索取、收受他人财物或谋取其他利益的；

（五）其他违法违纪行为。

第七章　附　则

第五十五条　本规定自 2005 年 8 月 1 日起施行。经商国家发展和改革委员会、原国家工商行政管理总局同意，1986 年 12 月 12 日原交通部、原国家经委、原国家工商行政管理局发布的《汽车维修行业管理暂行办法》同时废止，1991 年 4 月 10 日原交通部颁布的《汽车维修质量管理办法》同时废止。

二、《汽车维修技术信息公开实施管理办法》全文

为深入贯彻党的十八大和十八届三中全会精神、《大气污染防治法》规定、《国务院关于促进市场公平竞争维护市场正常秩序的若干意见》（国发〔2014〕20 号）以及交通运输部等十部委联合印发《关于促进汽车维修业转型升级提升服务质量的指导意见》（交运发〔2014〕186 号）有关要求，交通运输部、环境保护部、商务部、国家工商总局、国家质检总局、国家认监委，国家知识产权局、中国保监会联合制定了《汽车维修技术信息公开实施管理办法》。

第一章 总 则

第一条 为贯彻落实《大气污染防治法》，贯彻落实《国务院关于促进市场公平竞争维护市场正常秩序的若干意见》（国发〔2014〕20号），推进、规范汽车维修技术信息公开工作，促进汽车维修市场公平竞争，保障汽车维修质量和运行安全，保护消费者使用、维修汽车的合法权益，根据有关法律法规规定，制定本办法。

第二条 在中国境内销售的汽车车型的维修技术信息公开及其监督管理，适用本办法。

第三条 汽车维修技术信息公开应当遵循公平公正、诚实守信、自主公开、方便用户、保护知识产权的原则。

汽车生产者应以可用的信息形式、便利的信息途径、合理的信息价格，向所有维修经营者及消费者无差别、无歧视、无延迟地公开所销售汽车车型的维修技术信息；不得通过设置技术壁垒排除、限制竞争，封锁或者垄断汽车维修市场，汽车生产者同时应向社会有关信息用户公开车型维修技术信息。

第四条 交通运输部负责汽车维修技术信息公开的指导、协调和监督管理。环保、商务工商、质检、认证认可、知识产权、保险等有关部门分别在各自职责范围内负责相关监督管理工作。

交通运输部会同有关部门组建汽车维修技术信息公开实施工作专家委员会，负责履行开展汽车维修技术信息公开制度实施中的政策咨询、标准审议、技术鉴定争议调解等职责；采取政府购买服务的方式，委托技术支持单位，开展汽车维修技术信息公开的具体工作。

第二章 汽车维修技术信息公开要求

第五条 汽车生产者应制定本企业汽车维修技术信息公开工作规范，明确责任部门及职责，负责公开本企业获得国家CCC认证并且已上市销售汽车车型的维修技术信息，汽车生产者应对所公开信息的真实性、准确性、完整性负责：

第六条 汽车生产者应向交通运输部备案以下工作信息：

（一）汽车生产者基本信息；

（二）本企业已上市销售汽车车型目录；

（三）信息公开方式，即汽车生产者自行组织或委托第三方机构进行信息公开，包括信息公开的方式、渠道、网站名称、网址等信息。由第三方机构承担信息公开的，还应提供其有关信息及联系方式；

（四）汽车生产者关于依法履行汽车维修技术信息公开义务，并保护商业秘密、专利、商标等知识产权权利的声明；

（五）用于政府部门监管，可免费登录信息公开网站的监管账号和密钥。

企业备案信息发生变化的，汽车生产者应及时更新备案。汽车生产者应按年度向交通运输部报告本企业维修技术信息公开情况。

第七条 汽车维修技术信息用户分为直接用于汽车维修目的的用户和用于其他经营目的的用户，前者包括各类维修经营者和消费者，后者包括维修诊断工具及设备制造商、零部件制造商、出版商、保险企业、培训机构等。

第八条 汽车生产者应公开的汽车维修技术信息的具体内容及要求按照附录《汽车维修技术信息公开目录》执行，公开内容原则上应采用中文表述，并在有关信息发生变化时及时更新。

汽车生产者在制作、生成整车维修技术信息过程中，需要整车生产配套零部件供应商提供有关零部件信息的，零部件供应商应配合提供。

交通运输部可根据汽车技术发展和维修市场需求，对信息公开目录进行动态管理。

第九条 汽车生产者可以免于公开以下信息，但必要时应向交通运输部作出说明：

（一）涉及车辆防盗控制系统（含汽车钥匙芯片）编程、设置等操作的信息。但经汽车生产者授权、可以开展汽车防盗控制系统维修的经营者除外；

（二）用于防止车辆动力总成及排放控制系统原程序、原标定数据以及车载诊断系统（OBD）原始数据记录被擦写、篡改的相关系统底层控制和操作的信息；

（三）涉及汽车生产者及零部件供应商的商业秘密，影响其依法运用知识产权规则的有关信息；

（四）受国家法律法规保护的其他有关信息。

第十条 汽车维修技术信息公开实行网上信息公开方式。汽车生产者原则上应通过直接或者授权委托第三方机构设立网络信息公开系统（含网站、网上信息检索阅览系统）的方式，向用户提供维修技术信息。

受汽车生产者委托承担汽车维修技术信息公开的第三方机构，应遵守双方约定，按照本办法规定及时、准确、充分地公开有关信息，不得影响用户正常使用。

第十一条 汽车生产者应采取必要措施，以确保信息公开系统具备以下功能，可提供有关服务，并符合有关要求：

（一）具备中文版，具备用户注册、信息索引、查询及在线打印、在线支付等功能，确保用户能够通过车型年款或车辆识别代号（VIN）等信息快速、准确地关联、查询有关车型及其维修技术信息；

（二）安全可靠，确保用户信息安全，能够向用户提供稳定、不间断的信息访问服务；

（三）明示可用于访问、浏览网站所需的计算机终端的最低硬件配置和软件要求；需要软件客户端或相关阅读软件浏览信息的，应免费提供软件客户端，或推荐采用较为普遍使用的文档浏览、阅览软件；

（四）明示网站所刊载汽车维修技术信息的版权、有偿使用规则以及侵权法律责任；

（五）明示可为信息用户提供的信息服务项目、资费标准及付费方式，以及开展相关维修操作所应具备的技术基础；

（六）明示、标记修改或调整过的维修技术信息项目或内容，提醒用户及时了解有关信息更正，防止信息被错用、误用，导致严重后果；

（七）提供网站使用说明和必要的使用帮助；

（八）提供汽车生产者和信息提供者的联系地址、电话、邮箱等联系方式；

（九）具备用户投诉、建议等交互式服务功能；

（十）支持与交通运输部汽车维修技术信息公开监督与服务网络平台、第三方网站的相互链接。

除不可抗力导致的情况外，信息公开网站如因故障或系统升级改造造成无法正常访问的，汽车生产者应及时向社会公告。

第十二条 汽车生产者应为信息用户提供可选择的，能够满足临时、短期或长期等不同信息使用需求的用户访问权限（即信息服务项目）。不同的用户访问权限除可有效连接网站、使用网站信息的时间长度权限不同外，所访问、浏览的信息内容应确保一致。

基于各类用户访问权限，信息用户均应能够检索、查询、浏览网站上公开的所有车型的维修技术信息，且每次登录可打印不超过限量的技术文件，汽车生产者应确保其售后服务授权者与其他汽车维修经营者所访问、浏览的网站信息内容一致。

第十三条 汽车生产者可以对汽车维修经营者、消费者实行有偿服务，对不同访问权限的信息用户设定相应收费标准，但不得根据用户检索、使用车型信息的数量另行收费。

汽车生产者可以依法对维修技术信息自主定价，价格应公平、合理。汽车生产者的有关价格行为应遵守《价格法》规定。

汽车生产者应在其网络信息公开系统中设立相应服务模块（版块），免费向消费者公开各车型的车辆维护技术信息，具体内容按照附录《汽车维修技术信息公开目录》有关要求执行。

第十四条 对于汽车维修经营者、消费者之外的其他信息用户，需要获取维修技术信息的，应与汽车生产者订立书面合同，信息价格由双方协商议定，但应保持公平、公正、合理。

第十五条 自本办法实施之日起取得CCC认证的汽车车型，汽车生产者应在该车型上市之日起6个月内公开维修技术信息，并在信息公开网站上公布相关车型上市时间。

车型上市之日的计定，以相关车型获得CCC认证日期为准。

预计同一型号车型年销售量在500辆以下的乘用车车型以及年销售量在50辆以下的客车、货车、半挂牵引车车型，可以纸质文件、光盘等媒介形式公开有关维修技术信息，同时应以公众便于知晓的方式公布。

对于上述免于上网公开的乘用车车型累计销售量达到1000辆的，或者免于上网公开的客车、货车、半挂牵引车车型累计销售量达到20辆的，有关车型的维修技术信息应转至网上公开。

第十六条 各车型的维修技术信息应当自该车型上市之日起10年内保持公开状态；超过10年的，汽车生产者可以将相关车型信息存档，但应公布相关车型信息的索取方式。

第十七条 鼓励汽车生产者及零部件供应商采用直接或委托第三方机构的方式，积极向各类维修经营者提供维修技术培训，提高维修经营者有效获取、正确使用维修技术信息的能力。

第十八条 汽车生产者破产、合并、分立、变更的，其车型维修信息公开责任和义务按照有关法律法规规定执行。

第三章　信息用户的责任和义务

第十九条 各类维修经营者应按照《机动车维修管理规定》要求，建立健全汽车维修质量管理制度，依法履行维修质量责任，维修经营者应按照国家、行业标准以及汽车生产者提供的维修技术信息开展维修作业，确保维修质量；按规定签发《机动车维修竣工出厂合格证》，履行机动车维修质量保证期责任。

第二十条 维修诊断工具及设备制造商、零部件制造商应积极运用维修技术信息，研发生产各类汽车维修诊断工具、设备及合格配件，为维修经营者、消费者提供充分的市场选择。

第二十一条 所有信息用户、承担维修技术信息公开的第三方机构，应遵守国家知识产权保护的有关法律法规，不得以任何形式侵犯汽车生产者的维修技术信息版权。信息用户应遵守相关约定，不得超出汽车生产者规定范围使用信息，未经汽车生产者授权，信息用户不得将所获取的维修技术信息用于转售、出版、公开或其他商业用途。

第四章 监督检查及市场监管

第二十二条 汽车维修技术信息公开监督管理，应当公平、公正、公开、便民、依法监管，促进市场公平竞争和知识产权保护。

第二十三条 交通运输部应加强汽车维修技术信息公开监督管理，建立完善监督检查制度，不定期对维修技术信息公开实施情况进行抽查，定期对信息公开实施效果进行评估；应充分运用信息化技术，建立完善汽车维修技术信息公开监督与服务网络平台，为社会提供权威方便的信息服务，提高信息公开主体监管水平。

省级交通运输主管部门受交通运输部委托，可以就本行政区内的汽车生产者履行维修技术信息公开义务情况进行监督管理。

第二十四条 有关汽车制造行业协会应当加强行业自律，督促汽车生产者贯彻落实汽车维修技术信息公开制度；应当积极发挥桥梁纽带作用，搜集整理汽车生产者的意见建议，并向有关部门及时反映，维护汽车生产者合法权益。

汽车维修、汽车保修设备、汽车保险等有关行业协会及第三方机构认为有关汽车生产者维修技术信息公开工作存在问题或不足的，可以向汽车生产者提出意见建议，由其改进完善；也可以向交通运输部提出意见建议。

第二十五条 汽车维修档案管理实行电子化档案管理制度。交通运输部应运用信息化技术，建立完善全国汽车电子健康档案系统平台，为健全修车记录、提升维修质量、透明市场服务、促进汽车三包及缺陷汽车产品召回、保护消费者合法权益提供有效手段和依据。

第二十六条 交通运输部会同国家质检总局、国家认监委建立汽车产品CCC认证及售后服务信息共享机制，就汽车生产者备案、汽车电子健康档案有关信息与汽车产品CCC认证缺陷汽车产品召回、汽车三包管理有关信息实施共享，提升对汽车生产者的监管和服务水平。

第二十七条 交通运输部、环境保护部应就涉及汽车污染物排放控制技术信息和污染控制、汽车检测与维护制度实施等工作加强协调，建立信息共享机制，及时共享汽车排气及噪声污染控制装置维修电子数据记录信息，促进汽车污染物排放治理。

第二十八条 各级工商行政管理、市场监管部门在查处汽车及零部件经营中的有关不正当竞争、消费侵权案件时，可以利用汽车生产者公开的汽车维修技术信息。

各级质量技术监督部门应充分运用汽车生产者公开的汽车维修技术信息，依法打击生产假冒伪劣、不合格以及不符合CCC认证要求的零部件产品的行为。

第二十九条 交通运输部、中国保监会应指导有关汽车维修行业协会、保险行业协会及保险企业，运用汽车生产者公开的汽车维修技术信息，科学测算、公布事故汽车维修工时信息，规范事故汽车维修和理赔；加强同质配件使用推广，促进保险企业依据维修技术信息、同质配件使用精确定损，降低维修成本和保险费用，保护消费者利益。

第三十条 国家知识产权局及相关知识产权管理部门,应依法加强对汽车维修技术信息公开所涉及知识产权的保护。

第三十一条 对于汽车生产者未有效执行本办法规定,存在下列行为之一的,由交通运输部或者省级交通运输主管部门责令改正:

(一)未制定汽车维修技术信息公开工作规范的;

(二)未及时备案、如期更新汽车生产者有关信息的;

(三)未按照规定目录和要求有效公开维修技术信息的;

(四)未按照规定方式、途径公开维修技术信息,或信息公开系统功能和服务能力达不到规定要求的;

(五)违反本办法规定的其他行为。

第三十二条 对于汽车生产者未按规定公开车型维修技术信息的,由交通运输部责令整改。整改不合格的,由交通运输部依法予以通报、罚款等处罚,并抄送国家认监委,由国家认监委指定的认证机构依据相关规定作出处理。交通运输部会同国家认监委建立违规企业、车型抄送处置制度。

第三十三条 对汽车维修后存在维修质量争议、纠纷的,按照《机动车维修管理规定》规定的程序处理,对因维修不当或使用假冒伪劣配件造成汽车维修质量问题的,维修经营者应依法承担责任;对因汽车生产者所公开的维修技术信息不当或存在错误造成维修不当、质量问题的,汽车生产者应承担法律责任。

对维修质量纠纷涉及相关维修技术信息提供、使用,需要专家委员会做出技术鉴定、纠纷调解的,可以向专家委员会提出申请,由专家委员会按照规定程序受理、处理。

第三十四条 各级交通运输主管部门及有关行政部门应依法受理涉及汽车维修技术信息公开或滥用的有关投诉、举报,并按规定程序调查、处理。

汽车生产者、各类信息用户等相关方应当积极配合调查,如实反映情况,提供调查所需要的有关资料。

第三十五条 各有关部门、机构及其工作人员对履行本办法规定所知悉的商业秘密负有保密义务。

从事汽车维修技术信息公开监管工作的人员,在相关工作中有滥用职权、玩忽职守、徇私舞弊等情形的,依法给予行政处分;构成犯罪的,依法移交司法机关处理。

第五章 附 则

第三十六条 摩托车及其他机动车的维修技术信息公开,可参照本办法执行。仅用于军事目的、用途车辆的维修技术信息公开管理不适用本办法。

第三十七条 本办法所称汽车,是指国家标准《汽车和挂车类型的术语和定义》(GB/T3730.1)定义的汽车。

汽车生产者,是指在中国境内依法设立的生产汽车产品并以其名义颁发产品合格证的企业。从中国境外进口汽车产品到境内销售的企业,视为汽车生产者。

汽车维修技术信息,是指汽车在使用过程中,为维持或恢复汽车出厂时的技术状况和工作能力,延长汽车使用寿命,确保汽车符合安全、环保使用要求所进行的汽车诊断、检测、维修作业必需的技术信息资料的总称。

汽车维修技术信息公开，是指为确保市场公平竞争，提升汽车维修质量，保障消费者安全合理使用汽车的合法权益，由汽车生产者履行义务，通过设立一定信息渠道，向维修经营者、消费者及相关经营者（包括维修诊断工具及设备制造商、零部件制造商、出版商、保险企业、培训机构等）提供其所销售汽车的维修技术信息的活动。

第三十八条　本办法由交通运输部会同各有关部门负责解释。

第三十九条　本办法自 2016 年 1 月 1 日起实施，此前有关文件规定与本办法不一致的以本办法为准。

三、汽车维修技术信息公开目录（2015 年版）

在中国境内从事汽车维修技术信息公开，所要公开汽车维修技术信息的基本内容，应遵照本目录执行。

汽车生产者公开的汽车维修技术信息以基本车型为主，个别车型改款和变形可归入相关基本车型，但应作出说明。本目录所提出的"基本车型"是指国家认监委发布《强制性产品认证实施规则——汽车》所规定的车辆"型号"汽车生产者需公开的汽车维修技术信息内容，原则上应采用中文表述，应包括但不限于以下内容：

（一）车辆识别代号，VIN 码的编码规则以及车辆识别代号中汽车生产者自定义码段的编码规则（可以不包括 VIN 后 6 位的生产顺序号），或其他有效地将具体车辆与所属车型进行关联、识别的方法。

（二）汽车维修手册，应包括但不限于以下系统和部件的信息：

1. 动力总成及排放控制系统：发动机（含附件）和变速箱，也包括新能源汽车的驱动系统，如驱动电机、电池等；排放控制系统，包括燃油供应系统、蒸发控制系统、排气后处理系统、噪声控制系统及其他系统，如增压器、排气再循环系统（EGR）等。车上若有车载诊断系统（OHD）的，应包括在内；

2. 底盘系统：动力传动系统、制动系统、转向系统、行驶系统，包括离合器、变速器、分动器、传动轴（驱动半轴）、主减速器、差速器、制动器、转向器、悬架、轮胎和轮毂等；

3. 电气系统：包括供暖、通风和空调系统、仪表、灯光、扬声器、定位导航和多媒体、数据总线等；

4. 车身及附件：车身和车架、座椅、气囊和安全带、刮水器、车窗、天窗、门锁、后视镜、内外饰件等。

汽车生产者所公开的涉及上述系统和部件的维修技术信息应包括但不限于以下内容：

1. 车辆维护信息，包括车辆定期维护项目、检查内容、维护作业和维护间隔设置依据、方法，以及润滑油、冷却液等油液的规格参数。此条款信息应按照规定方式，由汽车生产者免费向消费者提供。

2. 总成及零部件的拆装方法、技术规范及图示说明，零部件检测方法及鉴别判断的信息。

3. 电路接线图，包括接线图、器件位置、插接件型号规格等。

4. 各电子控制系统（含 OBD 系统）故障代码表（包括通用故障代码和汽车生产者自定义故障代码）、代码定义、故障诊断及排除的方法和步骤；用于检测和故障诊断的相关参数信息（即指能够在诊断仪器上显示的各项数据参数及含义、故障出现时的冻结帧、数据参数值的合理范围等）。

5. 排放控制系统信息，包括排放控制系统的安装位置示意图、装配图和维修技术要求、排气后处理系统关键零部件的型号、生产厂家及更换时间等信息。

6. 车身尺寸图，如车身及车架的基本尺寸及定位基准；钣金和涂装作业所需的技术信息。

7. 车轮定位参数的标准范围及调整方法。

8. 在零部件更换或维修后，需进行匹配、基本设置等操作所必需的信息（如电动车窗、天窗、节气门、加速踏板、制动踏板等零部件的重新匹配设置所需的信息）。

9. 维修操作安全注意事项及其他必要说明等。

（三）零部件目录，包括汽车生产者提供的用于售后服务的原厂零部件的名称商标和编号，零部件变更、升级、换代信息，以及为方便确定具体车型车款所适用零部件必需的信息。

（四）适用具体车型电子控制系统的软、硬件版本识别号（不包含软件本身）。

（五）除本办法规定可以免于公开的内容外，对车辆电子控制系统需要重新编程的信息（即需要进行重新编程的认定条件及基本操作，但不包含程序软件本身内容）。

（六）专用诊断、检测、维修工具和设备及其相关软件信息（如型号、规格、软件版本等），及其相关购买渠道信息。

（七）车辆认证信息，主要是CCC认证证书信息，如车型型号、规格和参数以及零部件供应商信息。

（八）技术服务通告，包括由实践经验得到的，针对某类故障，通常影响某一车型或车辆批次的解决方案，以及在授权维修网络内可进行免费维修的通告等。

（九）汽车召回信息和缺陷消除措施等。

（十）上述各项信息的所有后续修订和补充。

（十一）国家法律法规要求公开的其他有关信息。

（十二）若某车型不具备上述某种特定功能系统或零部件，则免于公开有关信息。

本目录由交通运输部制定并负责解释。

项目六测试

项目七
二手车交易法律法规认知

目前,我国汽车保有量已达 3.4 亿辆,位居全球第一。随着国家对二手车以旧换新政策的推动,中国二手车市场蓬勃发展。但与国际先进的发达国家市场相比,中国二手车的交易比例相对比较低,而中国的汽车市场起步相对较晚,二手车消费起步更晚,目前,二手车市场正处于快速崛起阶段,尤其是新能源车的发展,让中国更多的普通消费者有了购车和用车的低成本优势,汽车经销商集团的二手车业务和汽车报废更新蓬勃发展,中国二手车发展潜力极其巨大。

为了 56 年前一句嘱托,他用大半生寻找

任务一 二手车流通管理办法认知

王先生在某二手车公司购买了一辆二手车。虽然是二手车,可是里程数不足 3 万公里,车况也显得比较新,王先生对于这次交易十分满意。然而,时隔两个月后,当王先生送车去保养时,4S 店的工作人员却告诉他车的里程数被人为调整过,实际的里程数已经超过了 7 万公里。于是,王先生和该二手车公司进行沟通,希望可以退车并获得合理赔偿,但双方未能达成一致意见,王先生起诉至法院。目前,国内二手车市场普遍存在的"调表车""隐匿事故车"等信息不透明现象,对消费者和二手车行业带来不良影响。那么,国家是如何规

范管理二手车流通的?

素质目标

1. 认同国家二手车行业政策法规;
2. 强化车辆交易中的诚信意识与岗位服务意识。

知识目标

1. 了解二手车流通管理办法的变更发展及其必要性;
2. 掌握禁止经营的车辆类型,理解二手车流通管理办法的核心要义;
3. 了解二手车交易(收购/销售、经纪、拍卖、自由交易等)过程中的行为规范及注意事项。

技能目标

1. 能够分析政策对二手车行业发展的影响;
2. 能够判别禁止经营的车辆类型。

根据任务背景,通过互联网和教材资料查找二手车行业的经销、经纪、拍卖、鉴定评估等概念和国家对二手车行业发展的相关政策法规,再总结国家政策法规对行业的影响。

学习领域	二手车流通管理办法与交易规范		
学习情境	不了解二手车流通管理与交易要求	学习时间	
工作任务	能够理解二手车流通管理的必要性,并了解二手车流通管理办法与二手车交易规范的政策内容,能分析政策对二手车行业发展的影响	学习地点	
课前预习	了解二手车流通管理办法与二手车交易规范		
知识准备 (1) 二手车经销、经纪、拍卖、鉴定评估的含义分别是什么? (2) 禁止经营的车辆类型有哪些? (3) 车辆法定证明、凭证主要有哪些?			

续表

(4) 二手车交易应遵循的原则有哪些?

完成任务
国家是如何规范管理二手车流通的?

学习笔记	请从"诚实守信"的角度谈一谈二手车流通管理办法的意义。
成绩	

任务评价表

指标	评价内容	分值
任务完成度 (5分)	能够充分利用教材和网络资源准确完成任务单的知识准备和任务,了解二手车流通管理办法的变更发展及其必要性;掌握禁止经营的车辆类型,理解二手车流通管理办法的核心要义; 　　了解二手车交易(收购/销售、经纪、拍卖、自由交易等)过程中的行为规范及注意事项;能够分析政策对二手车行业发展的影响;能够判别禁止经营的车辆类型	
素质养成度 (5分)	在知识学习和任务完成过程中,能够理解并认同国家二手车行业政策法规,强化车辆交易中的诚信意识与岗位服务意识	

一、二手车流通规范管理的必要性

在汽车技术和销量均飞速发展的今天,二手车市场呈现出巨大潜力。2011—2018 年,中国汽车新车销量和二手车交易量统计显示：二手车交易量和新车销量差距逐年缩小，2018年二手车交易量约为新车销量的1/2左右，如图7-1所示。在发达国家，二手车交易量甚至是远远超过新车销量的，如目前美国二手车交易量是新车的2.3倍、日本是1.5倍、德国是2.3倍、韩国是1.3倍。

图7-1　2011—2018年中国汽车新车销量与二手车交易量

交通运输是国民经济的支柱产业，是活跃经济发展的重要支撑。车辆是交通运输的重要组成部分，二手车作为车辆流通过程中的重要环节，同时也是发展节约型社会的时代需要，只有对二手车流通过程进行公平、公正、公开并且规范化管理才能促进市场持续稳健发展。

2013年5月1日起实施的机动车强制报废规定中取消私家车报废年限限制，2016年取消二手车限迁政策等，都大大释放了对二手车市场的束缚，促进了二手车市场的开放发展，消费者也得到了实实在在的利益。

综上所述，二手车流通的规范化管理是保护消费者权益、净化市场环境、促进二手车市场持续稳健发展的重要保障。只有从制度上科学规范，从管理上扎实落地，才能形成消费者信任信赖、销售者敬畏严谨的行业风气。

二、二手车流通管理办法

《二手车流通管理办法》（商务部、公安部、工商总局、税务总局令〔2005〕第2号）2005年10月1日发布实施。

为释放二手车市场活力，于2017年9月14日，中华人民共和国商务部发布文号〔商务部令2017年第3号〕，删去《二手车流通管理办法》第九条、第十条、第十一条关于二手车鉴定评估机构设立条件和程序等规定，大大放宽了二手车鉴定机构的设立要求。

《二手车流通管理办法（2017修正）》全文如下：

第一章　总　则

第一条　为加强二手车流通管理，规范二手车经营行为，保障二手车交易双方的合法权益，促进二手车流通健康发展，依据国家有关法律、行政法规，制定本办法。

第二条　在中华人民共和国境内从事二手车经营活动或者与二手车相关的活动，适用本办法。

本办法所称二手车，是指从办理完注册登记手续到达到国家强制报废标准之前进行交易并转移所有权的汽车（包括三轮汽车、低速载货汽车，即原农用运输车，下同）、挂车和摩托车。

第三条 二手车交易市场是指依法设立、为买卖双方提供二手车集中交易和相关服务的场所。

第四条 二手车经营主体是指经工商行政管理部门依法登记，从事二手车经销、拍卖、经纪、鉴定评估的企业。

第五条 二手车经营行为是指二手车经销、拍卖、经纪、鉴定评估等。

（一）二手车经销是指二手车经销企业收购、销售二手车的经营活动；

（二）二手车拍卖是指二手车拍卖企业以公开竞价的形式将二手车转让给最高应价者的经营活动；

（三）二手车经纪是指二手车经纪机构以收取佣金为目的，为促成他人交易二手车而从事居间、行纪或者代理等经营活动；

（四）二手车鉴定评估是指二手车鉴定评估机构对二手车技术状况及其价值进行鉴定评估的经营活动。

第六条 二手车直接交易是指二手车所有人不通过经销企业、拍卖企业和经纪机构将车辆直接出售给买方的交易行为。二手车直接交易应当在二手车交易市场进行。

第七条 国务院商务主管部门、工商行政管理部门、税务部门在各自的职责范围内负责二手车流通有关监督管理工作。

省、自治区、直辖市和计划单列市商务主管部门（以下简称省级商务主管部门）、工商行政管理部门、税务部门在各自的职责范围内负责辖区内二手车流通有关监督管理工作。

第二章 设立条件和程序

第八条 二手车交易市场经营者、二手车经销企业和经纪机构应当具备企业法人条件，并依法到工商行政管理部门办理登记。

第九条 设立二手车拍卖企业（含外商投资二手车拍卖企业）应当符合《中华人民共和国拍卖法》和《拍卖管理办法》有关规定，并按《拍卖管理办法》规定的程序办理。

第十条 外资并购二手车交易市场和经营主体及已设立的外商投资企业增加二手车经营范围的，应当按第十一条、第十二条规定的程序办理。

第三章 行为规范

第十一条 二手车交易市场经营者和二手车经营主体应当依法经营和纳税，遵守商业道德，接受依法实施的监督检查。

第十二条 二手车卖方应当拥有车辆的所有权或者处置权。二手车交易市场经营者和二手车经营主体应当确认卖方的身份证明，车辆的号牌、《机动车登记证书》《机动车行驶证》，有效的机动车安全技术检验合格标志、车辆保险单、交纳税费凭证等。

国家机关、国有企事业单位在出售、委托拍卖车辆时，应持有本单位或者上级单位出具的资产处理证明。

第十三条 出售、拍卖无所有权或者处置权车辆的，应承担相应的法律责任。

第十四条 二手车卖方应当向买方提供车辆的使用、修理、事故、检验以及是否办理抵押登记、交纳税费、报废期等真实情况和信息。买方购买的车辆如因卖方隐瞒和欺诈不能办理转移登记，卖方应当无条件接受退车，并退还购车款等费用。

第十五条　二手车经销企业销售二手车时应当向买方提供质量保证及售后服务承诺，并在经营场所予以明示。

第十六条　进行二手车交易应当签订合同。合同示范文本由国务院工商行政管理部门制定。

第十七条　二手车所有人委托他人办理车辆出售的，应当与受托人签订委托书。

第十八条　委托二手车经纪机构购买二手车时，双方应当按以下要求进行：

（一）委托人向二手车经纪机构提供合法身份证明；

（二）二手车经纪机构依据委托人要求选择车辆，并及时向其通报市场信息；

（三）二手车经纪机构接受委托购买时，双方签订合同；

（四）二手车经纪机构根据委托人要求代为办理车辆鉴定评估，鉴定评估所发生的费用由委托人承担。

第十九条　二手车交易完成后，卖方应当及时向买方交付车辆、号牌及车辆法定证明、凭证。车辆法定证明、凭证主要包括：

（一）机动车登记证书；

（二）机动车行驶证；

（三）有效的机动车安全技术检验合格标志；

（四）车辆购置税完税证明；

（五）养路费缴付凭证；

（六）车船使用税缴付凭证；

（七）车辆保险单。

第二十条　下列车辆禁止经销、买卖、拍卖和经纪：

（一）已报废或者达到国家强制报废标准的车辆；

（二）在抵押期间或者未经海关批准交易的海关监管车辆；

（三）在人民法院、人民检察院、行政执法部门依法查封、扣押期间的车辆；

（四）通过盗窃、抢劫、诈骗等违法犯罪手段获得的车辆；

（五）发动机号码、车辆识别代号或者车架号码与登记号码不相符，或者有凿改迹象的车辆；

（六）走私、非法拼（组）装的车辆；

（七）不具有第二十二条所列证明、凭证的车辆；

（八）在本行政辖区以外的公安机关交通管理部门注册登记的车辆；

（九）国家法律、行政法规禁止经营的车辆。

二手车交易市场经营者和二手车经营主体发现车辆具有（四）、（五）、（六）情形之一的，应当及时报告公安机关、工商行政管理部门等执法机关。

对交易违法车辆的，二手车交易市场经营者和二手车经营主体应当承担连带赔偿责任和其他相应的法律责任。

第二十一条　二手车经销企业销售、拍卖企业拍卖二手车时，应当按规定向买方开具税务机关监制的统一发票。

进行二手车直接交易和通过二手车经纪机构进行二手车交易的，应当由二手车交易市场经营者按规定向买方开具税务机关监制的统一发票。

第二十二条　二手车交易完成后，现车辆所有人应当凭税务机关监制的统一发票，按法律、法规有关规定办理转移登记手续。

第二十三条　二手车交易市场经营者应当为二手车经营主体提供固定场所和设施，并为客户提供办理二手车鉴定评估、转移登记、保险、纳税等手续的条件。二手车经销企业、经纪机构应当根据客户要求，代办二手车鉴定评估、转移登记、保险、纳税等手续。

第二十四条　二手车鉴定评估应当本着买卖双方自愿的原则，不得强制进行；属国有资产的二手车应当按国家有关规定进行鉴定评估。

第二十五条　二手车鉴定评估机构应当遵循客观、真实、公正和公开原则，依据国家法律法规开展二手车鉴定评估业务，出具车辆鉴定评估报告；并对鉴定评估报告中车辆技术状况，包括是否属事故车辆等评估内容负法律责任。

第二十六条　二手车鉴定评估机构和人员可以按国家有关规定从事涉案、事故车辆鉴定等评估业务。

第二十七条　二手车交易市场经营者和二手车经营主体应当建立完整的二手车交易购销、买卖、拍卖、经纪以及鉴定评估档案。

第二十八条　设立二手车交易市场、二手车经销企业开设店铺，应当符合所在地城市发展及城市商业发展有关规定。

第四章　监督与管理

第二十九条　二手车流通监督管理遵循破除垄断，鼓励竞争，促进发展和公平、公正、公开的原则。

第三十条　建立二手车交易市场经营者和二手车经营主体备案制度。凡经工商行政管理部门依法登记，取得营业执照的二手车交易市场经营者和二手车经营主体，应当自取得营业执照之日起2个月内向省级商务主管部门备案。省级商务主管部门应当将二手车交易市场经营者和二手车经营主体有关备案情况定期报送国务院商务主管部门。

第三十一条　建立和完善二手车流通信息报送、公布制度。二手车交易市场经营者和二手车经营主体应当定期将二手车交易量、交易额等信息通过所在地商务主管部门报送省级商务主管部门。省级商务主管部门将上述信息汇总后报送国务院商务主管部门。国务院商务主管部门定期向社会公布全国二手车流通信息。

第三十二条　商务主管部门、工商行政管理部门应当在各自的职责范围内采取有效措施，加强对二手车交易市场经营者和经营主体的监督管理，依法查处违法违规行为，维护市场秩序，保护消费者的合法权益。

第三十三条　国务院工商行政管理部门会同商务主管部门建立二手车交易市场经营者和二手车经营主体信用档案，定期公布违规企业名单。

第五章　附　则

第三十四条　本办法自2005年10月1日起施行，原《商务部办公厅关于规范旧机动车鉴定评估管理工作的通知》（商建字〔2004〕第70号）、《关于加强旧机动车市场管理工作的通知》（国经贸贸易〔2001〕1281号）、《旧机动车交易管理办法》（内贸机字〔1998〕第33号）及据此发布的各类文件同时废止。

附件一 车辆状况表

车辆状况表

序号：   日期：

品牌/型号				
车价				
车辆基本信息	生产企业		年款	
	牌照号码		VIN 码	
	初次登记日期	年 月 日	车身颜色	
	表征里程	km	转移登记次数	
	厂家保修有效期	□是，截止日为 年 月 日 □否		
	使用性质	□营运 □非营运		
重要配置	燃料类型	□汽油　□柴油　□汽油普通混合动力　□柴油普通混合动力 □汽油插电式混合动力　□柴油插电式混合动力 □纯电动　□其他		
	排量		功率	
	排放标准		燃油标号	
	驱动方式		变速箱形式	
	其他重要配置			
是否事故车		□是　　□碰撞事故　　□水淹　□火烧 □否		
重要功能异常描述				
是否提供延长质保服务		□是（提供方_____；保修期_____） □否		
经营单位				
联系人/电话				

注：事故车是指严重撞击造成车辆结构性损伤以及发生泡水、火烧等事故的车辆。参照《二手车鉴定评估技术规范》（GB/T 30323-2013）要求进行判定。

项目七　二手车交易法律法规认知

附件二　车辆信息表

车辆信息表

	质量保证类别							
	车牌号							
	经销企业名称							
	营业执照号码					地址		
车辆基本信息	车辆价格		元	品牌型号		车身颜色		
	初次登记	年　月　日		行驶里程	km	燃料		
	发动机号			车架号码		生产厂家		
	出厂日期	年　月　日		年检到期	年　月　日	排放等级		
	结构特点	□自动挡　□手动挡　□ABS　□其他						
	使用性质	□营运　□出租车　□非营运　□营转非　□出租营转非　□教练车　□其他						
	交通事故记录次数/类别/程度							
	重大维修记录时间/部件							
	法定证明、凭证	□号牌　□行驶证　□登记证　□年检证明　□车辆购置税完税证明 □养路费缴付证明　□车船使用税完税证明　□保险单　□其他						
车辆技术状况								
质量保证								
声明	本车辆符合《二手车流通管理办法》有关规定，属合法车辆。							

买方（签章）　　　　　　　　　　　　　　　　　　　　经销企业（签章）
　　　　　　　　　　　　　　　　　　　　　　　　　　经办人（签章）
　　　　　　　　　　　　　　　　　　　　　　　　　　　　年　月　日

续表

备注	1. 本表由经销企业负责填写。 2. 本表一式三份,一份用于车辆展示,其余作为销售合同附件。

填表说明

1. 质量保证类别。车辆使用年限在3年以内或行使里程在6万km以内(以先到者为准,营运车除外),填写"本车属于质量保证车辆"。

如果超出质量保证范围,则在质量保证类别栏中填写"本车不属于质量保证车辆",质量保证栏填写"本公司无质量担保责任"。

2. 经销企业名称、营业执照号码及地址应按照企业营业执照所登记的内容填写。

3. 车辆基本信息按车辆登记证书所载信息填写。

(1) 行驶里程按实际行驶里程填写。如果更换过仪表,应注明更换之前的行驶里程;如果不能确定实际行驶里程,则应予以注明。

(2) 年检到期日以车辆最近一次年检证明所列日期为准。

(3) 车辆价格按二手车经销企业拟卖出价格填写,可以不是最终销售价。

(4) 其他信息根据车辆具体情况,符合项在"□"中画√。

(5) 使用性质按表中所列分类,符合项在"□"中画√。

(6) 交通事故记录次数/类别/程度,应根据可查记录或原车主的描述以及在对车辆进行技术状况检测过程中发现的,对车辆有重大损害的交通事故次数、类别及程度填写。未发生过重大交通事故,填写"无"。

(7) 重大维修记录应根据可查记录或原车主的描述以及在车辆检测过程中发现的更换或维修车辆重要部件部分(比如发动机大、中修等)填写有关内容。车辆未经过大、中修的,填写"无"。

4. 法定证明、凭证等按表中所列项目,符合项在"□"中画√。

5. 车辆技术状况是指车辆在展示前,二手车经销企业对车辆技术状况及排放状况进行检测,检测项目及检测方式根据企业具体情况实施,并将检测结果在表中填写。同时,检验员应在表中相应位置签字。

6. 属于质量担保车辆的,经销企业根据交易车辆的实际情况,填写质量保证部件、里程和时间。一般情况下,质量保证可按以下内容填写:

(1) 质量保证范围为:从车辆售出之日起3个月或行驶5000 km,以先到为准。

(2) 本公司在车辆销售之前或之后质量保证期内,保证车辆安全技术性能。

(3) 质量保证不包括:轮胎、电瓶、内饰和车身油漆,也不包括因车辆碰撞、车辆用于赛车或拉力赛等非正常使用造成的质量问题。

经销企业也可根据实际情况适当延长质量保证期限,放宽对使用年限和行驶里程的限制。

7. 当车辆实现销售时,由经销企业及其经办人和买方分别在签章栏中签章。

附件三 拍卖车辆信息

拍卖车辆信息

拍卖企业名称			
营业执照号码		地址	
拍卖时间	年 月 日	拍卖地点	

续表

车辆基本信息	车牌号		厂牌型号		车身颜色	
	初次登记	年 月 日	行驶里程	km	燃料	
	发动机号			车架号码		
	出厂日期	年 月 日		发动机排量		
	年检到期	年 月 日		生产厂家		
	结构特点	□自动挡 □手动挡 □ABS □其他				
	使用性质	□营运 □出租车 □非营运 □营转非 □出租营转非 □教练车 □其他				
	交通事故记录次数/类别/程度					
	重大维修记录					
	其他提示					
	法定证明、凭证	□号牌 □行驶证 □登记证 □年检证明 □车辆购置税完税证明 □养路费缴付证明 □车船使用税完税证明 □保险单 □其他				
车辆技术状况						
	检测日期			检测人		
质量保证						
声明	本车辆符合《二手车流通管理办法》有关规定，属合法车辆。					
其他载明事项						
					拍卖人（签章）	

续表

| 备注 | 1. 本表由经销企业负责填写。
2. 本表一式三份，一份用于车辆展示，其余作为拍卖成交确认书附件。 |

填表说明

1. 拍卖企业名称、营业执照号码及地址应按照企业营业执照所登记的内容填写。

2. 拍卖时间、地点填写拍卖会举办的时间和地点。

3. 车辆基本信息按车辆登记证书所载信息填写。

（1）行驶里程按实际行驶里程填写。如果更换过仪表，应注明更换之前的行驶里程；如果不能确定实际行驶里程，则应予以注明。

（2）年检到期日以车辆最近一次年检证明所列日期为准。

（3）其他信息根据车辆具体情况，符合项在"□"中画√。

（4）使用性质按表中所列分类，符合项在"□"中画√。

（5）交通事故记录次数/类别/程度，应根据可查记录或委托方的描述以及在对车辆进行技术状况检测过程中发现的，对车辆有重大损害的交通事故次数、类别及程度填写。确定未发生过重大交通事故，填写"无"。

（6）重大维修记录应根据可查记录或委托方的描述以及在车辆检测过程中发现的更换或维修车辆重要部件部分（比如发动机大、中修等）填写有关内容。确定未经过大、中修的，填写"无"。

（7）拍卖企业应在其他提示栏中指出车辆存在的质量缺陷、未排除的故障等方面的瑕疵。

4. 法定证明、凭证等按表中所列项目，符合项在"□"中画√。

5. 车辆技术状况是指车辆在展示前，拍卖企业对车辆技术状况及排放状况进行检测，检测项目及检测方式根据企业具体情况实施，并将检测结果在表中填写。同时，检验员应在表中相应位置签字。

6. 有能力的拍卖企业可为拍卖车辆提供质量保证，质量担保范围可参照经销企业的《车辆信息表》有关要求。质量保证部件、里程和时间可根据实际情况由企业自行掌握。

7. 其他载明事项是拍卖企业需要对车辆进行特殊说明的事项。

8. 当车辆拍卖成交时，拍卖人在签章栏中签章。

附件四　二手车拍卖成交确认书

二手车拍卖成交确认书

拍卖人：

买受人：

签订地点：

签订时间：

经审核本拍卖标的手续齐全，符合国家有关规定，属于合法车辆。

拍卖人于＿＿年＿月＿日在＿＿＿＿举行的拍卖会上，竞标号码为＿＿＿＿的竞买人＿＿＿＿，经过公开竞价，成功竞得＿＿＿＿。拍卖标的物的详情见附件《拍卖车辆信息》。依照《二手车流通管理办法》《中华人民共和国拍卖法》及有关法律、行政法规之规定，双方签订拍卖成交确认书如下：

一、成交拍卖标的：拍卖编号为＿＿的二手机动车，车牌号码为＿＿＿＿。

二、成交价款及佣金：标的成交价款为人民币大写＿＿＿＿元（￥＿＿），佣金比例为成交总额的＿＿%，佣金为人民币大写＿＿＿＿元（￥＿＿＿），合计大写＿＿＿＿元（￥＿＿＿）。

三、付款方式：拍卖标的已经拍定，其买受人在付足全款后方可领取该车。

四、交接：拍卖人在买受人付足全款后，应将拍出的车辆移交给买受人，并向买受人提供车辆转移登记所需的号牌、机动车登记证书、机动车行驶证、有效的机动车安全技术检验合格标志、车辆购置税完税证明、养路费缴付凭证、车船使用税缴付凭证、车辆保险单等法定证明、凭证。

五、转移登记：买受人应自领取车辆及法定证明、凭证之日起30日内，向公安机关交通管理部门申办转移登记手续。

六、质量保证：＿＿＿＿＿＿＿＿＿＿＿＿＿＿＿＿＿＿＿＿＿＿＿＿＿＿＿＿＿。

七、声明：买受人已充分了解拍卖标的全部情况，承认并且愿意遵守《中华人民共和国拍卖法》和国家有关法律、行政法规之各项条款。

八、其他约定事项：＿＿＿＿＿＿＿＿＿＿＿＿＿＿＿＿＿＿＿＿＿＿＿。

买受人（签章）：　　　　　　　　　　　　　拍卖人（签章）：

法定代表人：　　　　　　　　　　　　　　　法定代表人：

任务二　二手车评估标准认知

某县人民法院审理了一起二手车纠纷案件，一名男子从微信上购买了一辆便宜的二手车，可没想到这竟然是一辆重大事故车。2020年，王先生被微信朋友圈一则二手车买卖广告所吸引，"新车上路14万多元，仅行驶了4000公里，可按揭零首付，包过户售价10.3万元"等字眼一下子就打动了王先生的心。王先生本以为自己捡到了便宜，未曾想交易完成后，车辆在使用过程中却频频出现问题，仅十多天时间就发现仪表盘架子脱落、前轮异响、车身脱漆等各种毛病，有一次，在行驶过程中还发生了全车断电的故障。

当王先生联系李某要求退还购车款时，李某却坚决不肯承认车是事故车，不同意退款，多次协商无果后，王先生将李某起诉至县人民法院，诉求法院判被告李某全额退还购车款，并根据中华人民共和国消费者权益保护法相关规定，给予自己3倍赔偿。法官表示，由于无法认定李某经营者的身份，王先生的案例难以用消费者权益保护法执行赔偿。最后双方在庭后达成了调解协议，被告李某在限定时间内退还全部购车款，原告王某退还所购车辆，配合李某办理过户手续，诉讼费两人各承担一半。

对于买卖二手车，法官建议市民一定要到正规的车行进行购买，一方面，二手车行在消费者权益保护法中处于经营者地位，一旦出现违约，买家可以适用消费者权益保护法中3倍赔偿法则进行索赔；另一方面，二手车行具有完善的检测流程和丰富的二手车检验技术经验，能够识别到二手车的状况、查询到车辆的保险和事故情况。那么，标准的二手车鉴定评估是怎样进行的？

素质目标

1. 认同国家二手车行业政策法规；

2. 强化车辆交易中的诚信意识与岗位服务意识。

知识目标

掌握二手车鉴定评估技术规范、评估流程及管理规范。

技能目标

能够理解标准的二手车鉴定评估流程。

根据任务背景,通过互联网和教材资料查找二手车和事故车的概念,以及国家对二手车鉴定评估行为的相关政策法规,再总结国家政策法规对二手车行业的影响。

学习领域	二手车鉴定评估技术规范		
学习情境	不了解二手车鉴定评估行为有哪些政策法规	学习时间	
工作任务	能够理解二手车鉴定评估行为要求准则,并了解二手车鉴定工作的政策法规,能分析政策对二手车产业发展的影响	学习地点	
课前预习	了解二手车鉴定评估技术规范		
知识准备	(1) 什么是二手车? (2) 二手车鉴定评估的作业流程? (3) 查验可交易车辆的项目有哪些? (4) 正常车辆技术状况鉴定有关项目有哪些? 完成任务 标准的二手车鉴定评估是怎样进行的?		
学习笔记	请结合事故车的危害谈一谈,国家颁布实施二手车鉴定评估技术规范的意义是什么?		
成绩			

任务评价表

指标	评价内容	分值
任务完成度（5分）	能够充分利用教材和网络资源准确完成任务单的知识准备和任务，掌握二手车鉴定评估技术规范、评估流程及管理规范；能够理解标准的二手车鉴定评估流程	
素质养成度（5分）	在知识学习和任务完成过程中，理解并认同国家二手车行业政策法规；强化车辆交易中的诚信意识与岗位服务意识	

二手车评估标准

一、二手车鉴定评估技术规范概述

为规范二手车鉴定评估行为，营造公平、公正的二手车消费环境，保护消费者合法权益，促进汽车市场健康发展，制定了中华人民共和国国家标准《二手车鉴定评估技术规范》（GB/T 30323—2013）。标准是由中华人民共和国商务部提出并归口，中国汽车流通协会按照国标（GB/T 1.1 2009）起草。2013年12月31日发布，2014年06月01日实施。

本标准在制定过程中，参考了国外二手车鉴定评估有关法规与行业标准的主要思路与方法。

1. 本规范适用范围

本标准规定了二手车鉴定评估的术语和定义、企业要求、作业流程和方法等技术要求，适用于从事二手乘用车鉴定评估的活动。从事其他二手车鉴定评估，以及其他涉及汽车鉴定评估活动参照执行。

2. 规范性引用文件

下列规范所包含的条文，通过在本规范中引用而构成本规范的条文。本规范出版时，所示版本均为有效。所有规范都会被修订，使用本规范的各方应探讨使用下列规范最新版本的可能性。凡是不注明日期的引用文件，其最新版本适用于本规范。

《机动车运行安全技术条件》（GB 7258—2004）。

3. 术语和定义

二手车是指从办理完注册登记手续到达到国家强制报废标准之前进行交易并转移所有权的汽车。

二手车鉴定评估是指对二手车进行技术状况检测、鉴定，确定某一时点价值的过程。

二手车技术状况鉴定对车辆技术状况进行缺陷描述、等级评定。

二手车价值评估根据二手车技术状况鉴定结果和鉴定评估目的，对目标车辆价值评估。价值评估方法主要包括现行市价法、重置成本法。

①现行市价法：根据车辆技术状况按照市场现行价格计算出被评估车辆价值的方法。

②重置成本法：按照相同车型市场现行价格重新购置一个全新状态的评估对象，用所需的全部成本减去评估对象的实体性、功能性和经济性陈旧贬值后的差额，以其作为评估对象现时价值的方法。

二手车鉴定评估机构：从事二手车鉴定评估经营活动的第三方服务机构。二手车鉴定评估师与高级二手车鉴定评估师：分别指依法取得二手车鉴定评估师、高级二手车鉴定评估师国家职业资格的人员。

4. 二手车鉴定评估机构条件和要求

①场所：经营面积不少于 $200m^2$；

②设施设备：具备汽车举升设备；车辆故障信息读取设备、车辆结构尺寸检测工具或设备；具备车辆外观缺陷测量工具、漆面厚度检测设备；具备照明工具、照相机、螺丝刀、扳手等常用操作工具；

③人员：具有 3 名以上二手车鉴定评估师，1 名以上高级二手车鉴定评估师；

④其他：具备电脑等办公设施，具备符合国家有关规定的消防设施。

二、二手车鉴定评估过程

1. 二手车鉴定评估程序

（1）二手车鉴定评估作业流程

二手车鉴定评估机构开展二手车鉴定评估经营活动按图 7-2 流程作业，并按本标准的附录四填写《二手车鉴定评估作业表》。二手车经销、拍卖、经纪等企业开展业务涉及二手车鉴定评估活动的，参照图 7-2 有关内容和顺序作业，即查验可交易车辆——登记基本信息——判别事故车——鉴定技术状况，并参照本标准的附录三填写《二手车技术状况表》。

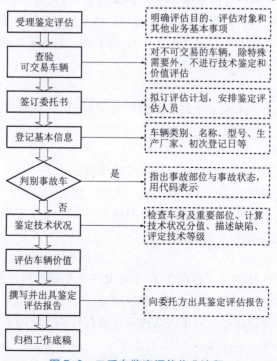

图 7-2 二手车鉴定评估作业流程

(2) 受理鉴定评估

了解委托方及其车辆的基本情况,明确委托方要求,主要包括委托方要求的评估目的、评估基准日、期望完成评估的时间等。

(3) 查验可交易车辆

①查验机动车登记证书、行驶证、有效机动车安全技术检验合格标志、车辆购置税完税证明、车船使用税缴付凭证、车辆保险单等法定证明、凭证是否齐全,并按照表7-1检查所列项目是否全部判定为"Y"。

表7-1 可交易车辆判别

序号	检查项目	判别
1	是否达到国家强制报废标准	Y否 N是
2	是否为抵押期间或海关监管期间	Y否 N是
3	是否为人民法院、检察院、行政执法等部门依法查封、扣押期间的车辆	Y否 N是
4	是否为通过盗窃、抢劫、诈骗等违法犯罪手段获得的车辆	Y否 N是
5	发动机号与机动车登记证书登记号码是否一致,且无凿改痕迹	Y是 N否
6	车辆识别代号或车架号码与机动车登记证书登记号码是否一致,且无凿改痕迹	Y是 N否
7	是否走私,非法拼、组装车辆	Y否 N是
8	是否法律法规禁止经营的车辆	Y否 N是

②如发现上述法定证明、凭证不全,或表7-1检查项目任何一项判别为"N"的车辆,应告知委托方,不需继续进行技术鉴定和价值评估(司法机关委托等特殊要求的除外)。

③发现法定证明、凭证不全,或者表7-1中第1项、4项至8项任意一项判断为"N"的车辆应及时报告公安机关等执法部门。

(4) 签订委托书

对相关证照齐全、表7-1检查项目全部判别为"Y"的,或者司法机关委托等特殊要求的车辆,按附录一签署二手车鉴定评估委托书。

(5) 登记基本信息

①登记车辆使用性质信息,明确营运与非营运车辆;

②登记车辆基本情况信息,包括车辆类别、名称、型号、生产厂家、初次登记日期、表征行驶里程等。如果表征行驶里程与实际车况明显不符,应在二手车鉴定评估报告或二手车技术状况表有关技术缺陷描述时予以注明。

(6) 判别事故车

①参照图7-3所示车体部位,按照表7-2要求检查车辆外观,判别车辆是否发生过碰撞、火烧,确定车体结构是完好无损或者有事故痕迹;

②使用漆面厚度检测设备配合对车体结构部件进行检测;使用车辆结构尺寸检测工具或设备检测车体左右对称性;

③根据表7-2、表7-3对车体状态进行缺陷描述。即:车身部位+状态。例:4SH,即:

左 C 柱有烧焊痕迹。

④当表 7-2 中任何一个检查项目存在表 7-3 中对应的缺陷时，则该车为事故车；

⑤事故车的车辆技术鉴定和价值评估不在本规范的范围之内。

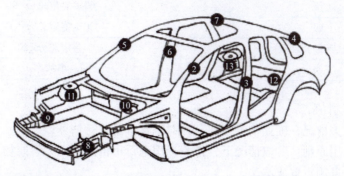

2 左A柱；　　　　　　3 左B柱；　　　　　　4 左C柱；
5 右A柱；　　　　　　6 右B柱；　　　　　　7 右C柱；
8 纵梁；　　　　　　　9 右纵梁；　　　　　　10 左前减震器悬挂部位；
11 右前减震器悬挂部位；12 左后减震器悬挂部位；13 右后减震器悬挂部位。

图 7-3　车体结构示意图

表 7-2　车体部位代码表

序号	检查项目	序号	检查项目
1	车体左右对称性	8	左前纵梁
2	左 A 柱	9	右前纵梁
3	左 B 柱	10	左前减震器悬挂部位
4	左 C 柱	11	右前减震器悬挂部位
5	右 A 柱	12	左后减震器悬挂部位
6	右 B 柱	13	右后减震器悬挂部位
7	右 C 柱		

表 7-3　车辆缺陷状态描述对应表

代表字母	BX	NQ	GH	SH	ZZ
缺陷描述	变形	扭曲	更换	烧焊	褶皱

（7）鉴定车辆技术状况

①按照车身、发动机舱、驾驶舱、启动、路试、底盘等项目顺序检查车辆技术状况；

②根据检查结果确定车辆技术状况的分值。总分值为各个鉴定项目分值累加，即鉴定总分 = ∑项目分值，满分 100 分；

③根据鉴定分值，按照表 7-4 确定车辆对应的技术等级。

表7-4 车辆技术状况等级分值对应表

技术状况等级	分值区间
一级	鉴定总分≥90
二级	60≤鉴定总分<90
三级	20≤鉴定总分<60
四级	鉴定总分<20
五级	事故车

(8) 评估车辆价值

①按照车辆有关情况,确立估值方法,并对车辆价值进行估算;

②估值方法选用原则:一般情况下,推荐选用现行市价法;在无参照物、无法使用现行市价法的情况下,选用重置成本法;

③现行市价法的运用方法:评估价值为相同车型、配置和相同技术状况鉴定检测分值的车辆近期的交易价格;如无参照,可从本区域本月内的交易记录中调取相同车型、相近分值,或从相邻区域的成交记录中调取相同车型、相近分值的成交价格,并结合车辆技术状况鉴定分值加以修正;

④当无任何参照体时,使用重置成本法计算车辆价值。

$$车辆评估价值 = 更新重置成本 \times 综合成新率$$

更新重置成本为相同型号、配置的新车在评估基准日的市场零售价格;

综合成新率由技术鉴定成新率与年限成新率组成,即:

$$综合成新率 = 年限成新率 \times \alpha + 技术鉴定成新率 \times \beta$$

式中,年限成新率=预计车辆剩余使用年限/车辆使用年限(乘用车使用年限15年,超过15年的按实际年限计算;有年限规定的车辆、营运车辆按实际要求计算);技术鉴定成新率=车辆技术状况分值/100;α、β分别为技术鉴定成新率与年限成新率系数,由评估人员根据市场行情等因素确定,且$\alpha+\beta=1$。

技术鉴定成新率$\times \beta$,相当于实体性陈旧贬值与功能性陈旧贬值后车辆剩余的价值率;

年限成新率$\times \alpha$,相当于经济性陈旧贬值后车辆剩余的价值率。

(9) 撰写及出具鉴定评估报告

①根据车辆技术状况鉴定等级和价值评估结果等情况,按照附录二要求撰写二手车鉴定评估报告,做到内容完整、客观、准确,书写工整。

②按委托书要求及时向客户出具二手车鉴定评估报告,并由鉴定评估人与复核人签章、鉴定评估机构加盖公章。

(10) 归档工作底稿

将二手车鉴定评估报告及其附件与工作底稿独立汇编成册,存档备查。档案保存一般不低于5年;鉴定评估目的涉及财产纠纷的,其档案至少应当保存10年;法律法规另有规定的,从其规定。

2. 正常车辆技术状况鉴定有关要求

(1) 车身

①参照图7-4标示,按照表7-5、7-6要求检查26个项目,程度为1的扣0.5分,每

增加1个程度加扣0.5分。共计20分，扣完为止。轮胎部分需高于程度4的标准，不符合标准扣1分。

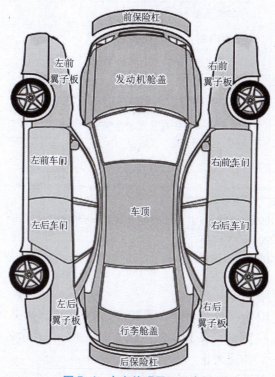

图 7-4　车身外观展开示意图

②使用车辆外观缺陷测量工具与漆面厚度检测仪器结合目测法对车身外观进行检测。
③根据表 7-5、表 7-6 描述缺陷，车身外观项目的转义描述为：车身部位+状态+程度。例如，21XS2 对应描述为：左后车门有锈蚀，面积为大于 100mm×100mm，小于或等于 200mm×300mm。

表 7-5　车身外观部位代码对应表

代码	部位	代码	部位
14	发动机舱盖表面	27	后保险杠
15	左前翼子板	28	左前轮
16	左后翼子板	29	左后轮
17	右前翼子板	30	右前轮
18	右后翼子板	31	右后轮
19	左前车门	32	前大灯
20	右前车门	33	后尾灯
21	左后车门	34	前挡风玻璃
22	右后车门	35	后挡风玻璃

续表

代码	部位	代码	部位
23	行李舱盖	36	四门风窗玻璃
24	行李舱内侧	37	左后视镜
25	车顶	38	右后视镜
26	前保险杠	39	轮胎

表 7-6 车身外观状态描述对应表

代码	HH	BX	XS	LW	AX	XF
描述	划痕	变形	锈蚀	裂纹	凹陷	修复痕迹

程度：1——面积小于或等于 100mm×100mm；

2——面积大于 100mm×100mm 并小于或等于 200mm×300mm；

3——面积大于 200mm×300mm；

4——轮胎花纹深度小于 1.6mm。

(2) 发动机舱

按表 7-7 要求检查 10 个项目。选择 A 不扣分，第 40 项选择 B 或 C 扣 15 分；第 41 项选择 B 或 C 扣 5 分；第 44 项选择 B 扣 2 分，选择 C 扣 4 分；其余各项选择 B 扣 1.5 分，选择 C 扣 3 分。共计 20 分，扣完为止。

如检查第 40 项时发现机油有冷却液混入、检查第 41 项时发现缸盖外有机油渗漏，则应在二手车鉴定评估报告或二手车技术状况表的技术状况缺陷描述中分别予以注明，并提示修复前不宜使用。

表 7-7 发动机舱检查项目作业表

序号	检查项目	A	B	C
40	机油有无冷却液混入	无	轻微	严重
41	缸盖外是否有机油渗漏	无	轻微	严重
42	前翼子板内缘、水箱框架、横拉梁有无凹凸或修复痕迹	无	轻微	严重
43	散热器格栅有无破损	无	轻微	严重
44	蓄电池电极桩柱有无腐蚀	无	轻微	严重
45	蓄电池电解液有无渗漏、缺少	无	轻微	严重
46	发动机皮带有无老化	无	轻微	严重
47	油管、水管有无老化、裂痕	无	轻微	严重
48	线束有无老化、破损	无	轻微	严重
49	其他	只描述缺陷，不扣分		

(3) 驾驶舱

按表 7-8 要求检查 15 个项目。选择 A 不扣分，第 50 项选择 C 扣 1.5 分；第 51、52 项选择 C 扣 0.5 分；其余项目选择 C 扣 1 分。共计 10 分，扣完为止。

如检查第 60 项时发现安全带结构不完整或者功能不正常，则应在《二手车鉴定评估报告》或《二手车技术状况鉴定书》的技术状况缺陷描述中予以注明，并提示修复或更换前不宜使用。

表 7-8　驾驶舱检查项目作业表

序号	检查项目	A	C
50	车内是否无水泡痕迹	是	否
51	车内后视镜、座椅是否完整、无破损、功能正常	是	否
52	车内是否整洁、无异味	是	否
53	方向盘自由行程转角是否小于 15 度	是	否
54	车顶及周边内饰是否无破损、松动及裂缝和污迹	是	否
55	仪表台是否无划痕，配件是否无缺失	是	否
56	排挡把手柄及护罩是否完好、无破损	是	否
57	储物盒是否无裂痕，配件是否无缺失	是	否
58	天窗是否移动灵活、关闭正常	是	否
59	门窗密封条是否良好、无老化	是	否
60	安全带结构是否完整、功能是否正常	是	否
61	驻车制动系统是否灵活有效	是	否
62	玻璃窗升降器、门窗工作是否正常	是	否
63	左、右后视镜折叠装置工作是否正常	是	否
64	其他	只描述缺陷，不扣分	

(4) 起动

按表 7-9 要求检查 10 个项目。选择 A 不扣分，第 65、66 项选择 C 扣 2 分；第 67 项选择 C 扣 1 分；第 68 至 71 项，选择 C 扣 0.5 分；第 72、73 项选择 C 扣 10 分。共计 20 分，扣完为止。

如检查第 66 项时发现仪表板指示灯显示异常或出现故障报警，则应查明原因，并在《二手车鉴定评估报告》或《二手车技术状况鉴定书》的技术状况缺陷描述中予以注明。优先选用车辆故障信息读取设备对车辆技术状况进行检测。

表 7-9　起动检查项目作业表

序号	检查项目	A	C
65	车辆起动是否顺畅（时间少于 5 秒，或一次起动）	是	否
66	仪表板指示灯显示是否正常，无故障报警	是	否
67	各类灯光和调节功能是否正常	是	否
68	泊车辅助系统工作是否正常	是	否
69	制动防抱死系统（ABS）工作是否正常	是	否
70	空调系统风量、方向调节、分区控制、自动控制、制冷工作是否正常	是	否
71	发动机在冷、热车条件下急速运转是否稳定	是	否
72	急速运转时发动机是否无异响，空挡状态下逐渐增加发动机转速，发动机声音过渡是否无异响	是	否
73	车辆排气是否无异常	是	否
74	其他	只描述缺陷，不扣分	

（5）路试

按表 7-10 要求检查 10 个项目。选择 A 不扣分，选择 C 扣 2 分。共计 15 分，扣完为止。

如果检查第 80 项时发现制动系统出现刹车距离长、跑偏等不正常现象，则应在二手车鉴定评估报告或二手车技术状况表的技术缺陷描述中予以注明，并提示修复前不宜使用。

表 7-10　路试检查项目作业表

序号	检查项目	A	C
75	发动机运转、加速是否正常	是	否
76	车辆起动前踩下制动踏板，保持 5~10 秒钟，踏板无向下移动的现象	是	否
77	踩住制动踏板起动发动机，踏板是否向下移动	是	否
78	行车制动系最大制动效能在踏板全行程的 4/5 以内达到	是	否
79	行驶是否无跑偏	是	否
80	制动系统工作是否正常有效、制动不跑偏	是	否
81	变速箱工作是否正常、无异响	是	否
82	行驶过程中车辆底盘部位是否无异响	是	否
83	行驶过程中车辆转向部位是否无异响	是	否
84	其他	只描述缺陷，不扣分	

（6）底盘

按表7-11要求检查8个项目。选择A不扣分，第85、86项，选择C扣4分；第87、88项，选择C扣3分；第89、90、91项，选择C扣2分。共计15分，扣完为止。

表7-11 底盘检查项目作业表

序号	检查项目	A	C
85	发动机油底壳是否无渗漏	是	否
86	变速箱体是否无渗漏	是	否
87	转向节臂球销是否无松动	是	否
88	三角臂球销是否无松动	是	否
89	传动轴十字轴是否无松框	是	否
90	减震器是否无渗漏	是	否
91	减震弹簧是否无损坏	是	否
92	其他	只描述缺陷，不扣分	

（7）功能性零部件

对表7-12所示部件功能进行检查。结构、功能坏损的，直接进行缺陷描述，不计分。

表7-12 车辆功能性零部件项目表

序号	类别	零部件名称	序号	类别	零部件名称
93	车身外部件	发动机舱盖锁止	105	随车附件	备胎
94		发动机舱盖液压撑杆	106		千斤顶
95		后门/行李舱液压支撑杆	107		轮胎扳手及随车工具
96		各车门锁止	108		三角警示牌
97		前后雨刮器	109		灭火器
98		立柱密封胶条	110	其他	全套钥匙
99		排气管及消音器	111		遥控器及功能
100		车轮轮毂	112		喇叭高低音色
101	驾驶舱内部件	车内后视镜	113		玻璃加热功能
102		座椅调节及加热			
103		仪表板出风管道			
104		中央集控			

（8）拍摄车辆照片

①外观图片。分别从车辆左前部与右后部45度角拍摄外观图片各1张。拍摄外观破损部位带标尺的正面图片1张。

②驾驶舱图片。分别拍摄仪表台操纵杆、前排座椅、后排座椅正面图片各1张，拍摄破损部位带标尺的正面图片1张。

③拍摄发动机舱图片1张。

3. 二手车鉴定评估机构经营管理

①有规范的名称、组织机构、固定场所和章程，遵守国家有关法律、法规及行规行约，客观公正地开展二手车鉴定评估业务；

②在经营场所明显位置悬挂二手车鉴定评估机构核准证书和营业执照等证照，张贴二手车鉴定评估流程和收费标准；

③二手车鉴定评估人员应严格遵守职业道德、职业操守和执业规范；

④开展二手车鉴定评估活动应坚持客观、独立、公正、科学的原则，按照关联回避原则，回避与本机构、评估人有关联的当事人委托的鉴定评估业务；

⑤建立内部培训考核制度，保证鉴定评估人员职业素质和鉴定评估工作质量；

⑥建立和完善二手车鉴定评估档案制度，并根据评估对象及有关保密要求，合理确定适宜的建档内容、档案查阅范围和保管期限；

附录一 二手车鉴定评估委托书（示范文本）

委托书编号：_____

委托方名称（姓名）：　　　　　法人代码证（身份证）号：
鉴定评估机构名称：　　　　　　法人代码证：
委托方地址：　　　　　　　　　鉴定评估机构地址：
联系人：　　　　　　　　　　　电话：

因 □交易 □典当 □拍卖 □置换 □抵押 □担保 □咨询 □司法裁决需要，委托人与受托人达成委托关系，号牌号码为_____，车辆类型为_____，车架号（VIN码）为_____的车辆进行技术状况鉴定并出具评估报告书，____年____月____日前完成。

委托评估车辆基本信息

车辆情况	厂牌型号		使用用途	营运 □ 非营运 □
	总质量/座位/排量		燃料种类	
	初次登记日期	年　月　日	车身颜色	
	已使用年限	年　　个月	累计行驶里程（万公里）	
	大修次数	发动机（次）	整车（次）	
	维修情况			
	事故情况			

续表

价值反映	购置日期	年　　月　　日	原始价格（元）	
备注：				

委托方：（签字、盖章）　　　　　　　　　　　　　受托方：（签字、盖章）
　　　　　　　　　　　　　　　　　　　　　　　　（二手车鉴定评估机构盖章）
　年　　月　　日　　　　　　　　　　　　　　　　　　　　　　　年　　月　　日

1. 委托方保证所提供的资料客观真实，并负法律责任。
2. 仅对车辆进行鉴定评估。
3. 评估依据：《机动车运行安全技术条件》《二手车鉴定评估技术规范》等。
4. 评估结论仅对本次委托有效，不做他用。
5. 鉴定评估人员与有关当事人没有利害关系。
6. 委托方如对评估结论有异议，可于收到《二手车鉴定评估报告》之日起10日内向受托方提出，受托方应给予解释。

附录二　二手车鉴定评估报告（示范文本）

××××鉴定评估机构评报字（20　　年）第××号

一、绪言

　　_____（鉴定评估机构）接受_____的委托，根据国家有关评估及《二手车流通管理办法》和《二手车鉴定评估技术规范》的规定，本着客观、独立、公正、科学的原则，按照公认的评估方法，对牌号为_____的车辆进行了鉴定。本机构鉴定评估人员按照必要的程序，对委托鉴定评估的车辆进行了实地查勘与市场调查，并对其在____年____月____日所表现的市场价值作出了公允反映。现将该车辆鉴定评估结果报告如下：

二、委托方信息

委托方：_____　委托方联系人：_____
联系电话：_____　车主姓名/名称：（填写机动车登记证书所示的名称）

三、鉴定评估基准日　____年____月____日

四、鉴定评估车辆信息

厂牌型号：_____　牌照号码：_____
发动机号：_____　车辆VIN码：_____
车身颜色：____　表征里程：____　初次登记日期：_____
年审检验合格至：____年____月　　交强险截至日期：____年____月
车船税截至日期：____年____月
是否查封、抵押车辆：□是□否　　车辆购置税（费）证：□有□无
机动车登记证书：□有□无　　　机动车行驶证：□有□无
未接受处理的交通违法记录：□有□无

使用性质：□公务用车 □家庭用车 □营运用车 □出租车　□其他：_____

五、技术鉴定结果
技术状况缺陷描述：_____
_____
重要配置及参数信息：_____
技术状况鉴定等级：_____　等级描述：_____

六、价值评估
价值估算方法：□现行市价法　□重置成本法　□其他_____
价值估算结果：车辆鉴定评估价值为人民币_____元，金额大写：_____

七、特别事项说明[1]

八、鉴定评估报告法律效力
本鉴定评估结果可以作为作价参考依据。本项鉴定评估结论有效期为90天，自鉴定评估基准日至　年　月　日止。

九、声明：
1. 本鉴定评估机构对该鉴定评估报告承担法律责任；
2. 本报告所提供的车辆评估价值为评估基准日的价值；
3. 该鉴定评估报告的使用权归委托方所有，其鉴定评估结论仅供委托方为本项目鉴定评估目的使用和送交二手车鉴定评估主管机关审查使用，不适用于其他目的，否则本鉴定评估机构不承担相应法律责任；因使用本报告不当而产生的任何后果与签署本报告书的鉴定评估人员无关；
4. 本鉴定评估机构承诺，未经委托方许可，不将本报告的内容向他人提供或公开，否则本鉴定评估机构将承担相应法律责任。

附件：
一、二手车鉴定评估委托书
二、二手车技术状况鉴定作业表
三、车辆行驶证、机动车登记证书证复印件
四、被鉴定评估二手车照片（要求外观清晰，车辆牌照能够辨认）

二手车鉴定评估师（签字、盖章）　　　　　　　　　　复核人[2]（签字、盖章）

年　月　日　　　　　　　　　　　　　　　　　（二手车鉴定评估机构盖章）

　　　　　　　　　　　　　　　　　　　　　　　　　　　年　月　日

[1] 特别事项是指在已确定鉴定评估结果的前提下，鉴定评估人员认为需要说明在鉴定过程中已发现可能影响鉴定评估结论，但非鉴定评估人员执业水平和能力所能鉴定评定估算的有关事项以及其他问题。

[2] 复核人是指具有高级二手车鉴定评估师资格的人员。

备注：1. 本报告书和作业表一式三份，委托方二份，受托方一份；
　　　2. 鉴定评估基准日即为《二手车鉴定评估委托书》签订的日期。

附录三 二手车技术状况表（示范文本）

<table>
<tr><td rowspan="9">车辆基本信息</td><td>厂牌型号</td><td colspan="2"></td><td>牌照号码</td><td></td></tr>
<tr><td>发动机号</td><td colspan="2"></td><td>VIN 码</td><td></td></tr>
<tr><td>初次登记日期</td><td colspan="2">年　月　日</td><td>表征里程</td><td>万公里</td></tr>
<tr><td>品牌名称</td><td colspan="2">□国产　□进口</td><td>车身颜色</td><td></td></tr>
<tr><td>年检证明</td><td colspan="2">□有（至__年__月）□无</td><td>购置税证书</td><td>□有　□无</td></tr>
<tr><td>车船税证明</td><td colspan="2">□有（至__年__月）□无</td><td>交强险</td><td>□有（至__年__月）□无</td></tr>
<tr><td>使用性质</td><td colspan="4">□营运用车　□出租车　□公务用车　□家庭用车　□其他</td></tr>
<tr><td>其他法定凭证、证明</td><td colspan="4">□机动车号牌　□机动车行驶证　□机动车登记证书　□第三者强制保险单
□其他</td></tr>
<tr><td>车主名称/姓名</td><td colspan="2"></td><td>企业法人证书代码/身份证号码</td><td></td></tr>
<tr><td rowspan="4">重要配置</td><td>燃料标号</td><td></td><td>排量</td><td>缸数</td><td></td></tr>
<tr><td>发动机功率</td><td></td><td>排放标准</td><td>变速器形式</td><td></td></tr>
<tr><td>气囊</td><td></td><td>驱动方式</td><td>ABS</td><td>□有　□无</td></tr>
<tr><td colspan="5">其他重要配置</td></tr>
<tr><td>是否为事故车</td><td colspan="2">□是　□否</td><td colspan="3">损伤位置及损伤状况</td></tr>
<tr><td>鉴定结果</td><td colspan="2">分值</td><td colspan="3">技术状况等级</td></tr>
<tr><td rowspan="6">车辆技术状况鉴定缺陷描述</td><td>鉴定科目</td><td colspan="2">鉴定结果（得分）</td><td colspan="2">缺陷描述</td></tr>
<tr><td>车身检查</td><td colspan="2"></td><td colspan="2"></td></tr>
<tr><td>发动机检查</td><td colspan="2"></td><td colspan="2"></td></tr>
<tr><td>车内检查</td><td colspan="2"></td><td colspan="2"></td></tr>
<tr><td>启动检查</td><td colspan="2"></td><td colspan="2"></td></tr>
<tr><td>路试检查</td><td colspan="2"></td><td colspan="2"></td></tr>
<tr><td></td><td>底盘检查</td><td colspan="2"></td><td colspan="2"></td></tr>
</table>

二手车鉴定评估师：_____　　　　鉴定单位：(盖章)_____

鉴定日期：_____年_____月_____日

声明：

本二手车技术状况表所体现的鉴定结果仅为鉴定日期当日被鉴定车辆的技术状况表现与描述，若在当日内被鉴定车辆的市场价值或因交通事故等原因导致车辆的价值发生变化，对车辆鉴定结果产生明显影响时，本技术状况鉴定说明书不作为参考依据。

说明：

本二手车技术状况表由二手车经销企业、拍卖企业、经纪企业使用，作为二手车交易合同的附件。车辆展卖期间，放置在驾驶室前风挡玻璃左下方，供消费者参阅。

任务三　报废车回收管理法规认知

近期某市在前期取缔查处的非法回收拆解报废旧机动车重点区域进行巡查，共查处取缔非法从事回收拆解报废旧机动车活动4处，现场查扣报废机动车回收拆解的报废机动车发动机35台、报废机动车车头8个、变速箱16台、前后桥3个。下一步将对重点区域进行重拳出击，加强执法力度，对反复和屡禁不止的违法行为加大处罚力度，切实落实属地部门责任，市级部门将督促各区（市、县）深入开展大排查大整治，让违法违规者无处藏身。

2022年报废车行业面临"产能过剩""行业预警""回收价格上涨""企业盈利下滑"等一系列的客观问题，同时，市场也出现了"三无车辆""车辆灭失""远程销户"等问题和痛点，中国再生资源回收利用协会报废车分会（CELVE）通过与行业的沟通，对各地主管部门严格的监管措施与查处内容进行了梳理与后续进展跟踪。继续加大对报废车非法拆解、违规操作等行为的监察力度，净化行业市场环境，保护正规合法的企业利益。请梳理国家在汽车报废和回收管理方面有哪些法律法规。

素质目标
1. 认同并遵守汽车报废车回收管理法规；
2. 树立绿色发展理念。

知识目标
掌握机动车强制报废标准规定各项条款。

技能目标
1. 能够判别禁止经营的车辆类型；
2. 能够分析汽车是否达到报废回收条件。

根据任务背景，通过互联网和教材资料查找汽车报废年限及车辆年检时间的相关规定和国家对汽车工业发展的相关政策法规，再总结汽车报废政策法规对行业的影响。

学习领域	汽车报废车回收管理法规		
学习情境	不了解汽车报废车回收管理的相关要求	学习时间	
工作任务	能够记住常见机动车报废年限和里程、车辆年检时间，并了解汽车报废产业的政策，能分析政策对汽车产业发展的影响	学习地点	
课前预习	了解汽车报废车回收管理法规		

知识准备

（1）已注册机动车有哪些情形应当强制报废？

（2）各类机动车使用年限是多少？

（3）国家对达到一定行驶里程的机动车引导报废，各类机动车的里程数为多少？

（4）对非营运小微型载客汽车（面包车除外）的年检规定是多少？

（5）回收拆解企业在回收报废机动车时，应当核验的机动车所有人的有效身份证件包括有哪些？

完成任务
国家在汽车报废和回收管理方面有哪些法律法规？

学习笔记	请从"绿色可持续发展"的视角谈一谈，国家针对汽车报废的政策法规对产业发展的意义？
成绩	

任务评价表

指标	评价内容	分值
任务完成度（5分）	能够充分利用教材和网络资源准确完成任务单的知识准备和任务，掌握机动车强制报废标准规定的各项条款；能够判别禁止经营的车辆类型；能够分析汽车是否达到报废回收条件	
素质养成度（5分）	在知识学习和任务完成过程中，理解并认同汽车报废车回收管理法规；树立绿色发展理念	

机动车报废与回收管理

一、机动车强制报废标准规定

《机动车强制报废标准规定》已经于2012年8月24日由商务部第68次部务会议审议通过，并经发展改革委、公安部、环境保护部同意，现予发布，自2013年5月1日起施行。机动车强制报废标准规定原文如下：

第一条 为保障道路交通安全、鼓励技术进步、加快建设资源节约型、环境友好型社会，根据《中华人民共和国道路交通安全法》及其实施条例、《中华人民共和国大气污染防治法》《中华人民共和国噪声污染防治法》，制定本规定。

第二条 根据机动车使用和安全技术、排放检验状况，国家对达到报废标准的机动车实施强制报废。

第三条 商务、公安、环境保护、发展改革等部门依据各自职责，负责报废机动车回收拆解监督管理、机动车强制报废标准执行有关工作。

第四条 已注册机动车有下列情形之一的应当强制报废，其所有人应当将机动车交售给报废机动车回收拆解企业，由报废机动车回收拆解企业按规定进行登记、拆解、销毁等处理，并将报废机动车登记证书、号牌、行驶证交公安机关交通管理部门注销：

（一）达到本规定第五条规定使用年限的；

（二）经修理和调整仍不符合机动车安全技术国家标准对在用车有关要求的；

（三）经修理和调整或者采用控制技术后，向大气排放污染物或者噪声仍不符合国家标准对在用车有关要求的；

（四）在检验有效期届满后连续3个机动车检验周期内未取得机动车检验合格标志的。

第五条 各类机动车使用年限分别如下：

（一）小、微型出租客运汽车使用8年，中型出租客运汽车使用10年，大型出租客运汽车使用12年；

（二）租赁载客汽车使用15年；

（三）小型教练载客汽车使用10年，中型教练载客汽车使用12年，大型教练载客汽车使用15年；

（四）公交客运汽车使用13年；

（五）其他小、微型营运载客汽车使用10年，大、中型营运载客汽车使用15年；

（六）专用校车使用15年；

（七）大、中型非营运载客汽车（大型轿车除外）使用20年；

（八）三轮汽车、装用单缸发动机的低速货车使用9年，装用多缸发动机的低速货车以及微型载货汽车使用12年，危险品运输载货汽车使用10年，其他载货汽车（包括半挂牵引车和全挂牵引车）使用15年；

（九）有载货功能的专项作业车使用15年，无载货功能的专项作业车使用30年；

（十）全挂车、危险品运输半挂车使用10年，集装箱半挂车20年，其他半挂车使用15年；

（十一）正三轮摩托车使用12年，其他摩托车使用13年。

对小、微型出租客运汽车（纯电动汽车除外）和摩托车，省、自治区、直辖市人民政府有关部门可结合本地实际情况，制定严于上述使用年限的规定，但小、微型出租客运汽车不得低于6年，正三轮摩托车不得低于10年，其他摩托车不得低于11年。

小、微型非营运载客汽车、大型非营运轿车、轮式专用机械车无使用年限限制。

机动车使用年限起始日期按照注册登记日期计算，但自出厂之日起超过2年未办理注册登记手续的，按照出厂日期计算。

第六条 变更使用性质或者转移登记的机动车应当按照下列有关要求确定使用年限和报废：

（一）营运载客汽车与非营运载客汽车相互转换的，按照营运载客汽车的规定报废，但小、微型非营运载客汽车和大型非营运轿车转为营运载客汽车的，应按照本规定附件一所列公式核算累计使用年限，且不得超过15年；

（二）不同类型的营运载客汽车相互转换，按照使用年限较严的规定报废；

（三）小、微型出租客运汽车和摩托车需要转出登记所属地省、自治区、直辖市范围的，按照使用年限较严的规定报废；

（四）危险品运输载货汽车、半挂车与其他载货汽车、半挂车相互转换的，按照危险品运输载货车、半挂车的规定报废。

距本规定要求使用年限1年以内（含1年）的机动车，不得变更使用性质、转移所有权或者转出登记地所属地市级行政区域。

第七条 国家对达到一定行驶里程的机动车引导报废。达到下列行驶里程的机动车，其所有人可以将机动车交售给报废机动车回收拆解企业，由报废机动车回收拆解企业按规定进行登记、拆解、销毁等处理，并将报废的机动车登记证书、号牌、行驶证交公安机关交通管理部门注销：

（一）小、微型出租客运汽车行驶60万千米，中型出租客运汽车行驶50万千米，大型出租客运汽车行驶60万千米；

（二）租赁载客汽车行驶60万千米；

（三）小型和中型教练载客汽车行驶50万千米，大型教练载客汽车行驶60万千米；

（四）公交客运汽车行驶40万千米；

（五）其他小、微型营运载客汽车行驶60万千米，中型营运载客汽车行驶50万千米，大型营运载客汽车行驶80万千米；

（六）专用校车行驶40万千米；

（七）小、微型非营运载客汽车和大型非营运轿车行驶60万千米，中型非营运载客汽车行驶50万千米，大型非营运载客汽车行驶60万千米；

（八）微型载货汽车行驶50万千米，中、轻型载货汽车行驶60万千米，重型载货汽车（包括半挂牵引车和全挂牵引车）行驶70万千米，危险品运输载货汽车行驶40万千米，装用多缸发动机的低速货车行驶30万千米；

（九）专项作业车、轮式专用机械车行驶50万千米；

（十）正三轮摩托车行驶10万千米，其他摩托车行驶12万千米。

第八条 本规定所称机动车是指上道路行驶的汽车、挂车、摩托车和轮式专用机械车；非营运载客汽车是指个人或者单位不以获取利润为目的的自用载客汽车；危险品运输载货汽车是指专门用于运输剧毒化学品、爆炸品、放射性物品、腐蚀性物品等危险品的车辆；变更使用性质是指使用性质由营运转为非营运或者由非营运转为营运，小、微型出租、租赁、教练等不同类型的营运载客汽车之间的相互转换，以及危险品运输载货汽车转为其他载货汽车。本规定所称检验周期是指《中华人民共和国道路交通安全法实施条例》规定的机动车安全技术检验周期。

第九条 省、自治区、直辖市人民政府有关部门依据本规定第五条制定的小、微型出租客运汽车或者摩托车使用年限标准，应当及时向社会公布，并报国务院商务、公安、环境保护等部门备案。

第十条 上道路行驶拖拉机的报废标准规定另行制定。

第十一条 本规定自2013年5月1日起施行。2013年5月1日前已达到本规定所列报废标准的，应当在2014年4月30日前予以报废。

附件：

一、非营运小、微型载客汽车和大型轿车变更使用性质后累计使用年限计算公式

二、机动车使用年限及行驶里程参考值汇总表

附件一 非营运小、微型载客汽车和大型轿车变更使用性质后累计使用年限计算公式

$$累计使用年限 = 原状态已使用年 + \left(1 - \frac{原状态已使用年}{原状态使用年限}\right) \times 状态改变后年限$$

备注：公式中原状态已使用年中不足一年的按一年计算，例如，已使用2.5年按照3年计算；原状态使用年限数值取定值为17；累计使用年限计算结果向下圆整为整数，且不超过15年。

附件二

机动车使用年限及行驶里程参考值汇总表

车辆类型与用途				使用年限/年	行驶里程参考值/万千米
汽车	载客	营运	出租客运 小、微型	8	60
			出租客运 中型	10	50
			出租客运 大型	12	60
			租赁	15	60
			教练 小型	10	50
			教练 中型	12	50
			教练 大型	15	60
			公交客运	13	40
			其他 小、微型	10	60
			其他 中型	15	50
			其他 大型	15	80
		专用校车		15	40
		非营运	小、微型客车、大型轿车*	无	60
			中型客车	20	50
			大型客车	20	60
	载货		微型	12	50
			中、轻型	15	60
			重型	15	70
			危险品运输	10	40
			三轮汽车、装用单缸发动机的低速货车	9	无
			装用多缸发动机的低速货车	12	30
	专项作业		有载货功能	15	50
			无载货功能	30	50
挂车		半挂车	集装箱	20	无
			危险品运输	10	无
			其他	15	无
		全挂车		10	无

续表

车辆类型与用途		使用年限/年	行驶里程参考值/万千米
摩托车	正三轮	12	10
	其他	13	12
轮式专用机械车		无	50

注：1. 表中机动车主要依据《机动车类型术语和定义》（GA802—2008）进行分类；标注 * 车辆为乘用车。

2. 对小、微型出租客运汽车（纯电动汽车除外）和摩托车，省、自治区、直辖市人民政府有关部门可结合本地实际情况，制定严于表中使用年限的规定，但小、微型出租客运汽车不得低于6年，正三轮摩托车不得低于10年，其他摩托车不得低于11年。

二、车辆年检时间规定

公安部推出了12项公安交管"放管服"改革新举措，其中对使用年限不满6年的9座以下的非营运小、微型载客汽车（面包车除外），不需要到检验机构验车，每两年需定期检验时，提供交通事故责任强制保险凭证、车船税纳税或者免税证明后，可以直接向公安机关交通管理部门申领检验标志；使用年限达到6年时，需要到检验机构验车。对非营运小微型载客汽车（面包车除外）使用年限在6年到10年之间的，由每年检验1次调整为每两年检验1次，即第7年、第9年免检，第8年、第10年需要到检验机构验车；如果车辆在第7年已经办理了检验，下个检验周期将延长至第9年，需要在第9年、第10年到检验机构验车。对非营运小微型载客汽车（面包车除外）使用年限在10年到15年之间的，需要每年到检验机构验车；超过15年的，每6个月到检验机构验车。

三、报废机动车回收管理办法

（一）《报废机动车回收管理办法》原文

第一条 为了规范报废机动车回收活动，保护环境，促进循环经济发展，保障道路交通安全，制定本办法。

第二条 本办法所称报废机动车，是指根据《中华人民共和国道路交通安全法》的规定应当报废的机动车。

不属于《中华人民共和国道路交通安全法》规定的应当报废的机动车，机动车所有人自愿作报废处理的，依照本办法的规定执行。

第三条 国家鼓励特定领域的老旧机动车提前报废更新，具体办法由国务院有关部门另行制定。

第四条 国务院负责报废机动车回收管理的部门主管全国报废机动车回收（含拆解，下同）监督管理工作，国务院公安、生态环境、工业和信息化、交通运输、市场监督管理等部门在各自的职责范围内负责报废机动车回收有关的监督管理工作。

县级以上地方人民政府负责报废机动车回收管理的部门对本行政区域内报废机动车回收活动实施监督管理。县级以上地方人民政府公安、生态环境、工业和信息化、交通运输、市场监督管理等部门在各自的职责范围内对本行政区域内报废机动车回收活动实施有关的监督管理。

第五条 国家对报废机动车回收企业实行资质认定制度。未经资质认定，任何单位或者个人不得从事报废机动车回收活动。

国家鼓励机动车生产企业从事报废机动车回收活动。机动车生产企业按照国家有关规定承担生产者责任。

第六条 取得报废机动车回收资质认定，应当具备下列条件：

（一）具有企业法人资格；

（二）具有符合环境保护等有关法律、法规和强制性标准要求的存储、拆解场地，拆解设备、设施以及拆解操作规范；

（三）具有与报废机动车拆解活动相适应的专业技术人员。

第七条 拟从事报废机动车回收活动的，应当向省、自治区、直辖市人民政府负责报废机动车回收管理的部门提出申请。省、自治区、直辖市人民政府负责报废机动车回收管理的部门应当依法进行审查，对符合条件的，颁发资质认定书；对不符合条件的，不予资质认定并书面说明理由。

省、自治区、直辖市人民政府负责报废机动车回收管理的部门应当充分利用计算机网络等先进技术手段，推行网上申请、网上受理等方式，为申请人提供便利条件。申请人可以在网上提出申请。

省、自治区、直辖市人民政府负责报废机动车回收管理的部门应当将本行政区域内取得资质认定的报废机动车回收企业名单及时向社会公布。

第八条 任何单位或者个人不得要求机动车所有人将报废机动车交售给指定的报废机动车回收企业。

第九条 报废机动车回收企业对回收的报废机动车，应当向机动车所有人出具报废机动车回收证明，收回机动车登记证书、号牌、行驶证，并按照国家有关规定及时向公安机关交通管理部门办理注销登记，将注销证明转交机动车所有人。

报废机动车回收证明样式由国务院负责报废机动车回收管理的部门规定。任何单位或者个人不得买卖或者伪造、变造报废机动车回收证明。

第十条 报废机动车回收企业对回收的报废机动车，应当逐车登记机动车的型号、号牌号码、发动机号码、车辆识别代号等信息；发现回收的报废机动车疑似赃物或者用于盗窃、抢劫等犯罪活动的犯罪工具的，应当及时向公安机关报告。

报废机动车回收企业不得拆解、改装、拼装、倒卖疑似赃物或者犯罪工具的机动车或者其发动机、方向机、变速器、前后桥、车架（以下统称"五大总成"）和其他零部件。

第十一条 回收的报废机动车必须按照有关规定予以拆解；其中，回收的报废大型客车、货车等营运车辆和校车，应当在公安机关的监督下解体。

第十二条 拆解的报废机动车"五大总成"具备再制造条件的，可以按照国家有关规定出售给具有再制造能力的企业经过再制造予以循环利用；不具备再制造条件的，应当作为废金属，交售给钢铁企业作为冶炼原料。

拆解的报废机动车"五大总成"以外的零部件符合保障人身和财产安全等强制性国家标准，能够继续使用的，可以出售，但应当标明"报废机动车回用件"。

第十三条 国务院负责报废机动车回收管理的部门应当建立报废机动车回收信息系统。报废机动车回收企业应当如实记录本企业回收的报废机动车"五大总成"等主要部件的数量、型号、流向等信息，并上传至报废机动车回收信息系统。

负责报废机动车回收管理的部门、公安机关应当通过政务信息系统实现信息共享。

第十四条 拆解报废机动车，应当遵守环境保护法律、法规和强制性标准，采取有效措施保护环境，不得造成环境污染。

第十五条 禁止任何单位或者个人利用报废机动车"五大总成"和其他零部件拼装机动车，禁止拼装的机动车交易。

除机动车所有人将报废机动车依法交售给报废机动车回收企业外，禁止报废机动车整车交易。

第十六条 县级以上地方人民政府负责报废机动车回收管理的部门应当加强对报废机动车回收企业的监督检查，建立和完善以随机抽查为重点的日常监督检查制度，公布抽查事项目录，明确抽查的依据、频次、方式、内容和程序，随机抽取被检查企业，随机选派检查人员。抽查情况和查处结果应当及时向社会公布。

在监督检查中发现报废机动车回收企业不具备本办法规定的资质认定条件的，应当责令限期改正；拒不改正或者逾期未改正的，由原发证部门吊销资质认定书。

第十七条 县级以上地方人民政府负责报废机动车回收管理的部门应当向社会公布本部门的联系方式，方便公众举报违法行为。

县级以上地方人民政府负责报废机动车回收管理的部门接到举报的，应当及时依法调查处理，并为举报人保密；对实名举报的，负责报废机动车回收管理的部门应当将处理结果告知举报人。

第十八条 负责报废机动车回收管理的部门在监督管理工作中发现不属于本部门处理权限的违法行为的，应当及时移交有权处理的部门；有权处理的部门应当及时依法调查处理，并将处理结果告知负责报废机动车回收管理的部门。

第十九条 未取得资质认定，擅自从事报废机动车回收活动的，由负责报废机动车回收管理的部门没收非法回收的报废机动车、报废机动车"五大总成"和其他零部件，没收违法所得；违法所得在5万元以上的，并处违法所得2倍以上5倍以下的罚款；违法所得不足5万元或者没有违法所得的，并处5万元以上10万元以下的罚款。对负责报废机动车回收管理的部门没收非法回收的报废机动车、报废机动车"五大总成"和其他零部件，必要时有关主管部门应当予以配合。

第二十条 有下列情形之一的，由公安机关依法给予治安管理处罚：

（一）买卖或者伪造、变造报废机动车回收证明；

（二）报废机动车回收企业明知或者应当知道回收的机动车为赃物或者用于盗窃、抢劫等犯罪活动的犯罪工具，未向公安机关报告，擅自拆解、改装、拼装、倒卖该机动车。

报废机动车回收企业有前款规定情形，情节严重的，由原发证部门吊销资质认定书。

第二十一条 报废机动车回收企业有下列情形之一的，由负责报废机动车回收管理的部门责令改正，没收报废机动车"五大总成"和其他零部件，没收违法所得；违法所得在5

万元以上的,并处违法所得 2 倍以上 5 倍以下的罚款;违法所得不足 5 万元或者没有违法所得的,并处 5 万元以上 10 万元以下的罚款;情节严重的,责令停业整顿直至由原发证部门吊销资质认定书:

(一)出售不具备再制造条件的报废机动车"五大总成";

(二)出售不能继续使用的报废机动车"五大总成"以外的零部件;

(三)出售的报废机动车"五大总成"以外的零部件未标明"报废机动车回用件"。

第二十二条 报废机动车回收企业对回收的报废机动车,未按照国家有关规定及时向公安机关交通管理部门办理注销登记并将注销证明转交机动车所有人的,由负责报废机动车回收管理的部门责令改正,可以处 1 万元以上 5 万元以下的罚款。

利用报废机动车"五大总成"和其他零部件拼装机动车或者出售报废机动车整车、拼装的机动车的,依照《中华人民共和国道路交通安全法》的规定予以处罚。

第二十三条 报废机动车回收企业未如实记录本企业回收的报废机动车"五大总成"等主要部件的数量、型号、流向等信息并上传至报废机动车回收信息系统的,由负责报废机动车回收管理的部门责令改正,并处 1 万元以上 5 万元以下的罚款;情节严重的,责令停业整顿。

第二十四条 报废机动车回收企业违反环境保护法律、法规和强制性标准,污染环境的,由生态环境主管部门责令限期改正,并依法予以处罚;拒不改正或者逾期未改正的,由原发证部门吊销资质认定书。

第二十五条 负责报废机动车回收管理的部门和其他有关部门的工作人员在监督管理工作中滥用职权、玩忽职守、徇私舞弊的,依法给予处分。

第二十六条 违反本办法规定,构成犯罪的,依法追究刑事责任。

第二十七条 报废新能源机动车回收的特殊事项,另行制定管理规定。

军队报废机动车的回收管理,依照国家和军队有关规定执行。

第二十八条 本办法自 2019 年 6 月 1 日起施行。2001 年 6 月 16 日国务院公布的《报废汽车回收管理办法》同时废止。

(二)报废机动车回收管理办法实施细则

《报废机动车回收管理办法实施细则》已经由本届商务部于第 25 次部务会议审议通过,并经发展改革委、工业和信息化部、公安部、生态环境部、交通运输部、市场监管总局同意,现予公布,自 2020 年 9 月 1 日起施行。原文如下:

第一章 总 则

第一条 为规范报废机动车回收拆解活动,加强报废机动车回收拆解行业管理,根据国务院《报废机动车回收管理办法》(以下简称《管理办法》),制定本细则。

第二条 在中华人民共和国境内从事报废机动车回收拆解活动,适用本细则。

第三条 国家鼓励报废机动车回收拆解行业市场化、专业化、集约化发展,推动完善报废机动车回收利用体系,提高回收利用效率和服务水平。

第四条 商务部负责组织全国报废机动车回收拆解的监督管理工作,发展改革委、工业和信息化部、公安部、生态环境部、交通运输部、市场监管总局等部门在各自职责范围内负责报废机动车有关监督管理工作。

第五条 省级商务主管部门负责实施报废机动车回收拆解企业（以下简称回收拆解企业）资质认定工作。县级以上地方商务主管部门对本行政区域内报废机动车回收拆解活动实施监督管理，促进行业健康有序发展。

县级以上地方公安机关依据职责及相关法律法规的规定，对报废机动车回收拆解行业治安状况、买卖伪造票证等活动实施监督管理，并依法处置。

县级以上地方生态环境主管部门依据职责对回收拆解企业回收拆解活动的环境污染防治工作进行监督管理，防止造成环境污染，并依据相关法律法规处理。

县级以上地方发展改革、工业和信息化、交通运输、市场监管部门在各自的职责范围内负责本行政区域内报废机动车有关监督管理工作。

第六条 报废机动车回收拆解行业协会、商会等应当制定行业规范，提供信息咨询、培训等服务，开展行业监测和预警分析，加强行业自律。

第二章 资质认定和管理

第七条 国家对回收拆解企业实行资质认定制度。未经资质认定，任何单位或者个人不得从事报废机动车回收拆解活动。

国家鼓励机动车生产企业从事报废机动车回收拆解活动，机动车生产企业按照国家有关规定承担生产者责任，应当向回收拆解企业提供报废机动车拆解指导手册等相关技术信息。

第八条 取得报废机动车回收拆解资质认定，应当具备下列条件：

（一）具有企业法人资格；

（二）拆解经营场地符合所在地城市总体规划或者国土空间规划及安全要求，不得建在居民区、商业区、饮用水水源保护区及其他环境敏感区内；

（三）符合国家标准《报废机动车回收拆解企业技术规范》（GB 22128）的场地、设施设备、存储、拆解技术规范，以及相应的专业技术人员要求；

（四）符合环保标准《报废机动车拆解环境保护技术规范》（HJ 348）要求；

（五）具有符合国家规定的生态环境保护制度，具备相应的污染防治措施，对拆解产生的固体废物有妥善处置方案。

第九条 申请资质认定的企业（以下简称"申请企业"）应当书面向拆解经营场地所在地省级商务主管部门或者通过商务部"全国汽车流通信息管理应用服务"系统提出申请，并提交下列书面材料：

（一）设立申请报告（应当载明申请企业的名称、法定代表人、注册资本、住所、拆解场所、统一社会信用代码等内容）；

（二）申请企业营业执照；

（三）申请企业章程；

（四）申请企业法定代表人身份证或者其他有效身份证件；

（五）拆解经营场地土地使用权、房屋产权证明或者租期10年以上的土地租赁合同或者土地使用权出租合同及房屋租赁证明材料；

（六）申请企业购置或者以融资租赁方式获取的用于报废机动车拆解和污染防治的设施、设备清单，以及发票或者融资租赁合同等所有权证明文件；

（七）生态环境主管部门出具的建设项目环境影响评价文件的审批文件；

（八）申请企业高级管理和专业技术人员名单；

（九）申请企业拆解操作规范、安全规程和固体废物利用处置方案。

上述材料可以通过政府信息系统获取的，审核机关可不再要求申请企业提供。

第十条 省级商务主管部门应当对收到的资质认定申请材料进行审核，对材料齐全、符合法定形式的，应当受理申请；对材料不齐全或者不符合法定形式的，应当在收到申请之日起5个工作日内告知申请企业需要补正的内容。

省级商务主管部门可以委托拆解经营场地所在地地（市）级商务主管部门对申请材料是否齐全、符合法定形式进行审核。

第十一条 省级商务主管部门受理资质认定申请后，应当组织成立专家组对申请企业进行现场验收评审。

省级商务主管部门应当建立由报废机动车拆解、生态环境保护、财务等相关领域专业技术人员组成的专家库，专家库人数不少于20人。现场验收评审专家组由5人以上单数专家组成，从专家库中随机抽取专家产生，专家应当具有专业代表性。

专家组根据本细则规定的资质认定条件，实施现场验收评审，如实填写现场验收评审意见表。现场验收评审专家应当对现场验收评审意见负责。

省级商务主管部门应当参照商务部报废机动车回收拆解企业现场验收评审意见示范表，结合本地实际，制定本地区现场验收评审意见表。

第十二条 省级商务主管部门经审查资质认定申请材料、现场验收评审意见表等，认为申请符合资质认定条件的，在省级商务主管部门网站和"全国汽车流通信息管理应用服务"系统予以公示，公示期不少于5个工作日。公示期间，对申请有异议的，省级商务主管部门应当根据需要通过组织听证、专家复评复审等对异议进行核实；对申请无异议的，省级商务主管部门应当在"全国汽车流通信息管理应用服务"系统对申请予以通过，创建企业账户，并颁发报废机动车回收拆解企业资质认定证书（以下简称"资质认定书"）。对申请不符合资质认定条件的，省级商务主管部门应当作出不予资质认定的决定并书面说明理由。

省级商务主管部门应当及时将本行政区域内取得资质认定的回收拆解企业名单向社会公布。

第十三条 省级商务主管部门应当自受理资质认定申请之日起20个工作日内完成审查工作并作出相关决定。20个工作日内不能作出决定的，经省级商务主管部门负责人批准，可以延长10个工作日，并应当将延长期限的理由告知申请企业。

现场验收评审、听证等所需时间不计算在本条规定的期限内。省级商务主管部门应当将所需时间书面告知申请企业。

第十四条 回收拆解企业不得涂改、出租、出借资质认定书，或者以其他形式非法转让资质认定书。

第十五条 回收拆解企业设立分支机构的，应当在市场监管部门注册登记后30日内通过"全国汽车流通信息管理应用服务"系统向分支机构注册登记所在地省级商务主管部门备案，并上传下列材料的电子文档：

（一）分支机构营业执照；

（二）报废机动车回收拆解企业分支机构备案信息表。

回收拆解企业的分支机构不得拆解报废机动车。

第十六条 回收拆解企业名称、住所或者法定代表人发生变更的，回收拆解企业应当自信息变更之日起30日内通过"全国汽车流通信息管理应用服务"系统上传变更说明及变更后的营业执照，经拆解经营场地所在地省级商务主管部门核准后换发资质认定书。

第十七条 回收拆解企业拆解经营场地发生迁建、改建、扩建的，应当依据本细则重新申请回收拆解企业资质认定。申请符合资质认定条件的，予以换发资质认定书；不符合资质认定条件的，由原发证机关注销其资质认定书。

第三章　回收拆解行为规范

第十八条 回收拆解企业在回收报废机动车时，应当核验机动车所有人有效身份证件，逐车登记机动车型号、号牌号码、车辆识别代号、发动机号等信息，并收回下列证牌：

（一）机动车登记证书原件；

（二）机动车行驶证原件；

（三）机动车号牌。

回收拆解企业应当核对报废机动车的车辆型号、号牌号码、车辆识别代号、发动机号等实车信息是否与机动车登记证书、机动车行驶证记载的信息一致。

无法提供本条第一款所列三项证牌中任意一项的，应当由机动车所有人出具书面情况说明，并对其真实性负责。

机动车所有人为自然人且委托他人代办的，还需提供受委托人有效证件及授权委托书；机动车所有人为机关、企业、事业单位、社会团体等的，需提供加盖单位公章的营业执照复印件、统一社会信用代码证书复印件或者社会团体法人登记证书复印件以及单位授权委托书、经办人身份证件。

第十九条 回收拆解企业在回收报废机动车后，应当通过"全国汽车流通信息管理应用服务"系统如实录入机动车信息，打印报废机动车回收证明，上传机动车拆解前照片，机动车拆解后，上传拆解后照片。上传的照片应当包括机动车拆解前整体外观、拆解后状况以及车辆识别代号等特征。对按照规定应当在公安机关监督下解体的报废机动车，回收拆解企业应当在机动车拆解后，打印报废机动车回收证明。

回收拆解企业应当按照国家有关规定及时向公安机关交通管理部门申请机动车注销登记，将注销证明及报废机动车回收证明交给机动车所有人。

第二十条 报废机动车"五大总成"和尾气后处理装置，以及新能源汽车动力蓄电池不齐全的，机动车所有人应当书面说明情况，并对其真实性负责。机动车车架（或者车身）或者发动机缺失的应当认定为车辆缺失，回收拆解企业不得出具报废机动车回收证明。

第二十一条 机动车存在抵押、质押情形的，回收拆解企业不得出具报废机动车回收证明。

发现回收的报废机动车疑似为赃物或者用于盗窃、抢劫等犯罪活动工具的，以及涉嫌伪造变造号牌、车辆识别代号、发动机号的，回收拆解企业应当向公安机关报告。已经打印的报废机动车回收证明应当予以作废。

第二十二条 报废机动车回收证明需要重新开具或者作废的，回收拆解企业应当收回已开具的报废机动车回收证明，并向拆解经营场地所在地地（市）级商务主管部门提出书面申请。地（市）级商务主管部门在"全国汽车流通信息管理应用服务"系统中对相关信息进行更改，并通报同级公安机关交通管理部门。

第二十三条　回收拆解企业必须在其资质认定的拆解经营场地内对回收的报废机动车予以拆解，禁止以任何方式交易报废机动车整车、拼装车。回收的报废大型客、货车等营运车辆和校车，应当在公安机关现场或者视频监督下解体。回收拆解企业应当积极配合报废机动车监督解体工作。

第二十四条　回收拆解企业拆解报废机动车应当符合国家标准《报废机动车回收拆解企业技术规范》（GB 22128）相关要求，并建立生产经营全覆盖的电子监控系统，录像保存至少1年。

第二十五条　回收拆解企业应当遵守环境保护法律、法规和强制性标准，建立固体废物管理台账，如实记录报废机动车拆解产物的种类、数量、流向、贮存、利用和处置等信息，并通过"全国固体废物管理信息系统"进行填报；制定危险废物管理计划，按照国家有关规定贮存、运输、转移和利用处置危险废物。

第四章　回收利用行为规范

第二十六条　回收拆解企业应当建立报废机动车零部件销售台账，如实记录报废机动车"五大总成"数量、型号、流向等信息，并录入"全国汽车流通信息管理应用服务"系统。

回收拆解企业应当对出售用于再制造的报废机动车"五大总成"按照商务部制定的标识规则编码，其中车架应当录入原车辆识别代号信息。

第二十七条　回收拆解企业应当按照国家对新能源汽车动力蓄电池回收利用管理有关要求，对报废新能源汽车的废旧动力蓄电池或者其他类型储能装置进行拆卸、收集、贮存、运输及回收利用，加强全过程安全管理。

回收拆解企业应当将报废新能源汽车车辆识别代号及动力蓄电池编码、数量、型号、流向等信息，录入"新能源汽车国家监测与动力蓄电池回收利用溯源综合管理平台"系统。

第二十八条　回收拆解企业拆解的报废机动车"五大总成"具备再制造条件的，可以按照国家有关规定出售给具有再制造能力的企业经过再制造予以循环利用；不具备再制造条件的，应当作为废金属，交售给冶炼或者破碎企业。

第二十九条　回收拆解企业拆解的报废机动车"五大总成"以外的零部件符合保障人身和财产安全等强制性国家标准，能够继续使用的，可以出售，但应当标明"报废机动车回用件"。

回收拆解企业拆解的尾气后处理装置、危险废物应当如实记录，并交由有处理资质的企业进行拆解处置，不得向其他企业出售和转卖。

回收拆解企业拆卸的动力蓄电池应当交售给新能源汽车生产企业建立的动力蓄电池回收服务网点，或者符合国家对动力蓄电池梯次利用管理有关要求的梯次利用企业，或者从事废旧动力蓄电池综合利用的企业。

第三十条　禁止任何单位或者个人利用报废机动车"五大总成"拼装机动车。

第三十一条　机动车维修经营者不得承修已报废的机动车。

第五章　监督管理

第三十二条　县级以上地方商务主管部门应当会同相关部门，采取"双随机、一公开"

方式，对本行政区域内报废机动车回收拆解活动实施日常监督检查，重点检查以下方面：

（一）回收拆解企业符合资质认定条件情况；

（二）报废机动车回收拆解程序合规情况；

（三）资质认定书使用合规情况；

（四）出具报废机动车回收证明情况；

（五）"五大总成"及其他零部件处置情况。

第三十三条　县级以上地方商务主管部门可以会同相关部门采取下列措施进行监督检查：

（一）进入从事报废机动车回收拆解活动的有关场所进行检查；

（二）询问与监督检查事项有关的单位和个人，要求其说明情况；

（三）查阅、复制有关文件、资料，检查相关数据信息系统及复制相关信息数据；

（四）依据有关法律法规采取的其他措施。

第三十四条　县级以上地方商务主管部门发现回收拆解企业不再具备本细则第八条规定条件的，应当责令其限期整改；拒不改正或者逾期未改正的，由原发证机关撤销其资质认定书。

回收拆解企业停止报废机动车回收拆解业务12个月以上的，或者注销营业执照的，由原发证机关撤销其资质认定书。

省级商务主管部门应当将本行政区域内被撤销、吊销资质认定书的回收拆解企业名单及时向社会公布。

回收拆解企业因违反本细则受到被吊销资质认定书的行政处罚，禁止该企业自行政处罚生效之日起三年内再次申请报废机动车回收拆解资质认定。

第三十五条　各级商务、发展改革、工业和信息化、公安、生态环境、交通运输、市场监管等部门应当加强回收拆解企业监管信息共享，及时分享资质认定、变更、撤销等信息、回收拆解企业行政处罚以及报废机动车回收证明和报废机动车照片等信息。

第三十六条　县级以上地方商务主管部门应当会同有关部门建立回收拆解企业信用档案，将企业相关违法违规行为依法作出的处理决定录入信用档案，并及时向社会公布。

第三十七条　资质认定书、报废机动车回收证明和报废机动车回收拆解企业分支机构备案信息表样式由商务部规定，省级商务主管部门负责印制发放，任何单位和个人不得买卖或者伪造、变造。

第三十八条　省级商务主管部门应当加强对现场验收评审专家库的管理，实施动态调整机制。专家在验收评审过程中出现违反独立、客观、公平、公正原则问题的，省级商务主管部门应当及时将有关专家调整出现场验收评审专家库，且不得再次选入。

第三十九条　县级以上地方商务主管部门应当向社会公布本部门的联系方式，方便公众举报报废机动车回收拆解相关的违法行为。

县级以上地方商务主管部门接到举报，应当及时依法调查处理，并为举报人保密；对实名举报的，应当将处理结果告知举报人。

第六章　法律责任

第四十条　违反本细则第七条第一款规定，未取得资质认定，擅自从事报废机动车回收拆解活动的，由县级以上地方商务主管部门会同有关部门按照《管理办法》第十九条规定没收非法回收拆解的报废机动车、报废机动车"五大总成"和其他零部件，没收违法所得；违法所得在5万元以上的，并处违法所得2倍以上5倍以下的罚款；违法所得不足5万元或者没有违法所得的，并处5万元以上10万元以下的罚款。

违反本细则第七条第二款规定，机动车生产企业未按照国家有关规定承担生产者责任向回收拆解企业提供相关技术支持的，由县级以上地方工业和信息化主管部门责令改正，并处1万元以上3万元以下的罚款。

第四十一条 违反本细则第十四条规定，回收拆解企业涂改、出租、出借或者以其他形式非法转让资质认定书的，由县级以上地方商务主管部门责令改正，并处1万元以上3万元以下的罚款。

第四十二条 违反本细则第十五条第一款规定，回收拆解企业未按照要求备案分支机构的，由分支机构注册登记所在地县级以上地方商务主管部门责令改正，并处1万元以上3万元以下的罚款。

违反本细则第十五条第二款规定，回收拆解企业的分支机构对报废机动车进行拆解的，由分支机构注册登记所在地县级以上地方商务主管部门责令改正，并处3万元罚款；拒不改正或者情节严重的，由原发证部门吊销回收拆解企业的资质认定书。

第四十三条 违反本细则第十九条第一款、第二十条、第二十一条的规定，回收拆解企业违规开具或者发放报废机动车回收证明，或者未按照规定对已出具报废机动车回收证明的报废机动车进行拆解的，由县级以上地方商务主管部门责令限期改正，整改期间暂停打印报废机动车回收证明；情节严重的，处1万元以上3万元以下的罚款。

回收拆解企业明知或者应当知道回收的机动车为赃物或者用于盗窃、抢劫等犯罪活动的犯罪工具，未向公安机关报告，擅自拆解、改装、拼装、倒卖该机动车的，由县级以上地方公安机关按照《治安管理处罚法》予以治安管理处罚，构成犯罪的，依法追究刑事责任。

因违反前款规定，被追究刑事责任或者两年内被治安管理处罚两次以上的，由原发证部门吊销资质认定书。

第四十四条 违反本细则第十九条第二款规定，回收拆解企业未按照国家有关规定及时向公安机关交通管理部门办理机动车注销登记，并将注销证明转交机动车所有人的，由县级以上地方商务主管部门按照《管理办法》第二十二条规定责令改正，可以处1万元以上5万元以下的罚款。

第四十五条 违反本细则第二十三条规定，回收拆解企业未在其资质认定的拆解经营场地内对回收的报废机动车予以拆解，或者交易报废机动车整车、拼装车的，由县级以上地方商务主管部门责令改正，并处3万元罚款；拒不改正或者情节严重的，由原发证部门吊销《资质认定书》。

第四十六条 违反本细则第二十四条规定，回收拆解企业未建立生产经营全覆盖的电子监控系统，或者录像保存不足1年的，由县级以上地方商务主管部门责令限期改正，整改期间暂停打印报废机动车回收证明；情节严重的，处1万元以上3万元以下的罚款。

第四十七条 回收拆解企业违反环境保护法律、法规和强制性标准，污染环境的，由生态环境主管部门按照《管理办法》第二十四条规定责令限期改正，并依法予以处罚；拒不改正或者逾期未改正的，由原发证部门吊销资质认定书。

回收拆解企业不再符合本细则第八条规定有关环境保护相关认定条件的，由生态环境主管部门责令限期改正，并依法予以处罚；拒不改正或者逾期未改正的，由原发证部门撤销资质认定书。

回收拆解企业违反本细则第二十五条规定的，由生态环境主管部门依法予以处罚。

第四十八条 违反本细则第二十六条规定，回收拆解企业未按照要求建立报废机动车零部件销售台账并如实记录"五大总成"信息并上传信息系统的，由县级以上地方商务主管部门按照《管理办法》第二十三条规定责令改正，并处1万元以上5万元以下的罚款；情节严重的，责令停业整顿。

第四十九条 违反本细则第二十七条规定，回收拆解企业未按照国家有关标准和规定要求，对报废新能源汽车的废旧动力蓄电池或者其他类型储能设施进行拆卸、收集、贮存、运输及回收利用的，或者未将报废新能源汽车车辆识别代号及动力蓄电池编码、数量、型号、流向等信息录入有关平台的，由县级以上地方商务主管部门会同工业和信息化主管部门责令改正，并处1万元以上3万元以下的罚款。

第五十条 违反本细则第二十八条、第二十九条规定，回收拆解企业出售的报废机动车"五大总成"及其他零部件不符合相关要求的，由县级以上地方商务主管部门按照《管理办法》第二十一条规定责令改正，没收报废机动车"五大总成"和其他零部件，没收违法所得；违法所得在5万元以上的，并处违法所得2倍以上5倍以下的罚款；违法所得不足5万元或者没有违法所得的，并处5万元以上10万元以下的罚款；情节严重的，责令停业整顿直至由原发证部门吊销资质认定书。

回收拆解企业将报废机动车"五大总成"及其他零部件出售给或者交予本细则第二十八条、第二十九条规定以外企业处理的，由县级以上地方商务主管部门会同有关部门责令改正，并处1万元以上3万元以下的罚款。

第五十一条 违反本细则第三十一条规定，机动车维修经营者承修已报废的机动车的，由县级以上道路运输管理机构责令改正；有违法所得的，没收违法所得，处违法所得2倍以上10倍以下的罚款；没有违法所得或者违法所得不足1万元的，处2万元以上5万元以下的罚款，没收报废机动车；情节严重的，由县级以上道路运输管理机构责令停业整顿；构成犯罪的，依法追究刑事责任。

第五十二条 违反本细则第三十七条规定，买卖或者伪造、变造资质认定书的，由县级以上地方公安机关依法给予治安管理处罚。

买卖或者伪造、变造报废机动车回收证明的，由县级以上地方公安机关按照《治安管理处罚法》予以治安管理处罚。

第五十三条 发现在拆解或者处置过程中可能造成环境污染的电器电子等产品，设计使用列入国家禁止使用名录的有毒有害物质的，回收拆解企业有权向市场监管部门进行举报，有关部门应当及时通报市场监管部门。市场监管部门依据《循环经济促进法》第五十一条规定处理。

第五十四条 各级商务、发展改革、工业和信息化、公安、生态环境、交通运输、市场监管等部门及其工作人员应当按照《管理办法》和本细则规定履行职责。违反相关规定的，按照《管理办法》第二十五条规定追究责任。任何单位和个人有权对相关部门及其工作人员的违法违规行为进行举报。

第七章 附　则

第五十五条 省级商务主管部门可以结合本地实际情况制定本细则的实施办法，并报商务部备案。

第五十六条 本细则实施前已经取得报废机动车回收资质的企业，应当在本细则实施后两年内按照本细则的要求向省级商务主管部门申请重新进行资质认定。通过资质认定的，换发资质认定书；超过两年未通过资质认定的，由原发证部门注销其资质认定书。

第五十七条 县级以上地方商务主管部门涉及本细则有关商务执法职责发生调整的，有关商务执法职责由本级人民政府确定的承担相关职责的部门实施。

第五十八条 本细则由商务部会同发展改革委、工业和信息化部、公安部、生态环境部、交通运输部、市场监管总局负责解释。

第五十九条 本细则自 2020 年 9 月 1 日起施行。

项目七测试

参考文献

[1] 付铁军，郑晋军. 汽车法规 [M]. 北京：机械工业出版社，2023.
[2] 庄继德. 汽车技术法规与法律服务 [M]. 北京：机械工业出版社，2011.
[3] 孙春花，王秀贞. 汽车行业政策与法律法规 [M]. 上海：上海交通大学出版社，2012.
[4] 李娟. 汽车法律法规一体化项目教程 [M]. 上海：上海交通大学出版社，2016.